O PODER DO OTIMISMO

Copyright© 2019 by Literare Books International.
Todos os direitos desta edição são reservados à Literare Books International.

Presidente:
Mauricio Sita

Vice-presidente:
Alessandra Ksenhuck

Capa:
Lucas Chagas

Diagramação:
Gabriel Uchima e Paulo Gallian

Revisão:
Camila Oliveira

Diretora de projetos:
Gleide Santos

Diretora executiva:
Julyana Rosa

Relacionamento com o cliente:
Claudia Pires

Impressão:
ANS

Dados Internacionais de Catalogação na Publicação (CIP)
(eDOC BRASIL, Belo Horizonte/MG)

P742   O poder do otimismo / Coordenação editorial Mauricio Sita. – São Paulo, SP: Literare Books International, 2019.
        16 x 23 cm

        ISBN 978-85-9455-184-9

        1. Otimismo. 2. Qualidade de vida. I. Sita, Mauricio.
                                                    CDD 155.232

Elaborado por Maurício Amormino Júnior – CRB6/2422

Literare Books International Ltda
Rua Antônio Augusto Covello, 472 – Vila Mariana – São Paulo, SP
CEP 01550-060
Fone/fax: (0**11) 2659-0968
site: www.literarebooks.com.br
e-mail: contato@literarebooks.com.br

Sumário

Ana Lúcia Dias Hofacker dos Santos
A fórmula da felicidade...5

Assunta Pica
O poder do otimismo..13

Augusto Cruz
O pensamento otimista na geração de resultados...21

Benito Costa Junior
Os segredos da produtividade na vida e nos negócios....................................29

Carlos Roberto Martins
Tcharammm!!!..35

Débora Madureira
Você tem sido otimista?..43

Erinaldo Lima
Meu primeiro milhão...51

Euzi Silva
As metamorfoses da vida..59

Fátima Candeias
Como a comunicação guia a sua vida...65

Felipi Adauto
Otimismo e foco na solução de problemas...73

Gilberto Peverari
Os benefícios do otimismo realista..79

Helena Ribeiro
O poder do otimismo na autoliderança..87

Isabel Okamoto
A vida é um caminho com pedrinhas de brilhantes...95

José de J. Possobom
Capricho e rigor: meios para buscar o uau!!...103

Jovir Alceu Zanuzzo
O otimismo faz você mais brilhante!..111

Júlio Macedo
Além do otimismo: baseado em histórias reais...117

Katia Vendrame
Pensamentos otimistas x pensamentos pessimistas.....................................125

Kétrin Círico
Otimismo: uma busca via ferramentas de gestão e coaching..................131

Lamara Ferreira & Oscarina Ferreira
A positividade é o caminho para o otimismo..................139

Leilane B. Calixto
Otimismo apenas não basta..................145

Mara Maia
Amor cantado em verso e prosa..................153

Marcelo Cunha
Saúde integrada: emocional..................161

Marcelo Neri
A gestão emocional e a gratidão como combustíveis para um ciclo mental virtuoso..................169

Maria Jose Dantas
Uma nova estrutura de pensamento para uma vida mais saudável e próspera..................177

Maurício Camargo de Mello
Coaching e PNL: uma parceria para o otimismo..................185

Meliy Katsue Toda de Lima
Você sabe o poder que tem em mãos? E o que seu otimismo pode fazer?..................193

Mikarla Freitas
A resposta que depende de você..................201

Paulo Henrique Paiva
A felicidade é uma questão de otimismo..................209

Pedro Carlos de Carvalho & Tânia Maria Gebin de Carvalho
Acredite, o sucesso está a sua volta!..................217

Renata Versiani
O sim à vida na mitologia grega: a travessia do herói pelo território da aventura..................229

Salomão Ribeiro
Cultivar o otimismo todos os dias é o segredo da felicidade e longevidade de muitas pessoas....235

Siimone Andrade
Decifrando o otimismo..................243

Suéllen Oliveira Steffens
Hipnose: como esta ciência pode auxiliar no emagrecimento..................251

Teresa Cristina de Oliveira
E por falar em otimismo..................259

Viviane Cardoso
O poder do otimismo sob o olhar da terapia cognitivo-comportamental..................267

Willer Mamede
O que as suas experiências e percepções fizeram de você?..................273

O poder do otimismo

CAPÍTULO 1

A fórmula da felicidade

Nosce te ipsum – "Conhece-te a ti mesmo".

A filosofia pré-socrática, os povos antigos como os hindus e chineses já abordavam temas da psicologia e arriscavam teorias e conceitos em que a busca do sentido da humanidade, a essência do universo, a causa das doenças e a fórmula da felicidade eram temas centrais. A sabedoria está em usufruir desse conhecimento na atualidade.

Ana Lúcia Dias Hofacker dos Santos

O poder do otimismo

Ana Lúcia Dias Hofacker dos Santos

Graduada em psicologia pela UNIP (Universidade Paulista); pós-graduada em Neuropsicologia pelo IPAF (Instituto de Psicologia Aplicada e Formação – Lev Vygotsky); psicologia fenomenológico-existencial pelo Centro de Psicoterapia Existencial, e extensão em Neuropsicologia pela PUC–São Paulo; 25 anos de experiência na área clínica. Psicoterapeuta e palestrante, sempre abordando temas que contribuam para a quebra do estigma que acompanha tudo que se refere à saúde mental. Utiliza a filosofia, técnicas de *mindfulness* e neurociência para promover aprendizado, saúde e amor.

Contatos
anagallian@br.inter.net
Instagram: clinica_psico_analudias
Facebook: Ana Dias psicoterapia e neuropsicologia
(11) 99701-2992

Ana Lúcia Dias Hofacker dos Santos

"Conhece-te a ti mesmo", aforismo inscrito na entrada do Templo de Apolo, deus da beleza, na cidade grega de Delfos, para homenageá-lo.

A frase completa é: "conhece-te a ti mesmo e conhecerás os deuses e o universo". A ênfase está no autoconhecimento, antes de tudo, fruto de nossas reflexões; e que só assim olharemos o mundo de modo autêntico, pois como falava o filósofo grego Sócrates (469 a.C. - 399 a.C.): "uma vida irrefletida não vale a pena ser vivida".

Platão (428 a.C.- 347 a.C.), discípulo de Sócrates, conta que, quando o seu mestre foi consultar o oráculo no Templo de Apolo, recebeu uma resposta de que ele era o homem mais sábio que existia. Daí Sócrates respondeu: "só sei que nada sei". Ou seja, ele queria dizer que autoconhecimento é um processo dinâmico, em constante transformação e não estanque.

Bem, comecei o meu texto pela filosofia, pois ela significa amor ao conhecimento e à sabedoria. Portanto, para isso, é necessária uma eterna busca de novas respostas, novas perguntas, questionamentos. É essa busca constante que move a ciência, o homem, o mundo.

A psicologia acredita que o único meio para sermos felizes, para termos bem-estar e melhor qualidade de vida é a partir de uma imersão em si, pela autorreflexão, pelo aprendizado em detectar as nossas emoções, acolhê-las, apropriá-las e traçar planos de ação assertivos. Isso causa uma ampliação de percepção de si e do mundo, desenvolvendo uma autoconsciência e, com isso, tornando-nos mais plenos.

A neurociência veio para embasar cientificamente alguns conceitos e práticas da psicologia. Ela demonstra que a maioria de nossos comportamentos atuais, como reações frente a algumas situações, se repete sem que nos demos conta. Isso porque, desde a primeira infância, vamos experienciando situações positivas e negativas, arquivando na memória, e fazendo com que o nosso cérebro forme rotas emocionais (circuitos cerebrais) que vão sendo reforçadas à medida que sempre reagimos de determinada maneira em alguma situação da vida.

Ou seja, temos vícios comportamentais; quando adultos, apesar de sabermos que não podemos reagir de modo impulsivo, quando vemos, já fizemos de novo. A questão é detectar esse padrão comportamental para conseguir alguma mudança, e isso só se consegue por meio do autoconhecimento. Mudar não é nada fácil.

O poder do otimismo

Ainda segundo a Neurociência, a maior parte dos nossos comportamentos é inconsciente, ou seja, apenas com uma imersão em si é que se pode ter a chance de acessar a base desse funcionamento e torná-la consciente para ser trabalhada. Isso não quer dizer que não fazemos escolhas, pelo contrário, o tempo todo fazemos isso, mesmo quando nos abstemos de escolher, também há efeitos em nossas vidas.

O filósofo existencialista francês, Jean Paul Sartre (1.905 – 1.980), em seu livro *O existencialismo é um humanismo*, diz: "o homem está condenado a ser livre", ou seja, nós precisamos nos responsabilizar por nossas escolhas, não cair no papel de vítimas das circunstâncias, e criar forças para superar limitações e traçar um projeto de vida, de existência.

Para isso acontecer, devemos investir no aqui, no agora, pois o futuro só existirá a partir do que fizermos hoje. O budismo prega esse conceito de impermanência e focagem. Devemos estar atentos quando estamos na zona de conforto, pois significa que uma acomodação pode colocar em risco o nosso pensamento analítico. Se ficarmos no comodismo, no lugar que já nos é conhecido e que temos a falsa sensação de segurança, não vamos ter felicidade. E sabemos que é quando sentimos algum incômodo que ocorre a motivação que vai nos impulsionar a novos questionamentos, aprendizados, atitudes e, portanto, possibilidades de felicidade.

A nossa personalidade é formada pelo caráter e temperamento. O temperamento tem base genética, mas isso não impede que o lapidemos, ou seja, não estamos condenados a morrer assim, podemos transformar as nossas vidas experimentando novas maneiras de ser no mundo, sem perdermos a nossa essência. Existem pessoas com um temperamento mais melancólico, mas isso não quer dizer que elas vão ser deprimidas ou pessimistas. Isso vai apontar uma tendência a sua maneira de reagir na vida. Podemos, sim, escolher sermos felizes, já dizia a escritora e poetisa goiana, Cora Coralina (1889-1985), em seu lindo poema chamado *Ofertas de Aninha*:

> Eu sou aquela mulher
> A quem o tempo
> Muito ensinou.
> Ensinou a amar a vida.
> Não desistir da luta.
> Recomeçar na derrota.
> Renunciar a palavras e pensamentos negativos.
> Acreditar nos valores humanos.
> Ser otimista...Creio na superação dos erros
> E angústias do presente.

Ana Lúcia Dias Hofacker dos Santos

Martin Heidegger, filósofo alemão (1889–1970), em seu livro *Ser e tempo*, fala sobre sermos *da-sein* (ser aí), estamos no mundo e precisamos explorar as nossas potencialidades de ser, estamos em constante expansão e retração, em constante mudança. Logo, o homem é um eterno "vir a ser", assim como é o único que tem consciência de sua finitude, é um "ser para a morte". E isso nos convida a darmos ênfase em nossos projetos de vida, em nossas escolhas, no aqui e agora, com entusiasmo e não com morbidez.

Temos várias possibilidades de ser no mundo, entre elas, com otimismo ou pessimismo. O pessimista está sempre em estado de inércia, não age, espera o "destino" traçar o seu caminho, já o otimista tem uma postura mais proativa, de enfrentamento, corre riscos, consegue acreditar que tudo vai dar certo. Consegue o equilíbrio entre realidade e expectativa.

A neurociência demonstra que o nosso cérebro possui uma tendência ao otimismo como um mecanismo de autoproteção, de sobrevivência. Essa afirmação tem base em estudos e experimentos da neurocientista britânica, Tali Sharot (PhD em neurociência cognitiva), pesquisadora sobre as bases neurais da emoção, tomada de decisão e otimismo.

Definiu essa tendência como "viés otimista", em que os nossos neurônios pendem ao otimismo quando nos projetamos no futuro, e que isso ocorre em cerca de 80% das pessoas. Os outros 20% seriam pessimistas, por conta, muitas vezes, de uma depressão.

Os neurônios teriam uma maior eficiência ao armazenar expectativas boas e falhar mais para incorporar informações relacionadas às expectativas ruins. Esse viés é uma espécie de ilusão cognitiva; apesar dos dados de realidade, até mesmo estatísticos, nos mostrarem o contrário, eu tendo a acreditar que a minha vida, os meus filhos e a minha longevidade vão ser sempre mais favoráveis.

O problema é quando não percebo que estou otimista em excesso, o que ocasiona comportamentos de risco, como, por exemplo, não cuidar da minha saúde por acreditar que nunca ficarei com diabetes e aí continuar a ingerir açúcar desenfreadamente.

A saída é tomar consciência do viés, mas sem se desesperançar. Trata-se de ponderar expectativa e realidade, sem destruir a nossa ilusão, pois ela nos impulsiona a agir proativamente, e isso nos faz sentir melhor. Quando estou otimista e obtenho êxito em algo, certamente vou atribuir esse sucesso a mim, por meu mérito, e o pessimista, provavelmente, vai atribuir o seu sucesso a tudo, menos aos seus próprios méritos.

Por meio de exames de imagem, RMF, Tali pôde observar que as áreas cerebrais estavam sendo ativadas quando o indivíduo pensava positivamente. Uma dessas regiões é o giro frontal inferior esquerdo, ativado quando recebemos boas notícias ou pensamentos de algo bom (a meditação também ativa essa área). Já o giro frontal inferior direito é despertado ao pensar coisas desagradáveis. E ocorre uma queda de atividade no córtex pré-frontal (região que confronta realidade e nossa expectativa), assim esse mecanismo nos protege de perceber com precisão a dor, as dificuldades que o futuro pode nos reservar. Logo, o viés otimista é função adaptativa e de sobrevivência que nos impulsiona a agir com mais coragem.

O resultado disso é um aumento da imunidade, da probabilidade de obter sucesso nas nossas empreitadas, redução do nível de estresse (do hormônio do cortisol) e ansiedade, portanto, melhora a saúde física, mental e emocional, aumentando a nossa motivação.

Algumas das maneiras de conseguirmos desenvolver mais esse otimismo são:

• Praticar meditação (comprovadamente, ao meditar, você ativa o córtex frontal esquerdo, que está relacionado aos pensamentos e sentimentos positivos de felicidade, aumento da autoconsciência, assim como é capaz de mudar estruturalmente o nosso cérebro, o que ocorre também durante o processo de psicoterapia);

• Praticar exercícios físicos regulares (libera endorfinas e traz bem-estar);

• Mudar o paradigma (problemas = ameaça, para problemas = desafio, chance de mudança);

• Sabotar os seus hábitos negativos, e facilitar os positivos com frequência, para que você não se sabote e desista no meio do caminho. Persevere!

• Realizar tarefas que você sabe que vai obter prazer e êxito, assim dá um banho de dopamina (substância que gera motivação) no seu cérebro, serotonina (neurotransmissor do bem-estar) e ocitocina (hormônio do aconchego, do amor, que vai gerar sentimento de "pertencimento" e facilitar as interações sociais). Somos seres totalmente relacionais. Necessitamos compartilhar, estar com os nossos iguais. Isso gera saúde e, segundo o médico neurologista português, António R. Damásio, em seu livro *O erro de Descartes*: "(...) os seres humanos estão constantemente usando muito dos efeitos da ocitocina".

• Se puder, faça uma vez na vida terapia (ela possibilita novas descobertas de ser e agir, além de lhe desenvolver psiquicamente, para que você aprenda a desafiar o seu cérebro a sair da zona de conforto, pois ele busca sempre cristalizar comportamentos, e tende à estabilidade);

• Procure aprender coisas novas, pois isso cria novas rotas emocionais no cérebro, o que provoca a neurogênese (criação de novos neurônios);

• Traga à tona o seu desejo genuíno, torne-o consciente, alinhe-o com metas claras, e você obterá sucesso com uma atitude otimista;

• Procure nutrir sentimentos de gratidão, por exemplo, acordar e pensar em três coisas pelas quais você seja grato; gratidão pelas coisas simples da vida, como a natureza, sua saúde, sua família. Apreciar e enxergar grandeza nas coisas simples da vida.

Ana Lúcia Dias Hofacker dos Santos

Focar mais no ser do que no ter. Sabemos que isso se tornou uma batalha hoje em dia, pois vivemos numa sociedade em que o ter é supervalorizado em detrimento do ser, exceto quando essa sociedade também nos impõe um padrão de felicidade constante, para que nos sintamos aceitos no grupo, nas redes sociais, e isso acaba sendo prejudicial. Acabamos nos afastando do nosso eu, e essa desconexão vai no caminho contrário ao ser autêntico, que é o que realmente nos trará bem-estar e contentamento.

Precisamos crer em nós, crer que todo sofrimento passa, que poderemos sempre flexibilizar o nosso modo de agir, e assim acreditamos que estamos no controle da nossa embarcação, que é a nossa vida! Não tenha medo de mudar de ideia a respeito de algumas coisas, isso reflete flexibilidade e não falta de personalidade.

Essa postura é que vai definir por qual ângulo você vai enxergar os eventos da sua vida, se irá se prostrar ou sacudir a poeira e dar a volta por cima! Somos seres biopsicossociais e espirituais. O nosso cérebro, ou melhor dizendo, o nosso sistema nervoso, que processa todas as informações com alto nível de complexidade. Abarca todas as instâncias do ser humano, da razão à emoção. Não estamos mais presos ao paradigma dualista e cartesiano da época do filósofo e matemático francês, René Descartes (1596-1650), que separava mente e corpo. Apesar de que até hoje esse pensamento filosófico tenha deixado herança negativa, por isso ainda temos resquícios disso e nos pegamos com certa dificuldade de vivenciar o conceito de que somos uma coisa só.

Quando conseguimos superar esse raciocínio cartesiano, nos impelimos de enxergar as pessoas como um todo e não em partes separadas. Essa nova consciência influencia a ciência, a educação, enfim, nos torna cada vez mais humanos na nossa complexidade e encanto!

António Damásio fala que:

> (...) um sentimento em relação a um objeto baseia-se na subjetividade da percepção do objeto, da percepção do estado corporal criado pelo objeto e da percepção das modificações de estilo e eficiência do pensamento que ocorrem durante todo esse processo.

Isso quer dizer que todo acontecimento gera reações físicas e emocionais, e interpretamos o fato fazendo associações, o que nos levará a ter determinados sentimentos e atitudes em relação ao fato. Isso caracteriza o nosso estilo de resposta, de pensamento. Ter autoconsciência é primordial para que consigamos realizar transformações em nossa vida. Pensamentos e atitudes otimistas vão facilitar a nossa felicidade, o nosso contentamento, a nossa saúde. Precisamos investir nisso. Felicidade se constrói!

O poder do otimismo

CAPÍTULO 2

O poder do otimismo

Cada um traz dentro de si uma história. Costumo comparar cada uma com o Sol, pois ele tem o seu ciclo; nasce ao meio dia, chega ao seu máximo trazendo luz, força, calor, aconchego e, ao entardecer, ele se esconde para alguns e brilha para outros. Vivemos diariamente muitos pequenos ciclos que formam o grande ciclo da vida.

Assunta Pica

O poder do otimismo

Assunta Pica

Pedagoga; trabalha no segmento de recursos humanos; *Coach* Ontológico pelo Instituto Appana e *Coach* do sistema ISOR pelo Instituto Holos.

Contatos
assuntapica@gmail.com
Facebook: Sun Assuntapica / Assuntapica Sun

Assunta Pica

Costumo comparar os ciclos da vida com o Sol. O nosso maior ciclo tem início quando nascemos, outros pequenos começam e terminam a todo tempo. A vida é cíclica e tudo se movimenta. As dificuldades e diversidades diárias nos impulsionam a pensar em soluções, aumentando a nossa consciência, nos ajudando no crescimento e despertar.

O brilho do Sol dá o tom do amanhecer ainda tímido de um meio dia e, depois, chega a escuridão e prepara um novo ciclo. Todos são iguais; iniciam com uma análise do que trouxemos e sabemos, logo após existe uma expansão e o momento máximo, quando o Sol está mais forte, e estamos em plena atividade e euforia. Passado esse tempo, chegamos ao período de recolhimento de análise até que o ciclo se encerre. O Sol se esconde dando um descanso e impulso para iniciarmos novamente, levando sempre as novas experiências do ciclo anterior. Alguns terminam e começam com novas jornadas, acumulando experiências, mas existem ciclos que têm um início, meio e fim.

O movimento pode ser diário, de anos, de uma hora, ou de um minuto. Uma reunião no trabalho pode ser um pequeno ciclo dentro do seu dia, o horário da academia, o almoço, um telefonema, vários ciclos, um dentro do outro, que se encaixam ou se movimentam, estão interligados dentro de uma só vida, a sua!

Saber que um ciclo chegou ao fim nem sempre é fácil, mas é possível; muitas vezes é preciso ajuda dos nossos brilhos. Eu comparo esse movimento do Sol com os brilhos que todos temos, mas estão escondidos ou apagados, como em um dia nublado, não vemos o brilho do Sol, mas ele está lá e nos traz para o caminho da felicidade e otimismo. É sobre isso que vamos falar agora.

a) O brilho da escolha

Ninguém pode tomar a decisão por nós. Se não houver o primeiro passo, nada muda. E por que é tão difícil tomar uma decisão? Porque acompanhada de qualquer escolha vem uma renúncia. Isso acontece várias vezes em pequenos movimentos diários e, muitas vezes, nem nos damos conta. Logo ao acordar, já começamos as nossas escolhas: pular da cama ou ficar mais cinco minutos? O que vestir? O que comer

O poder do otimismo

no café da manhã? Sem perceber, fazemos escolhas automáticas e nem pensamos, já são como hábitos. Sem notar, escolhemos uma e renunciamos a tantas outras. Algumas vêm acompanhadas de insatisfação e dor, e muitas são difíceis de perceber que um pequeno ajuste poderá fazer grande diferença, despertar a liberdade e aumentar a nossa capacidade criativa.

b) O brilho da aceitação ou consciência

Como perceber se um comportamento ou situação precisa de mudança?

1. Procure silenciar e observar o seu comportamento, como se você fosse um observador da sua vida, escreva quais escolhas tem feito, que não estejam agradando. Faça essa pergunta a si e, se precisar, às pessoas próximas, familiares e colegas de trabalho.
2. Observe a sua saúde. Como está a sua alimentação? Alguns sinais são físicos, como dores fora de hora, tristeza, olhos baixos, falta de ânimo; você começa a enxergar tudo feio, sem cor.
3. Perceba as pessoas a sua volta, você costuma estar perto delas?
4. Quando você deita à noite, o seu sono é tranquilo?
5. Analise as respostas, é hora de tomar a decisão.

c) O brilho da decisão

Este é o momento do sim.

Há muito tempo, assisti a um filme chamado *Sim senhor*, com Jim Carrey. À época, achei engraçado, mas acho que não entendi bem a profundidade. No filme, o sim mudou totalmente a sua vida. Hoje, entendo que o sim é importante para qualquer mudança, ou ajuste naquele ponto da vida com o qual não está feliz.

Exemplo: você está usando um sapato apertado, combina com a sua roupa, o modelo é maravilhoso, mas os seus pés estão bem doloridos, é possível dizer sim e tomar a decisão de trocá-lo, ou sair com ele apertado e aguentar a dor. Por outro lado, a escolha confortável pode deixá-lo mais feliz, mesmo que não combine muito com o modelo do vestido. Se a decisão for pelo apertado, não pode haver reclamação das bolhas nos pés, elas são consequências da sua decisão.

Quando temos algo que queremos mudar, é necessário imaginar como seria a nossa vida se essa situação fosse resolvida, ou se ela tivesse outro desfecho. Quando emitimos isso ao universo, ele nos mostra o caminho para encontrar a luz e o brilho do Sol.

Decisão tomada! Brilho nos olhos, peito para frente, queixo erguido, e vamos lá! Nesse momento, se inicia um movimento, uma felicidade natural que o envolve e impulsiona para a solução.

Pensando no futuro:

Assunta Pica

1. O que eu busco?
2. O que me levou a buscar tal coisa?
3. Quem são as pessoas envolvidas agora?
5. Quem serão as pessoas envolvidas quando eu alcançar?
6. O que eu busco vai trazer o brilho do Sol para iluminar a minha vida?
7. A pergunta principal? Estou disposto a dizer sim, mesmo sabendo que essa escolha me trará renúncias?
8. O que estou disposto a renunciar?
9. O que estou disposto a agregar?

Existe uma música antiga da Liza Minnelli que diz:

> Diga sim
> A vida continua todos os dias
> Diga sim
> Quando a oportunidade vem em seu caminho
> Diga sim.

Toda a mudança passa por um período de amadurecimento e ação, mas parte dessa transformação depende de nós e parte depende do universo ou, para mim, Deus, mas sem o primeiro passo é impossível sabermos o resultado.

d) Propósito de vida

Esse assunto é bem complexo. Todos estamos em busca do propósito de vida, mas o que é preciso fazer? Existe algo que deveríamos fazer e que não estamos fazendo? São tantas perguntas.

É comum escutarmos frases como: "quando eu encontrar o meu propósito eu serei feliz", "quando eu encontrar o meu propósito eu vou sorrir". A busca e a insatisfação trazem ansiedade, transtornos, dúvidas e muitos sentimentos sem sentido, além de colocar a felicidade em algo que talvez nunca chegue ou, que se chegar, não terá mais tanta relevância.

Os propósitos ou objetivos materiais são os mais comuns, como ter aquele carro, imóvel, ou aquela viagem para Europa. No momento em que são atingidos, muitas vezes, não satisfazem e já existe a projeção de uma nova meta. Quando, finalmente, realiza o desejo do imóvel, não está mais satisfeito, pois quer um maior. Já conheceu a Europa, mas quer ir para a Disney. Parece que esses propósitos estão sempre incompletos, sempre estão por vir.

Sabe onde está a felicidade? No caminho, no dia a dia da conquista, no brilho dos olhos, no Sol que traz luz todos os dias, na alegria de acordar e abrir os olhos, na felicidade em ler este livro, por exemplo.

O poder do otimismo

Se o seu desejo for uma nova colocação profissional, cada passo que der em busca do seu objetivo é motivo de celebração.

Terminou o seu novo currículo? Ligou para um amigo falando da sua intenção? Foi a um evento para fazer *networking*? Celebre. Se a cada dia você der um passo em direção ao seu objetivo e celebrar por isso, o caminho fica leve, e alcançar o objetivo fica muito mais fácil e rápido. O propósito natural de ser feliz acontece diariamente. Faça bem feito o que precisa ser feito.

O propósito e a felicidade estão no agora, porque o seu objetivo está sendo construído. Se hoje o seu sol não brilhar, você nunca vai chegar lá.

Procure viver a intensidade de cada dia, ao invés de esperar para ser feliz depois.

Pense agora o que poderia fazer nessa situação. Qual é a atividade que você faz que pode lhe trazer uma boa sensação?

Procure valorizar atividades do seu dia a dia que proporcionem felicidade e que, muitas vezes, passam despercebidas. Quando o seu filho o chama, quando você sai para passear com o seu cachorrinho, vai caminhar no parque, andar descalço na grama, comer algo com sabor, tomar café com um amigo.

Organize a sua casa e a sua mesa de trabalho, os seus horários. Coloque flores, ande com pessoas felizes que o animem diariamente, assista a uma comédia, faça caridade, e tantas outras coisas boas.

Esse sentimento de felicidade em pequenas coisas o aproxima do seu propósito diariamente. No momento em que perceber que o caminho traz a felicidade, o Sol vai brilhar dentro de você todos os dias.

e) Gratidão

Esse é o melhor caminho para alcançar qualquer objetivo, e o propósito maior, que é o mesmo para mim, para você, e para todos: ser feliz. Com a gratidão, o nosso Sol interior brilha forte, pois ele sabe que cada vez que você se sente grato àquela situação, vale a pena, o seu corpo relaxa e, com isso, recebe ainda mais daquele comportamento. Comece agradecer por estar vivo, agradeça seus pais por terem lhe dado a vida, por respirar, por se alimentar. Agradeça a sua aparência, a pessoa que você vê no espelho.

Imagine, ao acordar e, ainda na cama, pensar: "hoje vou ser a Gisele Bündchen ou, para os homens, vou ser o Rodrigo Hilbert". Ao chegar ao espelho, vai ter uma enorme decepção, pois você não é a Gisele e nem o Rodrigo. É impossível ser feliz depois desse susto.

Mas se pensar: "hoje serei a minha melhor versão, vou escolher a melhor roupa e o melhor perfume. Vou pentear o cabelo, vou tratar as pessoas bem, vou dar e receber abraços", será alguém poderoso. Ajuste a sua postura, levante o queixo, olhe em frente! Com certeza, o seu dia será maravilhoso, acredite!

Assunta Pica

Pequenos momentos de Sol podem iluminar uma vida inteira. Os maiores e melhores propósitos são o amor e o otimismo. Viva o seu lado positivo, mesmo em situações muito difíceis. Permita sempre que o Sol brilhe em você.

"Mas é claro que o Sol vai voltar amanhã."
Renato Russo

O poder do otimismo

CAPÍTULO 3

O pensamento otimista na geração de resultados

Neste artigo, você entenderá como os nossos pensamentos são transformados em comportamentos e influenciam os nossos resultados.

Augusto Cruz

O poder do otimismo

Augusto Cruz

Pedagogo; especialista em EAD; Administração de RH; Dinâmica de grupo pela Sociedade Brasileira de Dinâmica de Grupo – SBDG; metodologia CEFE – IDT. Analista de RH, técnico especializado em treinamento e professor universitário. Leciona as disciplinas de consultoria em RH; gestão do conhecimento; gestão de vendas; processo de decisão; ética; *marketing*; gestão de RH; didática; psicologia da aprendizagem; oficina de oratória. Afiliado da ABRH-CE; palestrante e facilitador de treinamentos empresariais há 35 anos. Ministra os cursos de *Formação de facilitadores; Oratória: a arte de falar em público; Liderança e autodesenvolvimento; Dinâmica de grupo: jogos e simulações; Relacionamento interpessoal; Atendimento ao cliente; Vendas*, entre outros.

Contatos
www.augustocruz.com.br
augusto.cruz@uol.com.br
Facebook: Augusto Cruz
(85) 99619-1215

Augusto Cruz

> "Há pessoas que choram por saber que as rosas têm espinho. Há outras que sorriem por saber que os espinhos têm rosas!"
> Machado de Assis

Sempre imagino o que uma pessoa espera da vida quando diz frases como: "não vai dar certo"; "eu não tenho jeito"; "eu não consigo"; "é melhor eu desistir, pois isso é muito difícil"; "isso é praticamente impossível para mim".

O grande problema desse tipo de pensamento altamente negativo é que ele influencia fortemente o seu ânimo, e isso afeta diretamente o seu comportamento, gerando resultados nada agradáveis.

Quando um estudante não acredita que pode tirar uma boa nota na prova ou passar em um concurso, ele acaba não reunindo ânimo para estudar com afinco, pois acha que não adiantaria. Ao chegar o dia da prova, ele pensa fortemente em não ir e, se vai, na hora em que recebe a prova em suas mãos, antes mesmo de ler a primeira questão, já pensa que vai ser muito difícil e que não vai conseguir. O seu pensamento está tão "concentrado" nesse derrotismo que, de fato, não consegue responder as primeiras questões, fica estressado e torna tudo cada vez mais difícil.

A sua autoestima está tão lá embaixo que, mesmo que resolva de imediato as primeiras questões, logo pensa: "essas devem ser as únicas fáceis". Isso irá destruir todas as possibilidades de aprovação desse aluno.

Vez ou outra, encontro alguém que, diante de problemas até relativamente pequenos, segundo a minha visão, resolve desistir da luta antes de iniciar, por achar que não vale a pena. Nem enfrenta, nem se arrisca a lutar. E, caso resolva lutar, nessas condições, já entra "no ringue" certo de que vai apanhar, e apanha mesmo!

Quando isso vai mudar? Vai mudar quando a mente começar a mudar. Quando modificar o seu pensamento em relação a si e começar a reconhecer o seu potencial, o que é capaz de fazer, e enxergar o próprio sucesso. Não estou falando de mudar o pensamento simplesmente, mas de acreditar nessa mudança, transformando comportamentos, ações e mudança de atitude.

Talvez você esteja pensando que seus problemas são grandes demais, a sua vida muito complicada, seus talentos pobres, e que eu não

O poder do otimismo

sei o que passa. Em partes, você tem razão. Mas vamos ver alguns estudos sobre a necessidade de pensar de maneira otimista, e seus efeitos concretos em nossas vidas.

Viktor Frankl (1984) nos mostra isso ao narrar a sua experiência de sobrevivência no campo de concentração de Auschwitz, durante a Segunda Guerra Mundial. Frankl resolveu pesquisar, em pleno holocausto, o que fazia com que alguns homens conseguissem sobreviver apesar de toda condição de sofrimento presente naquele ambiente.

Segundo Frankl, era comum que alguns cometessem o suicídio, por não suportarem o ambiente e o sofrimento que lhes era imposto. Para os casos em que a tentativa se concretizava, havia uma séria proibição de tentar salvar a pessoa em questão. A saída era cuidar preventivamente. Ele apresenta dois casos como exemplos do sucesso no tratamento preventivo no campo de concentração.

A metodologia consistiu em ajudar esses homens a lembrarem de algo que vida esperava deles, algo que estaria esperando por eles no futuro. Para um, era o filho, que ele idolatrava, e que o esperava no exterior. Para o outro, era uma série de livros sobre um determinado tema que não estava concluída e aguardava a sua conclusão. Essa realidade de que somente eles poderiam realizar o que esperavam, ou seja, o amor do filho para um, e uma obra científica para o outro, fez com que eles revigorassem a força de viver, apesar de toda a realidade em volta apontar para a morte.

Para o próprio Frankl, esse comportamento também foi fundamental:

> Quase chorando de dor nos pés lesionados, postos em sapatos abertos, num frio terrível e enfrentando um vento gelado, eu ia mancando num caminho de vários quilômetros. Meu espírito ocupava-se sem cessar com milhares de pequenos problemas de nossa mísera vida no campo de concentração. O que vamos comer hoje à noite? Não será melhor trocar a rodela extra de linguiça por um pedaço de pão? Será que devo negociar por uma tigela de sopa o último cigarro que me sobrou? Como vou conseguir um pedaço de arame para substituir o que quebrou e que servia para fechar os sapatos?

Essa eram as pequenas preocupações que ocupavam a sua mente enquanto observava os demais. Mas, ele resolveu aplicar em si aquilo que funcionava com os homens que ele havia tratado:

> Eis que então aplico um truque, vejo-me, de repente, ocupando a tribuna de um grande auditório magnificamente iluminado e aquecido, diante de mim um público

a ouvir atento, sentado em confortáveis poltronas, enquanto vou falando; dou uma palestra sobre a psicologia no campo de concentração, e tudo aquilo que tanto me tortura e oprime, acaba sendo objetivado, visto e descrito da perspectiva mais alta da ciência... Através desse truque, consigo alçar-me de algum modo acima da situação, colocar-me acima do tempo presente e do seu sofrimento, contemplando-o como se já estivesse no passado.

O que fez Frankl, na prática? Usou a sua imaginação para projetar positivamente aquilo que poderia fazer com sucesso ao sair daquele ambiente, ao continuar a sua vida. E ele pensou de maneira otimista, enquanto era comum aos que se encontravam no campo de concentração pensarem que "não havia mais razões para viver".

Vejam que a mudança começou na mente de Frankl, dentro dele, enquanto tudo ao seu redor apontava para o fim da sua vida, isso o transportou para o futuro, dando-lhe a força necessária para resistir. É interessante chamar a atenção para o fato de que ele, em suas observações científicas, concluíra que aqueles que desistiam, que se entregavam, tinham as suas defesas abaladas, o organismo ficava enfraquecido e com baixa imunidade, morriam facilmente de qualquer doença, o que não faltava naquele ambiente.

Já Maurício Góis, em seu brilhante texto *A estátua que virou vendedor*, publicado na *Revista Venda Mais*, nos conta a história de Pigmalião que, ao esculpir uma estátua encomendada por um cliente, apaixonou-se pela escultura que fez. A sua paixão foi tão grande, que a deusa Minerva, com dó, mandou o cupido flechar o coração da estátua, que ganhou vida e também se apaixonou por Pigmalião; casaram-se e foram felizes para sempre.

A partir dessa história, os cientistas comportamentais descrevem um fenômeno que chamam de Efeito Pigmalião das expectativas poderosas, para o qual eles criaram uma lei que poderia ser descrita assim: "as expectativas de uma pessoa influenciam o comportamento de outra ou de si".

Segundo esse estudo, "as expectativas que você cria sobre você ou sobre os outros tendem a influenciar fortemente o seu comportamento e o dos outros". Se você acredita, por exemplo, "que o mercado está uma droga, que ninguém está comprando nada, que o concorrente tem algo melhor, que a coisa está mais feia do que a necessidade, e que você não é merecedor do melhor da vida, você tem razão. Mas, se acha que é um vencedor, que a sua empresa é ótima e que o seu produto é o melhor do mundo, você também tem razão". Enquanto acha que o mercado está uma droga, outros vendedores estão vendendo muito, os dois têm razão.

O poder do otimismo

Caso você considere que nasceu para os bastidores, que o sucesso jamais vai surgir, e que não é capaz de fazer algo diante daquela situação difícil, qual é o resultado que você espera alcançar? Outro dia, eu estava ministrando uma das minhas turmas de *Oratória: a arte de falar em público*, e disse para uma aluna: "você, em breve, vai falar para duas mil pessoas!". Ela respondeu imediatamente: "Deus me livre!". Que resultados essa pessoa espera da vida?

Durante 21 anos fui funcionário do Banco do Estado do Ceará - BEC, admitido aos 15 de idade, por meio de um concurso para formação bancária. Fiz minha carreira lá. Após 1994, começaram os rumores de que o banco iria ser privatizado. Diante de tais notícias, muitos colegas ficaram doentes, porque não conseguiam reagir à situação, e houve até mesmo quem tirasse a própria vida.

Comecei então a refletir sobre a minha posição diante de tais rumores. Eu tinha duas escolhas: esperar o banco ser vendido e ver o que aconteceria, ou deixar o banco e fazer a minha carreira solo. Dar outro rumo a minha vida. Bom, não sou uma pessoa de esperar as coisas melhorarem, até porque não acredito que as coisas melhorem sem que façamos nada para isso. Acredito, sim, que nós melhoramos as coisas com o nosso esforço e empenho. Então, resolvi optar pela segunda alternativa, sair e fazer a minha carreira.

Lembrei-me daquela história do Zé, o homem que morava numa cidade que iria ser tomada pelas águas. Todos deixaram a cidade, menos ele, pois afirmava: "Deus vai me salvar!". Mandaram duas barcas, duas lanchas, um helicóptero e ele, irredutível, não foi. Dizia sempre: "Deus vai me salvar!", até que morreu e se encontrou com Deus, para quem, imediatamente, perguntou por que não o havia salvado. Deus respondeu: "Zé, meu filho, eu mandei duas barcas, duas lanchas e até um helicóptero. Quando vi que não queria sair, deixei você morrer".

Tem gente que, como o Zé, não enxerga nem as oportunidades de salvação que Deus manda. Quando comuniquei ao meu diretor do banco que gostaria de sair, ele perguntou se eu tinha alguma coisa fixa. "Não, serei autônomo", respondi. Ele me disse: "homem, você é doido!". Então, contei a história do Zé e disse que eu já estava na segunda lancha. Ele respondeu: "vá com Deus!" e eu saí.

Sou palestrante e facilitador de treinamentos, trabalho como autônomo há 23 anos. Mas, para empreender essa jornada, pensei com muito otimismo e fé na minha carreira, nos resultados que alcançaria, nos trabalhos que iria fazer e em todos os detalhes. Tanto que deixei o banco numa sexta-feira, dia 21 de outubro de 1996, e na semana seguinte eu estava trabalhando os três turnos com treinamentos.

A questão principal dos nossos pensamentos é que eles se transformam ou pelo menos conduzem o nosso comportamento. Quando pensamos de forma negativa, tendemos a agir negativamente. Por quê? Porque esse tipo de pensamento afeta o nosso ânimo e, mesmo que tentemos fazer alguma coisa, fazemos de qualquer jeito, sem um esforço sério, daí as coisas não saem bem-feitas, e "confirmamos" que não deu certo mesmo. Isso vira um círculo vicioso: eu acho que não vai dar certo, não me esforço, não me saio bem, confirmo que não sei fazer. Não tento mais, porque não vai dar certo mesmo.

Quando pensamos de forma otimista, acontece exatamente o contrário. Tendemos, então, a agir com otimismo, positivamente, com confiança e ânimo. Isso faz muita diferença nos resultados que alcançaremos. Agindo com otimismo, passamos a nos empenhar ao máximo, dando o melhor que podemos. Assim, as possibilidades de acerto se tornam grandes e tudo colabora para que façamos o melhor possível. Vendo o resultado excelente que conseguimos, vamos nos animar a ir muito além, pois sabemos que podemos fazer melhor, a nossa confiança aumenta, o nosso ânimo também, e o nosso esforço idem. A tendência é que a autoestima se fortaleça e, então, identificamos os nossos pontos fortes. Dessa maneira, o otimismo influencia concretamente os resultados.

Não estou defendendo que você deva agir como a Pollyanna brincando do contente, romance de Eleanor H. Porter, publicado em 1913 e considerado um clássico da literatura infanto-juvenil. Não é isso. Mas é preciso substituir os pensamentos pessimistas, principalmente em relação ao seu potencial, por pensamentos otimistas com base nas suas competências, e no que você vai descobrindo de bom sobre si.

Existe um ditado que diz "Águias não caçam moscas". Eu assisti um vídeo do Prof. Luiz Marins, em que ele usa isso para falar sobre a importância de pensar grande! Isso porque, se você pensa pequeno, acha que não é digno do melhor, que não vai conseguir algo, pois é grande demais para sua capacidade. O que você espera conseguir?

É preciso pensar grande, ser otimista, desejar o melhor, lutar por isso e acreditar no seu talento. O Prof. Marins diz: "o perigo não é você pensar grande e não conseguir, o perigo é você pensar pequeno e conseguir". Você precisa pensar em ser rei, ainda que não sente no trono, o importante é entrar no castelo! Se pensar em ser o bobo da corte, o que sobrará?

O desafio está diante de você. A escolha está em suas mãos. Quais são os seus talentos? Quais os seus pontos fortes? O que você realmente gosta de fazer? O que faz brilhar os seus olhos e o seu coração bater mais forte?

Tudo começa dentro de você. Fortaleça a sua autoestima. Identifique esses fatores e comece a pensar de forma otimista sobre cada um deles, em como você pode utilizar isso para alcançar o que deseja, não somente no campo material, mas, principalmente, no seu desenvolvimento como pessoa. Isso vai fazer uma diferença extraordinária na sua vida, pode acreditar!

Referências
FRANKL, Viktor E. *Em busca de sentido*. 32. ed. pp. 98-105. Vozes, 2008.
GÓIS, Maurício. *Revista Venda Mais*. Abril, 2000.
MARINS, Luiz. *Pense grande!* Disponível em: <https://www.videocurso.com.br/comportamento-e-atitude/videocurso-online-pense-grande-luiz-marins>. Acesso em: 14 de jan. de 2019.

O poder do otimismo

CAPÍTULO 4

Os segredos da produtividade na vida e nos negócios

Este capítulo é o resultado de minhas pesquisas sobre como o poder do otimismo funciona, e de meus esforços para entender por que algumas pessoas são muito mais produtivas do que as outras.

Benito Costa Junior

O poder do otimismo

Benito Costa Junior

Master trainer e executivo de vendas com mais de 25 anos de experiência. *Trainer* e palestrante especialista em atendimento ao cliente, usando uma metodologia própria com base em "O jeito Disney de encantar clientes", criada para compartilhar com outras empresas os pilares que fizeram da Disney referência nas melhores práticas de atendimento ao cliente, fidelização, serviço e criatividade.

Contato
benito.costa@hotmail.com

Se eu acredito, então eu posso!

O que as pessoas têm em comum? Elas sabem que otimismo tem a ver com as escolhas que fazemos, é uma atitude útil em relação à vida, a si e aos outros, porque permite considerar todas as maneiras pelas quais você pode ser bem-sucedido, seja qual for a sua posição. Ter um temperamento alegre pode influenciar mais do que apenas o seu estado de espírito.

As pessoas que são otimistas são mais comprometidas com seus objetivos, mais bem-sucedidas em atingir suas metas, mais satisfeitas com sua vida e têm melhor saúde física e mental quando comparadas com às mais pessimistas.

> Os otimistas são capazes de mudar o mundo com a fé e a esperança que alimentam diariamente. Eles creem que se hoje as coisas não saíram como esperado, amanhã serão melhores. Sabem que é preciso batalhar e buscar realizações todos os dias, e talvez seja disso que os pessimistas têm medo, pois, para realizar os nossos sonhos, só depende de nós e mais ninguém. Colocar a mão na massa paralisa muita gente que tem medo de lidar com o desconhecido.
> (José Roberto Marques, 2016)

Este capítulo é o resultado de minhas pesquisas sobre como o poder do otimismo funciona, e de meus esforços para entender por que algumas pessoas são muito mais produtivas do que as outras.

Desde o meu primeiro contato com a Disney, há um ano, recorri a psicólogos e outros especialistas em otimismo. Conversei com os cineastas responsáveis pela produção de *Frozen*, e descobri que eles realizam um dos filmes de maior sucesso de todos os tempos sob prazos curtíssimos – e evitaram um desastre por um triz, incentivando uma espécie de tensão otimista e criativa da equipe. Com tudo isso, deixo aqui seis razões do porquê é uma boa ideia fortalecer o seu otimismo. Em um de seus discursos, Barack Obama disse: "precisamos internalizar a ideia de excelência. Poucas pessoas usam seu tempo tentando ser excelentes".

O poder do otimismo

Organize o seu pensamento
Há pelo menos um pequeno fragmento de positividade, em todas as situações ruins. Reenquadrar é reinterpretar suas experiências passadas e presentes. Talvez a sua experiência tenha sido uma valiosa lição de vida, ou talvez tenha aberto o caminho para uma alternativa melhor. Seja qual for o caso, certifique-se de enfatizar os aspectos positivos.

Dica: com tantas metas, muitas vezes, não dá para saber direito por onde começar. Então, para que essa meta seja mais do que uma aspiração, precisamos que sejam divididas em partes administráveis. Na psicologia, essas ambições menores são conhecidas como "metas próximas", e diversos estudos mostram que dividir uma ambição em metas próximas aumenta a probabilidade de que o objetivo maior seja atingido.

Seja grato
Felicidade é mais um estado mental do que um objetivo – não a buscamos, apenas vivemos. A gratidão é essencial quando você quer ser feliz e atrair coisas boas para a sua vida. Pessoas que veem um copo metade cheio tendem a classificar seus trabalhos como mais gratificantes do que aquelas que não têm essa visão. Um estudo na Universidade do Kuwait constatou que as pessoas que eram gratas também eram mais felizes em seus empregos e tinham o menor número de reclamações; o oposto era verdade em relação às pessimistas.

Dica: em todas as áreas de nossa vida devemos ser otimistas, para alcançarmos os nossos objetivos, termos perseverança para prosseguir, utilizando todas as situações a nosso favor. No amor, no trabalho, em casa, e em nossas relações sociais.

Seja alegre
Ter um temperamento alegre pode influenciar mais do que apenas o seu estado de espírito. "As pessoas que são otimistas são mais comprometidas com seus objetivos, mais bem-sucedidas em atingi-los, mais satisfeitas com a vida e têm melhor saúde física e mental, quando comparadas às pessoas mais pessimistas", diz Suzanne Segerstrom, PhD e professora de psicologia na Universidade de Kentucky.

As pesquisas mostram que as pessoas tendem a ser otimistas por natureza, mas, e se você for naturalmente mais do tipo triste? Fortaleça o seu sentido de esperança. Quando a depositamos no futuro, não cogitamos probabilidades negativas nesse processo. O ideal é ter equilíbrio. É pensar positivamente, considerando que existem obstáculos a ser superados. O que não pode é recuar diante deles.

Dica: a ideia é agir como uma pessoa otimista, mesmo se você não se sentir particularmente esperançoso. "Se achar que o futuro poderá ser positivo, estará mais disposto a investir tempo e energia para fazer isso acontecer". Ao ser engajado e persistente, mesmo se você não se sentir particularmente positivo, logo serão sentidos os benefícios do otimismo (como a satisfação e a saúde).

Pratique atividade física

Os otimistas não têm, necessariamente, mais massa muscular ou maior capacidade atlética do que os pessimistas. Mas o que eles têm, de fato, é esperança. Em um estudo realizado em coautoria com Martin Seligman, PhD, diretor do Penn Positive Psychology Center, da Universidade da Pensilvânia, um grupo de nadadores foi instruído a nadar com o máximo esforço e, em seguida, foi informado de um tempo falso – que acrescentava vários segundos. Os otimistas usaram esse *feedback* negativo como estímulo para nadarem ainda mais rápido na vez seguinte; já os pessimistas tiveram um desempenho pior do que o anterior.

Dica: quem começa a praticar atividade física ganha também controle emocional, aumento da autoestima, diminuição da ansiedade e melhora no humor. A atividade física ajuda a aumentar a produção dos neurotransmissores do bem-estar do cérebro, as famosas endorfinas.

Aprecie as pequenas coisas

Parte da razão pela qual as pessoas acabam se sentindo pessimistas em relação ao seu futuro é o nosso desejo constante de grandes conquistas. Em vez de ficar obcecado em alcançar o seu grande objetivo final, tente aproveitar as pequenas coisas em direção a ele. Embora a fixação de grandes objetivos de vida possa ser muito produtiva, a vida é repleta de prazeres simples. Pode ser um "alô" amigável do porteiro, ou um gesto gentil de um colega de trabalho.

Por natureza, os otimistas não se desesperam com coisas sem importância. Foram essas as conclusões de um estudo na Universidade de Concordia, em Quebec. Não só os otimistas produziram menos cortisol (o hormônio do estresse) durante momentos de tensão, como também não o sentiram em épocas estressantes.

Dica: antes de acreditar que algo não vai funcionar, ou não vai dar certo, busque várias saídas, alternativas que o levem ao êxito. Estudantes e atletas otimistas têm melhores desempenhos, alta *performance* e, com isso, alcançam os melhores resultados, por alimentarem emoções positivas e acreditarem, antes de qualquer situação, que as coisas vão dar certo.

Seja motivado

A motivação é ativada quando fazemos escolhas que demonstram, para nós, que estamos no controle, avançando rumo a objetivos importantes. Faça isso. Se precisar responder a *e-mails*, escreva uma frase inicial que expresse a sua opinião ou decisão. Com base nas últimas

O poder do otimismo

descobertas da neurociência, psicologia e economia comportamental, as pessoas motivadas são mais produtivas e agem de formas diferentes, mas também veem o mundo, e suas escolhas de modos totalmente distintos. A maneira como tomamos decisões, as metas que priorizamos e a cultura que estabelecemos para estimular a inovação – é isso que separa os simples ocupados dos genuinamente produtivos.

Dica: inspire-se nos otimistas, ouse mudar os comportamentos e a ter pensamentos e ações mais positivas em sua vida. Esse é o primeiro passo para conquistar resultados extraordinários.

Sendo assim, concluo que só há ganhos em ter comportamento e pensamento positivo. Não se perde nada. Pelo contrário, ser pessimista faz com as pessoas percam oportunidades: de tentar, de conseguir, de vencer e ser vitoriosas.

Os otimistas são capazes de mudar o mundo com a fé; a esperança que alimentam diariamente.

O poder do otimismo

CAPÍTULO 5

Tcharammm!!!

Aqui, o leitor compreenderá como um otimista consegue se superar por meio do autoconhecimento, e como a influência age harmoniosamente nas emoções dadas e recebidas. A energia positiva vibra para quem procura se alinhar.

Carlos Roberto Martins

O poder do otimismo

Carlos Roberto Martins

Bacharel em Direito, Pedagogia, e Música. Pós-graduado em Psico-Pedagogia, Arteterapia, e Extensão em Musicoterapia. Autor literário com quatro livros publicado, coautor de três livros. Palestrante, *coach* e pesquisador com mais de 73 países visitados, premiado 36 vezes.

Contatos
www.carlostcharam.com
carlostcharam@hotmail.com
(11) 99528-9689

Carlos Roberto Martins

> "A única forma de chegar ao impossível
> é acreditar que é possível."
> Charles Lutwidge Dodgson

Acreditar em tempo certo, jeito certo, pessoas certas, propósitos certos é, de certa forma, ser generoso consigo. Porque, quando sorrimos e quando estamos positivamente energizados, emanamos energias positivas. Esse fato muda o ambiente das possibilidades.

À prática dessa positividade dá-se o nome de otimismo que é, sem dúvida, uma ferramenta contra pensamentos limitados e negativos. É acreditar que tudo pode ser solucionável frente às adversidades. Em nossas realizações, podemos escolher se seremos vitoriosos ou perdedores, otimistas ou pessimistas em relação a nossas escolhas.

Se em tudo vemos dificuldades dentro de nós, isso nos traz desconforto psicológico e comportamental. Se em tudo vemos facilidades, seremos como tolos. Se em tudo vemos que existem possibilidades e que as dificuldades podem e devem ser superadas, então somos otimistas.

Quando maximizamos as possibilidades e minimizamos as dificuldades, a mágica acontece. É cientificamente comprovado que quem é mais confiante, esperançoso e positivo vive mais. A pessoa otimista está quase sempre disposta, pois acredita que tudo é possível. Isso desenvolve a capacidade de acreditar e apreciar tudo pelo lado bom, aproveitando tudo o que é possível de situações relativamente ruins, porque a força de vontade faz com que tudo junto seja o alimento da disposição.

Todas essas apreciações otimistas geram bem-estar. Por ser uma escolha e uma forma de enxergar a perspectiva da vida e seus problemas, as possibilidades são tão abrangentes e tão próximas que pessoas com otimismo conseguem resgatar o melhor de si.

A comemoração de uma vitória é surreal para quem ganha, é racionalmente compreensível, mas não ganhar e comemorar... isso é otimismo. Para alguns pessimistas isso é tolice, por isso muitas vezes quem não vence acaba se abatendo e desistindo de algo que poderia ser superado com o tempo. O otimista analisa as possibilidades sugerindo que sempre haverá uma saída.

O poder do otimismo

Agora, vamos praticar a consciência plena:
Você é uma pessoa otimista ou pessimista?
Dê-se o direito de responder sinceramente ao seu íntimo.
Outra forma de avaliação é perguntar às pessoas se você é otimista ou pessimista.

Essa experiência pode trazer algumas afirmações ou interrogações. Mas entenda que somos quem imaginamos ser, o que as pessoas acham que somos, e somos o que somos.

O que fazemos com essa informação é muito importante, pois podemos melhorar e nos recriar. Você pode afetar diretamente o seu estado emocional e o seu comportamento fazendo de si um instrumento social ativo ou passivo.

Percebe as consequências de suas escolhas?

Eu não quero influenciá-lo, mas, indiretamente, você perceberá que existe uma ótima intenção por trás deste texto.

Durante a sua vida, você percebeu que ninguém escapa de ter frustrações, faz parte perder; não conseguimos evitar isso.

Existem certas características que amo em pessoas otimistas, uma delas é a paixão de estarem sempre dispostas a alcançar os seus objetivos. A forma como encaram as diversidades para superar as dificuldades e realizar sonhos me faz acreditar positivamente que enxergar um aprendizado numa derrota é valioso demais.

Pessoas otimistas não ignoram a derrota, elas são realistas, porém acreditam nas possibilidades e não colocam esperanças além daquilo que podem alcançar. Criam metas desafiadoras ao invés de tentar alcançar o impossível com os objetivos galgados de técnica e paciência. Sabem que se chega ao resultado com tempo.

Derrota não é fracasso. Então, para os otimistas, cada derrota é um ensinamento ou uma lição que deve ser aprendida, e em cada ensinamento existem muitas formas de crescer.

Grandes lacunas de dificuldades serão preenchidas de superação, pois por trás de muitas histórias de sucesso existiram dificuldades e fracassos. A cada frustração superada, uma lição aprendida.

O otimista encara os medos e preocupações com naturalidade, procura admitir os seus erros e possui a mente aberta. Reconhece o seu lado falho sem culpar os outros, sabe que esse comportamento só dignifica e fortalece o seu propósito, o que o torna um exemplo qualificado de ser, que pode transformar o seu meio.

Os otimistas se ajudam e nunca se comparam aos outros, acreditam na essência e nas possibilidades de cada um, trazem para si a possibilidade de não ser melhores do que os outros, e assumem os seus erros sem demagogia, pois compreendem e se comportam ativamente sensatos perante a realidade de cada um.

Carlos Roberto Martins

O que mais gosto é que nos motivamos constantemente, apesar dos riscos e dos problemas encontrados no dia a dia. Não é a opinião alheia que nos desmotivará, porque até a crítica negativa nos ajuda, pois a força que nos motiva está dentro de nós.

E aqui eu me denomino otimista sem medo de ser feliz. Somos motivados quando encontramos algo que traz uma razão de ser e de continuar a vida apesar dos desafios conflitantes. Isso eu chamo de autoconvencimento, que é a força para a realização da convicção das razões estabelecidas.

Portanto, aceitamos com mais facilidade as pessoas como são, se assim não fosse, seríamos egoístas e não nos valorizaríamos. Somos mais solidários e procuramos sempre nos melhorar como ser, no sentido direto de orgulho pelo que fazemos e pelo que somos.

Uma pessoa otimista tem uma visão favorável às coisas e espera sempre um resultado satisfatório. O otimismo não é um fator genético, mas pode ser absorvido por convivência, pois os valores positivos são apreciados e replicados. Ele pode contagiar e ser ensinado para quem crê em si.

Evidentemente que não é regra, mas as possibilidades são enormes. Digo isso, pois pessoas otimistas tomam decisões depressa, porque não têm dúvidas a respeito dos seus valores.

Como disse, o otimismo pode ser influenciado e não geneticamente determinado, porém, ao ser estimulado, a estrutura cerebral pode ser modificada por meio da prática. Se você se analisou e percebeu que é um pessimista, alegre-se, pois se realmente quiser ser otimista e elevar o seu ponto basal, precisará aprender a fazer coisas positivas. Responda uma pergunta: você está preparado para aprimorar o seu ser?

Promova o que lhe encanta e veja que pessoas inteligentes e bem intencionadas semeiam boas ideias, bons atos e proliferam boas ações.

Com a mudança de seu estado atual e os caminhos definidos, você será alguém mais valioso e poderá projetar os seus pensamentos; será um provedor e formador de opinião. Está comprovado que somos a média das cinco pessoas que mais convivem conosco. Procure avaliar quem são, construa uma sinopse de cada uma e analise o que lhe proporcionam.

Como você contribui e como é beneficiado por ter essas amizades ou convívios? A resposta está dentro de si. Otimismo pode e deve ser estimulado. Eu captei formas de obtê-lo e coloco aqui algumas delas. É importante que siga essas recomendações, pois fizeram e fazem muito bem para mim:

1- Meditar; realizar alguns minutos de introspeção para alinhar os seus pensamentos;

2- Ao iniciar a sua jornada matinal, seja ela qual for, professe 30 palavras positivas;

O poder do otimismo

3- Ofereça o seu melhor para tudo que fizer, sem medo; lembre-se de que o erro, na verdade, é um aprendizado;
4- Distribua abraços demorados, contagie e seja contagiado;
5- Sempre que algo der errado, grite e comece novamente, se não conseguir de forma alguma, por falta de competência, reestruture o seu aprendizado;
6- Foque no sucesso; se quiser, dê uma pausa para avaliar o seu desempenho. Às vezes, uma olhada de fora ajuda, então peça opinião, seja qual for;
7- Sorria para todos, porém, compartilhe a sua dor; ela é inevitável, mas permanecer nela é opção;
8- Tenha bons hábitos, coma bem, reserve um momento da tarde para dar profundos respiros e soltar lentamente o ar, isso ajuda a equilibrar a sua respiração e oxigenar o cérebro;
9- Pratique algum tipo de esporte;
10- Ao se alimentar à noite, coma um alimento leve;
11- Antes de se deitar, pingue duas gotas de essência de lavanda no travesseiro, tome um chá relaxante, coloque músicas tranquilas para ouvir.

Muitas vezes, procrastinei, mas, depois que segui esses 11 passos e exercícios de modelagem para uma saúde melhor, me sinto bem. Fui buscar conhecimentos e me aprofundar nesse assunto, a procura valeu a pena.

Em uma tarde de folga, fiz uma retrospectiva de minha vida, analisei a trajetória financeira, emocional, racional, conjugal, social, espiritual, e muitos *flashes* foram surgindo de como consegui superar as perdas e como lidei com os ganhos.

Em minha trajetória de vida, conheci 73 países e milhares de pessoas, algumas ficaram amigas, outras somente conhecidas, outras gostaria de não ter conhecido, mas tudo foi aprendizado.

Recebi 36 prêmios de reconhecimento pelo meu trabalho, conquistei algumas graduações (música, musicoterapia, arteterapia, pedagogia, psicopedagogia e ciências jurídicas). Adquiri a habilidade de falar em público; hoje sou palestrante e *coach* comportamental.

Fiz várias coisas que muitas pessoas levariam muito mais tempo do que eu levei para realizar. Aproveitei ocasiões e oportunidades, aprendi a não desperdiçar nem mesmo o mais simples fato, pois esse me daria bagagem intelectual, comportamental e emocional.

A verdade é que aprendi muito e tenho certeza de que aprenderei bem mais se a vida continuar sendo generosa comigo. Então, perguntei: o que me motivava e me movia mesmo quando havia tribulações?

E veio a minha mente: o otimismo.

Esse é o meu combustível.

Enquanto alguns procuram problemas, eu vou ao encontro de soluções. Aproximo-me das pessoas e procuro dar o meu melhor e mostrar que a vida é boa se aprendemos a lidar com os nossos erros. Ofereço os meus conhecimentos a você, leitor, por uma questão de compartilhamento do bem.

Aprendi que o câncer se prolifera em células ácidas. Por conta disso, os meus hábitos alimentares melhoraram. Hoje, bebo água com pH elevado (mais do que dez). Corpo são e mente sã resultam em vida de qualidade boa. Mas, vamos lá, o que tudo isso tem a ver com otimismo? O que estou querendo dizer é que se não fosse o poder do otimismo, com certeza, o meu caminho não teria tomado o rumo que tomou.

Analisei quantas vezes caí e me levantei; quantas portas se fecharam e superei; quantas vezes fiquei doente e sarei; quantos nãos até chegar ao sim; quantos sofrimentos até chegar às vitórias; quantas vezes me vi escrevendo um livro, mas nunca tive a clareza e a coragem de começar.

A minha primeira obra demorou três anos para ficar pronta. No ano seguinte, escrevi três em um ano, assim é a vida, nos tira e nos dá. Seja otimista frente às diversidades, encare os seus problemas sem medo de ser feliz; deixe de desculpas e faça.

Se a sua vida está parada ou patinando por motivos fortes, seja mais forte, tome as atitudes necessárias para criar forças extras, se não conseguir sozinho, procure ajuda. A vida é um constante aprendizado, não espere tirar uma nota dez, porque nunca saberemos tudo.

Aprenda o suficiente para gozar do seu trabalho; ganhe tempo para ficar com a sua família; coma alimentos que lhe trarão energia, saúde e longevidade. Durma o suficiente para acordar e ter um dia extraordinário. Seja otimista.

"Tudo você pode naquele te fortalece", então, busque ajuda divina, conecte-se e eleve os seus pensamentos. Quando meditar, prepare o seu corpo e mente para o melhor.

Busque estar com animais que trazem alegria e despertem o afeto. Tudo isso o ajuda a ser mais produtivo.

Ser otimista não é ser tolo e achar que tudo é possível; é racionalmente achar que tudo pode ser feito, independentemente do resultado. É buscar o bem no mal e reverter situações para não se frustrar. Ser otimista é, intuitivamente, buscar o seu instinto de superação, para uma formação positiva de hábitos que trarão alívio nas horas de aperto emocional.

O poder do otimismo vai além das possibilidades, entra no campo quântico como um fortalecimento contra doenças degenerativas. O poder do otimismo fortifica as atitudes trazendo somente benefícios para a longevidade mental e corporal. Pessoas otimistas são persistentes, porém potencialmente felizes.

O poder do otimismo

CAPÍTULO 6

Você tem sido otimista?

Neste artigo, você descobrirá que o poder do otimismo desperta autoconfiança e mantém a mente positiva.

Débora Madureira

O poder do otimismo

Débora Madureira

Formada em Letras e especializada em *Marketing* Direto. Realizou vários cursos complementares, entre eles os de Motivação e Liderança Eficaz; Como se Tornar um Líder Mais Inovador; Competências Gerenciais; Técnicas de Negociação; Gestão de Pessoas e Negócios, todos concluídos na Saint Paul Escola de Negócios. Participou de diversos seminários voltados ao mundo do *Marketing* Direto; foi gestora de equipes em grandes empresas do ramo da comunicação. *Trainer* com técnicas de vendas e de produtos. Foi professora de língua portuguesa no Colégio Bernardino de Campos/SP. Realizou os cursos de Inteligência Emocional e o Mundo das Palestras. Formada também em *Life Coach*, *Executive Coach*, *Leader Coach*, Analista Comportamental e Palestrante *Coach*, todos pela Line Coaching. Atualmente trabalha como *Coach*, Palestrante e Escritora. Autora do livro *Virei gerente e agora? Dicas para a primeira gerência*; coautora da obra *O poder do óbvio*.

Contatos
www.deboramadureira.com.br
www.palestrantesdobrasil.com/deboramadureira
dmadureira@uol.com.br
Facebook: dmadureirapalestranteecoach
Instagram: dmadureirapalestranteecoach
YouTube: Débora Madureira Palestrante e Coach
(11) 99913-7528

Débora Madureira

Acreditar que tudo vai ocorrer bem é o primeiro passo que o otimista toma para que, de fato, isso ocorra. E, se alguém tentar desencorajá-lo, ele ignora o fato e mantém o pensamento otimista. Você é o responsável por se tornar uma pessoa otimista, então treine a sua mente para enxergar as situações do lado positivo, pois o otimismo é o maior remédio do ser humano.

Uma forma de treinar a mente para enxergar as situações do lado positivo é proporcionar a si doses diárias de otimismo, conforme for enfrentando obstáculos. Acredite que é capaz, siga em frente, não mude o foco, lute para conquistar os seus objetivos e mencione palavras de otimismo para trazer resultados positivos.

Um otimista conserva ao seu redor pessoas do bem, pois ele se torna uma companhia agradável, autoconfiante, não desanima, tem vontade de vencer, atrai coisas boas e toma atitudes positivas, pois se concentra em soluções.

O otimismo nos enche de esperança, de bom humor, de ânimo, de vontade, mas nada acontece se ficar somente no entusiasmo e concentrado em soluções. É necessário tomar atitude e colocar em prática as ações para solucionar o ocorrido, às vezes, inesperado, e voltar ao estado positivo.

O maior obstáculo, mesmo para o otimista, é o medo! Sentir medo é natural, por isso é fundamental e importante acreditar em si, não se concentrar no negativismo, ignorar as opiniões que nos fazem recuar e buscar força para lutar contra os gatilhos negativos, pois os mesmos bloqueiam os objetivos, impedindo de alcançar o sucesso.

Arriscar é vencer o medo e, com otimismo, superá-lo, e deixar a perspectiva de vitória tomar conta da mente. Mas, precisamos tomar cuidado, mesmo com atitudes otimistas, não devemos exceder demais, precisamos ser realistas e evitar o estado eufórico, pois como nos alerta Martin E. P. Seligman: "muitas vezes, o otimismo pode fazer com que não vejamos a realidade com a clareza que ela exige". Então, otimismo sempre, mas com pé no chão, para dosar com confiança o momento certo de agir com ousadia.

No trabalho

Devemos cultivar o otimismo, mesmo quando nos deparamos com notícias ruins na empresa, ou quando um projeto não traz o resultado esperado. Precisamos nos concentrar em frases positivas e motivadoras, para enxergar com mais clareza as soluções ao invés de ficar olhando para as dificuldades.

O pior é nunca correr risco e ficar parado vendo as oportunidades passarem. Acalme-se, também aprendemos e crescemos com os erros. Busque o melhor em cada situação.

Mas, não esqueça, é necessário treinar a mente para visualizar as situações indesejadas de um ângulo diferente, para que elas não nos puxem para baixo, mas sirvam para refletir e ver o que devemos evitar para que isso não ocorra novamente ou com frequência.

São as experiências que nos levam para mais perto do sucesso. Gosto muito da frase de Albert Einstein que diz: "prefiro ser otimista e errar, a ser pessimista e acertar".

É claro que possuímos dias ruins, às vezes cometemos erros; ninguém gosta de errar, mas também é necessário admiti-los e se perdoar. Faz toda a diferença quando enfrentamos esses dias, não permitindo que os pensamentos negativos neutralizem as atitudes positivas que nos levam a encarar os desafios inesperados com mais leveza. O otimista não ignora os problemas, mas mantém o positivismo, pois ajuda a alcançar metas e objetivos aparentemente complicados.

Se você tem um cargo de liderança, então nem se discute a importância de ser um líder otimista, pois também é uma qualidade muito valorizada destacada dentro da organização. Segundo Schawn Achor, CEO da Good Think, "uma visão otimista responde por 75% do sucesso profissional".

O líder otimista tem bom humor, conquista e motiva a equipe, gera confiança, influencia, inspira os colaboradores a buscarem resultados extraordinários. Ele contagia o ambiente tornando-o harmonioso e muito agradável de trabalhar.

O líder otimista não desperdiça energia reclamando das adversidades. Ele sabe que a sua equipe o ajudará a solucionar o problema o quanto antes, para não prejudicar a produtividade e a eficácia de cada um.

É claro que nem todos os colaboradores possuem a mesma positividade, mas um ambiente carregado de energia positiva incentivará gradativamente a se envolverem com o bom clima que se espalha ao seu redor.

Segundo Joel Backer, "um líder é alguém a quem seguimos a algum lugar aonde não iríamos por nós mesmos". Então, uma atitude positiva, com certeza, gerará positividade! O líder que exala positividade sempre valoriza, agradece e reconhece os colaboradores com muito respeito.

Vida familiar e vida pessoal

Até que ponto os desafios do trabalho afetam a vida familiar e pessoal, e até que ponto as adversidades familiares ou pessoais afetam o seu trabalho?

Na verdade, precisamos buscar o equilíbrio entre as três áreas, pois

Débora Madureira

é fundamental que os problemas profissionais ou familiares e pessoais não afetem outras pessoas que convivem conosco, ou afetem as próprias atividades no ambiente de trabalho. É importante resolver as pendências sem descontar naqueles que nos rodeiam.

Alguns acontecimentos nada agradáveis, às vezes, inconvenientes e até mesmo falsos, nos levam à dor, sofrimento, decepção, angústia, tristeza, preocupações, receio etc.

São desafios que todos um dia enfrentam, inclusive advindos de pessoas queridas, mas, ainda assim, devemos fazer esses momentos difíceis avançarem o mais rápido possível, reagindo de maneira equilibrada, controlando a emoção e transformando esses sentimentos em passageiros.

Essa atitude faz toda a diferença em nosso estado emocional, pois, ao contrário, podem ser altamente destrutivos. Então vamos privilegiar o otimismo em nossas vidas e dar foco ao que faz bem.

Investir em atitudes positivas para uma melhor convivência é a melhor solução. É difícil não deixar respingar, mas, mais uma vez, precisamos treinar a nossa mente para disparar gatilhos positivos frente às dificuldades no trabalho, na família e na vida pessoal, sem deixar um campo invadir o outro, evitando conflitos desnecessários.

Nem sempre somos otimistas, mas precisamos respeitar o nosso tempo de introspecção para olhar de outro ângulo a situação desfavorável e desconfortável. Precisamos respeitar o nosso tempo para fazer a grande virada com os ajustes necessários, voltando ao estado desejado de maneira satisfatória.

A vida familiar e a vida pessoal são âncoras do bem-estar de um indivíduo, vivenciando nessas esferas as maiores emoções positivas. De presente, encerro com algumas frases célebres que li e gostei bastante. Servem para a nossa reflexão:

> "Tudo o que um sonho precisa para ser realizado é alguém que acredite que ele possa ser realizado."
> Roberto Shinyashiki

> "O pessimismo, depois de você se acostumar com ele, é tão agradável quanto o otimismo."
> Arnold Bennett

> "Faça sempre o que tiver medo de fazer."
> Autor desconhecido

> "Imagine uma nova história para sua vida e acredite nela."
> Paulo Coelho

O poder do otimismo

"Evite desencorajar-se: mantenha ocupações e faça do otimismo a maneira de viver. Isso restaura a fé em si."
Lucille Ball

"Otimismo é a mania de sustentar que tudo está bem quando tudo está mal."
Autor desconhecido

"O bom humor aumenta o tamanho da janela pela qual enxergamos o mundo."
Taylor Schmitz

"Nunca reaja emocionalmente às críticas. Analise a si mesmo para determinar se elas são justificadas. Se forem, corrija-se. Caso contrário, continue vivendo normalmente."
Norman Vincent Peale

"Adote o hábito de dizer algo amável ao pronunciar as primeiras palavras pela manhã. Isso estabelecerá sua disposição mental e emocional para todo o dia".
Norman Vincent Peale

"Acredite em seus ideais e lute por eles, até que eles se tornem um dogma para você."
Norman Vincent Peale

"O pessimista vê dificuldade em cada oportunidade, o otimista vê oportunidade em cada dificuldade".
Winston Churchill

"Se você pintar em sua mente uma imagem de confiança brilhante e feliz, você se coloca em uma condição favorável ao seu objetivo."
Norman Vincent Peale

"Paciência e perseverança têm o efeito mágico de fazer as dificuldades desaparecerem e os obstáculos sumirem."
John Quincy Adams

"Enfrente seus obstáculos e faça alguma coisa em relação a eles. Você descobrirá que eles não têm metade da força que você pensava que tinham."
Norman Vincent Peale

Débora Madureira

"O bom humor espalha mais felicidades que todas as riquezas do mundo. Vem do hábito de olhar para as coisas com esperança e de esperar o melhor e não o pior."
Alfred Montapert

"Sua mente é um instrumento destinado a servi-lhe e não a destruí-lo. Mude seus pensamentos e você mudará o mundo."
Norman Vincent Peale

"O que nos parece serem provocações amargas, são muitas vezes bênçãos disfarçadas."
Oscar Wilde

"Não deixe que as pessoas te façam desistir daquilo que você mais quer na vida. Acredite! Lute! Conquiste! E, acima de tudo, seja feliz!"
Autor desconhecido

"Há pouca diferença entre as pessoas. Mas essa pequena diferença faz uma grande diferença. A pequena diferença é a atitude. A grande diferença é se ela é negativa ou positiva."
W. Clement Stone

Obrigada por ler este capítulo.
Um grande abraço, com muito otimismo!

O poder do otimismo

CAPÍTULO 7

Meu primeiro milhão

Caro leitor, confesso que este início de capítulo foi o mais difícil de escrever, pois, se nas primeiras palavras eu não conseguir prender a sua atenção, como poderei contar as minhas experiências, e como saí de uma dívida de quase meio milhão, uma depressão profunda, e fui para uma vida abundante e milionária, tudo isso usando o poder do otimismo?

Erinaldo Lima

O poder do otimismo

Erinaldo Lima

Natural de Pernambuco, chegou a São Paulo ainda adolescente e iniciou a sua trajetória de aprendizado e construção para o sucesso. Começou no mercado de seguros entregando folheto no farol, passou a vendedor de plano de saúde e se tornou empresário aos 18 anos. Formado em gestão de seguros nacional e internacional pela Escola Nacional de Seguros - FUNENSEG, atualmente ministra palestras, escreve artigos, atua no segmento de seguros e investe em vários nichos. Viaja o mundo ministrando palestras, leva uma mensagem de otimismo e coragem, educa e forma profissionais.

Contatos
Instagram: erinaldolima.oficial
Facebook: Lima Imperial Hinode
YouTube: Fábrica de líderes

É incrível, conquistei o meu primeiro milhão em menos de 18 meses, com um investimento de R$ 2.000. A oportunidade certa e algumas estratégias me fizeram sair da depressão a um milhão. Agora, vamos às dicas, passo a passo, em detalhes, de como virar o jogo da vida. Usarei uma linguagem simples e fácil, advirto: aprecie cada dica, pois o sucesso é composto de detalhes. Boa leitura!

> "Se otimismo é uma das chaves para o sucesso, como obter otimismo se não tivermos sucesso?"

Eis a questão, o segredo é controlar a mente. Aí você me pergunta: como controlar em meio às contas, problemas e, em alguns casos, até depressão?

Eu poderia dizer que é fácil, porém, não é, senão todos fariam. Mas, vamos lá. O que eu demorei 30 anos para entender, você pode encurtar o caminho em semanas ou meses, se não for teimoso, claro!

Dica 1

Faça um raio-x da sua vida e perceba a velocidade dos acontecimentos no mundo e na tecnologia. É 100 vezes mais rápida do que a sua mente pode compreender.

Sabendo disso, você usará o discernimento para surfar na onda da vida junto com as mudanças, e não contra, ou seja, não reme contra a maré. Duas coisas que não se luta contra são tendências e profecias, ou as ignora ou as segue.

Você perceberá, até o término da leitura, que o poder do otimismo estará presente em todas as fases, por isso a importância de manter a sua mente pronta e cativa.

Em relação às mudanças repentinas na economia, na tecnologia, elas foram e sempre serão necessárias e, de certa forma, vão favorecer quem estiver mais preparado. Seja otimista, pense em tirar proveito disso!

Dica 2

Não reclame, reclamar não resolve. Imagine você em uma estrada escura, deserta e chovendo, quando, de repente, o pneu do carro fura. Para completar, você está sozinho no carro. Normalmente, você tem três opções:

O poder do otimismo

1- Chamar o seguro, que possivelmente demorará pela localização;
2- Descer furioso reclamando e trocar o pneu;
3- Descer do carro tranquilamente e trocar o pneu.

Observe que nas três opções o pneu terá que ser trocado, reclamando ou não. Então, por que reclamar?

Estamos chegando perto da parte mais prática, vamos ajustar os pensamentos para o sucesso e o comportamento correto para isso.

Aí você deve estar imaginando: fácil falar, não é você quem está atrasado com o aluguel, a mensalidade da escola dos filhos, pressão familiar, sentimento de impotência, perda nos negócios ou emprego.

Calma, posso afirmar que passei por tudo isso, e tudo tem solução, se você estiver disposto a mudar, começando pela forma de pensar e agir.

Para termos uma noção da gravidade do problema, temos que entrar nas finanças.

Dica 3

Faça um raio-x das finanças, urgentemente. Aqui vão algumas dicas para sua mente se concentrar e focar no sucesso e riqueza, você precisa eliminar o maior número de despesas possíveis.

Entenda as regras de prioridades: existem coisas que achamos que não são supérfluas, mas, na verdade, são.

Claro que não tenho formação econômica e também esse não é o tema, mas prometo que o próximo livro, a ser lançado ainda este ano, com a minha história, conterá todos os detalhes financeiros, muito bem esmiuçados, que apliquei para sair da depressão ao milhão.

Como disse, não sou economista, mas acredito que as minhas experiências práticas, que me ajudaram a mudar de vida em 18 meses, possam ajudá-lo.

Dica 4

Decida o seu mundo financeiro. O mundo das finanças se divide em dois, como se fosse a terra e o mar, completamente diferentes. Não se trata de qual é certo ou errado, mas da escolha, escolher um mundo significa renunciar ao outro. Algumas pessoas até conseguem transitar nos dois, por um período muito curto, assim como os animais do mar podem até ficar por um tempo sobre a terra, mas não demais, e os animais da terra não conseguem ficar por muito tempo sob as águas.

A esses dois mundos dei o nome de "quem serve e quem é servido". Quem se arrisca erguendo colunas para empreender e quem procura colunas prontas para se amparar.

Novamente, não se trata de certo ou errado, se trata de escolhas! "Porém, se a escolha mental ou emocional não condiz com o mundo que você vive", aí, sim, digamos, tem um erro gravíssimo.

Erinaldo Lima

Em ambos há riscos, mas só um deles é um exponencial ilimitado no campo financeiro, sonho ou criatividade, porém exige mais coragem, disciplina e, acima de tudo, o otimismo, que alguns chamam de fé e outros de crença.

Para erguer as colunas existe um preço, a começar pela mudança mental, por conta dos velhos hábitos de quem vem do outro mundo e o danado do "gosto". É um pensamento medíocre misturar o gosto com a razão.

O outro mundo de quem escolhe as colunas prontas é bem mais limitado e traiçoeiro a longo prazo, mas tem vantagens, não precisa de muitas ideias, afinal alguém já teve por você, não precisa de investimento, pois alguém também já fez.

Poucos fazem conta, se tem um salário X, em média, o trabalho vale três X. Uma parte sua, outra de quem ergueu as colunas e uma terceira parte do governo. Então, o que você faz vale três vezes o que você ganha. O autor do livro *Pai rico, pai pobre*, Robert Kiyosaki, chama isso de "corrida dos ratos".

Repito que não se trata de certo ou errado, são escolhas, apenas escolhas conscientes ou inconscientes que fazemos, acredito que 80% caem no segundo mundo, de uma forma automática, pela cultura ou criação.

Quando entendi como esses dois mundos funcionam, fiquei rico.

Com respeito aos grandes veteranos, ricos e milionários, quando me refiro à riqueza, faço um comparativo de uma vida falida e deprimente, que mudou completamente em 18 meses. É a isso que me refiro, é como sair de uma UTI, direto para a maratona da São Silvestre.

Se comparar com a vida de outrora, é realmente uma "riqueza", mas se comparar com outros ricos milionários, é como se eu fosse um bebê no mundo das finanças.

E você deve estar se perguntando: tem como prosperar nesse segundo mundo? Sim, claro que tem, a felicidade está presente nos dois e a prosperidade também.

Porém, tem que ficar atento às regras. Em um mundo, tudo é limitado, não faz sentido quem ergueu colunas ganhar menos do que quem não ergueu, e muito menos estar subordinado a quem não ergueu colunas. Isso raramente ocorre.

A felicidade e o sucesso podem ocorrer por certo período, até o construtor de colunas decidir quem fica sobre ela ou não. "O empreendedor, em 99% dos casos, fica com o poder de decisão de quem prospera ou não." Afinal, a sensação de segurança de se sentir protegido por uma lei trabalhista pode levar a óbito todos os seus sonhos.

Já o primeiro mundo é desafiador, dá medo, frio na barriga. Mudanças de pensamentos e comportamentos geram críticas e rejeições, mas se manter firme, com foco, e seguir as regras, logo mais estará desfrutando de um panorama de glória. Se você quiser encontrar o sucesso, siga o caminho das críticas e rejeição.

O poder do otimismo

Acredite, se você está passando por alguns apuros financeiros, é bem provável que tenha ignorado algumas dessas regras. Pronto, hora de saber o resumo do que fiz, de fato, para obter sucesso em meio à escuridão.

Primeira coisa que fiz foi assumir os meus erros e as minhas culpas, fui réu confesso das minhas escolhas e imaginei uma cena: uma multidão diante do Universo, ou Deus, como você deseja chamar, cada um com suas reclamações e petições. Óbvio que logo imaginei que todos tinham uma história triste de lamentações etc., se vitimizando, cada indivíduo procurando um culpado para suas dores.

Percebi que se eu tomasse a mesma postura, seria mais um na fila do pão. Enquanto uns estariam reclamando de uma dor de dente ou de um aluguel atrasado, teria alguém sem braços ou pernas, ou sem um rim, pedindo apenas uma oportunidade de fazer a diferença.

Ao imaginar essa cena, percebi que o exercício de programar a mente para o sucesso estava se alinhando, pois eu já não pensava mais como vítima ou um coitado que não teve sorte.

O que eu fiz? Prostrei-me diante de Deus, como preferir chamar, e, lá do fundo da multidão, levantei a mão e disse:

— Permissão para falar, Senhor!

— Sim, diga, filho, qual a sua reclamação?

— Não é reclamação, só quero assumir as minhas culpas e escolhas, sou réu confesso, ninguém tem culpa de nada, tudo foi escolha minha. Só quero pedir uma coisa...

— Pela sinceridade, filho, é merecido. Faça o pedido!

— Eu só quero uma chance, dê-me sabedoria e estratégia.

Logo, vi que o entendimento me veio à mente e, como se eu fosse outra pessoa, apenas via o lado bom de tudo.

Percebi que o que chamamos de problemas ou obstáculos são, na verdade, o filtro necessário para honrar os aprovados, então, não se deve reclamar do problema, devemos compreender e agradecer pela sua existência, pois ele é um mal necessário para honrar os vencedores.

Afinal, você não quer ser um vencedor? Se todos fossem iguais, não existiria nenhum, rico ou pobre, e nada teria graça, pois ninguém trabalharia para ninguém. Correríamos o risco de morrermos de fome.

Independentemente de crença ou religião, pois não quero ser religioso, mas não posso negar a minha fé, acredito que existe um ser superior que rege todas as coisas. Ele é justo e fiel, então é imparcial quando se trata de meritocracia, ou seja, você será recompensado pelo feito e não pela intenção.

Esse ser eu chamo de Deus, que fez o céu e a terra, a quem atribuo esta dedicatória, por ter enviado sabedoria e me dado estratégias por meio do seu espírito, mesmo sem eu merecer. Você pode chamá-lo como desejar, de acordo com a sua crença ou religião.

Erinaldo Lima

A segunda coisa que fiz foi agarrar uma oportunidade. Entendi que nada é por um acaso, e se algo veio até as minhas mãos, eu teria que ficar atento aos detalhes, afinal a minha mente estava pronta procurando o lado bom das coisas. É claro que analisamos os riscos, quando necessário, que, no meu caso, era praticante zero.

Como disse, eu devia 300 mil, e o meu investimento total não chegou a três mil. A questão foi como sair de 300 mil negativos para mais R$3.000.

Simples, a minha mente estava pronta procurando solução e não desculpas. Então, aumentei a minha dívida de 300 mil para 303 mil. Já que fui capaz de fazê-la, seria mole fazer mais R$3.000.

Percebe como está tudo em nossa mente? As pessoas, ao invés de focar em resolver o problema e arriscar mais, se prendem no passado e ficam em volta da dor ou lamentação.

A terceira coisa que fiz foi parar de questionar, comecei a aceitar os porquês. Um homem devastado de sede não tem tempo para questionar as moléculas da água, muito menos como se formaram. As pessoas perdem muito tempo questionando o feito, ao invés de tirar proveito. Há coisas que nunca paramos para questionar, e outras que implicamos desnecessariamente.

Vou citar um exemplo, o nosso planeta é, basicamente, composto por 70% de água, porém, é chamado de Planeta Terra. Até agora, não vi ninguém fazer manifestos com questionamentos do tipo: se a maior parte é composta por água, por que o chamaram de Terra?

Isso não importa, o que importa é morar e respirar nele, não vejo uma boa opção em reclamar. Assim como nosso calendário é contraditório, veja só:

O mês de setembro vem do latim, *septem* significa sete; outubro significa oito, novembro é nove, dezembro é dez.

No entanto, ao migrar do calendário romano para o gregoriano, mudaram setembro para o mês nove, e assim sucessivamente. Você já viu alguém reclamar?

Milhões de pessoas no mundo adotam esse calendário.

Aí vai mais uma dica: pare de questionar e tome atitude! Faça o que tem que ser feito.

A última coisa que fiz foi pôr a mão na massa. Trabalhei muito, não questionei, só fiz o que precisava ser feito. Não fui ingênuo em imaginar que mudaria a minha vida sem trabalho ou sem renúncias, portanto, estudei muito, li bastante sobre sucesso, prosperidade, superação e frequentei vários seminários de negócios, todos possíveis, sem exceção. Sendo assim, o sucesso foi inevitável! Como diz um dos meus melhores mentores, Sandro Rodrigues, "o sucesso não resiste ao trabalho árduo."

Caro leitor, espero ter ajudado de alguma forma. Estou certo de que, se praticar as dicas citadas aqui, logo vencerá. Será um prazer aplaudi-lo no palco da vida.

O poder do otimismo

Aqui compartilhei um pouquinho do meu conhecimento, juntamente com esses grandes vencedores que compõem esta obra, porém, já estou inspirado e preparando um livro solo com muito mais conteúdo e informação. Aguarde!

Uma das perguntas mais frequentes que recebo é: "Erinaldo, quando você estava escalando os degraus do sucesso, a sua vida ficou totalmente equilibrada?".

Não, acredito ser impossível ter sucesso e ainda manter o equilíbrio pleno em todas as áreas da vida. Pois, quando focamos no resultado financeiro em alta *performance*, naturalmente, as outras áreas sofrerão alguns impactos, porém, precisamos estar atentos para equilibrar todas as áreas. Lembrando que a cada escolha há uma renúncia. Como sempre digo, o parâmetro do sucesso é a crítica.

O poder do otimismo

CAPÍTULO 8

As metamorfoses da vida

Nascemos, crescemos, vivemos as partes boas e ruins da vida. Algumas pessoas falam que são fases, outras metamorfoses. Neste capítulo, encontrarão testemunhos de fases ou metamorfoses em que o otimismo foi o grande diferencial para os resultados finais de sucesso, ou até mesmo os impossíveis sonhos realizados.

Euzi Silva

O poder do otimismo

Euzi Silva

Administradora, MBA em gestão de pessoas. Atuou por 24 anos em operadora de planos de saúde. Atualmente, colaboradora de uma Cooperativa de Crédito. Palestrante, possui uma página no Facebook com o foco #SeAme; consultora empresarial; docente de graduação e pós-graduação. Voluntária em diversos programas sociais da cidade e responsável, por um projeto da atual empresa que atua. Coautora do Livro *Planejamento estratégico para a vida*, da Editora Ser Mais.

Contatos
euzi.silva@hotmail.com
LinkedIn: Euziméria Silva de Jesus
Facebook: Euzi Silva
Instagram: @aeuzisilva
(18) 99606-9141

Euzi Silva

Desde a minha infância o otimismo se fez presente, por mais que naquela época eu não entendesse ou até mesmo não aceitasse a atitude da minha mãe. Hoje, respeito e agradeço imensamente por ela ter sido a primeira pessoa a mostrar que tudo depende de nós, para melhorar ou piorar.

Somos capazes de manter aquela tempestade em um copo d'água ou apenas fechar a torneira. Os dramas, os pensamentos negativos, o desânimo são fatores que prejudicarão ou já prejudicaram alguma fase. A escolha é de livre arbítrio, mas é fácil realizá-la? Pensar positivo? Ser otimista? Buscar um ponto positivo em algo ruim? Existe algum segredo? Uma fórmula que somente alguns foram presenteados?

Não existe fácil ou difícil, pensar positivo ou negativo, ou segredos individuais. Por isso, você sempre fará a devida escolha entre fácil e difícil, negativo e positivo. Eu me sinto presenteada com um segredo que compartilharei com vocês.

Caiu para crescer

Todos nós conhecemos pessoas que foram exemplos, seja em determinação, fé, humildade, otimismo, entre outras qualidades.

A primeira pessoa que tivemos contato desde o nascimento é a nossa "mãe", que não mede esforços e nos mantém protegidos e quentinhos em seu ventre. Quando chegamos ao mundo, o primeiro contato é com ela, na hora de amamentar. Desde então, ela se faz presente em todos os momentos, fases ou metamorfoses de nossas vidas.

A minha mãe não foi diferente das outras, porém, ela foi mais firme, não era apenas a dona de casa, também trabalhava fora, e muito.

Lembro-me de muitas situações da minha infância, principalmente quando eu caía e a minha mãe não me pegava no colo e dava beijinho, como é comum. Ela olhava e falava: "pulou? Levanta. Você apenas pulou para crescer mais". E eu sabia que se eu continuasse a chorar, não resolveria, então, eu levantava. Se eu cresci? Não em altura, porém, como pessoa otimista, sim.

Outro exemplo da minha amada mãe. Sabe quando a criança chora sem um motivo aparente? Mesmo que ela tivesse quatro filhos e muita experiência, havia dias que não dava para impedir o famoso "choro". Ela olhava e falava: "deixe chorar, faz bem ao pulmão, ele ficará forte!".

O poder do otimismo

Pegar no colo? Ah, isso não acontecia não, principalmente quando identificava que não tinha motivo para chorar.

Com esses acontecimentos, fui crescendo. Quem nunca pediu algo, ouviu um não como resposta e, mesmo assim, tentou convencer?

Se pararmos para refletir quanto a nossa infância, veremos que somos adultos otimistas, pois os nossos pais nos educaram para a realidade, nos mostraram o que é ser responsável.

Hoje, estamos em um mundo que se uma mãe fizer o que a minha fez no passado, ela corre o risco de ser intimada pelo conselho tutelar.

O "caiu para crescer" me tornou uma adulta otimista, feliz, corajosa e determinada, pois eu aprendi a ter forças e levantar sozinha. Eu sei que não era fácil para a minha mãe, porém, para ela, era essencial eu saber que ainda enfrentaria muitas quedas, não apenas na infância, mas no decorrer dos anos.

Como uma ótima orientadora, ensinou que precisamos aprender a ter um olhar positivo para tudo o que acontece em nossas vidas. Por mais que os acontecimentos sejam negativos, ruins e doloridos, erguer a cabeça, respirar e acreditar que algo de bom está por vir era a melhor escolha, o melhor pensamento.

O lado bom de algo ruim

"Oxe, o que é isso? O lado bom de algo ruim?". Eu sempre busco encontrar o lado bom de alguma coisa de ruim que acontece comigo. "Como assim, Euzi, você faz isso? Não é normal."

É o lado razão de tudo, mas eu sou mais emoção. Porém, certo dia eu não estava muito bem do intestino; ia constantemente ao banheiro. Então, eu disse a minha filha que estava toda preocupada: "sabe o lado bom disso?". Ela ficou sem entender e me perguntou: "existe lado bom, minha mãe?". Respondi que sim, pois eu ficaria com a barriga chapada. Ela achou engraçado e disse: "nossa, não sei como consegue enxergar o lado bom de tudo!".

É isso que precisamos colocar em prática em nossas vidas. Aprendermos a buscar o lado bom de algo ruim que aconteceu. É fácil? Jamais. Muitos acham que não é normal, que talvez seja apenas momento, que a pessoa é insensível, e não é nada disso. É apenas algo que foi dito anteriormente: "escolha". É optarmos por parar de lamentar, de nos fazer de vítimas e coitadinhos.

Quantas pessoas reclamam de uma louça que têm para lavar, mas não agradecem porque tiveram uma refeição; de ter que acordar cedo para ir ao trabalho, mas não agradecem por ter um trabalho; de ter que atender a ligação da mãe, mas não agradecem por ela estar viva. São tantos acontecimentos que parecem ruins, porém, é preciso refletir e encontrar o lado bom.

Euzi Silva

Amor próprio X otimismo

"A falta de amor próprio está enorme!". Afirmo de cabeça erguida e peito estufado, pois fui descobrir o meu amor próprio após dois casamentos, anos em uma empresa e uma luta incansável para conquistar o amor de um homem.

Foram muitas lutas, tombos, lágrimas, vontade de desistir, jogar tudo para o alto e até mesmo de tirar a própria vida. Superei o desprezo, injustiças, falta de amor de cônjuge, obesidade, calúnias, depressão, e muitas outras coisas e ocasiões.

Se foi fácil? Jamais, porém fazemos as escolhas. Passamos por momentos que esperamos alguém estender as mãos para nos ajudar e, muitas vezes, essas mãos não chegam. Então, é o momento de colocarmos as nossas duas mãos no chão e levantarmos.

E quando chegamos a tal decisão de nos levantar, alguns chegam para nos empurrar novamente, nos levando a decidir continuar no chão, ou ter forças e levantar com o que nos restou nessa luta incansável.

Uma das minhas lutas foi a obesidade, herança hereditária de obesos, hipertensos e diabéticos. Com isso, fiz uma tal promessa na virada, por medo de deixar a minha filha sozinha, morrer e ela não estar preparada para encarar este mundo.

O meu objetivo era diminuir os três dígitos da balança para dois. Muitos não acreditaram, alguns não apoiaram e poucos contribuíram para a minha conquista, mas a personagem principal estava determinada, persistiu, foi otimista e conquistou os dois dígitos estabelecidos como meta.

Foi uma metamorfose nada fácil, muita luta, persistência, mas a cada conquista o otimismo era maior, a autoestima crescia. Depois de meses, não voltei mais ao peso anterior, e tenho total consciência de que a escolha que fiz é eterna.

O poder do otimismo

Sim, vivemos em uma eterna disputa de poder, *status*, imagem e falsa felicidade.

Muitas vezes são involuntárias tais atitudes, mas quando temos um motivo para provar o quanto estamos felizes e otimistas, não perdemos a oportunidade.

A determinação, persistência, otimismo e resiliência serão importantes nesse momento.

Escolher se amar não é fácil ou simples, mas é possível e essencial!

Agradeço por ler meu capítulo!

#SeAme!!

O poder do otimismo

CAPÍTULO 9

Como a comunicação guia a sua vida

Como você se sentiria se pudesse, por meio da comunicação, transformar a vida e o ambiente ao seu redor? E se descobrir que, com algumas mudanças na forma de falar e agir, a relação consigo, com o seu companheiro, seus filhos, pais, amigos, seu chefe e colegas de trabalho pode ser transformada em algo maravilhoso? Sim, é possível! Depende apenas de você.

Fátima Candeias

O poder do otimismo

Fátima Candeias

Master Coach Integral Sistêmico pela Federação Brasileira de Coaching Integral Sistêmico (FEBRACIS) e Florida Christian University. *Master Coach* Vocacional, *Coaching* para jovens na faculdade e de Carreira, formação pelo Instituto Mauricio Sampaio (IMS). Graduada em administração de empresas, com mais de 24 anos em gestão financeira e administrativa. Sete anos em gestão comercial em empresas nacionais e multinacionais; MBA em Negócios Internacionais pelo IBMEC; *practitioner* em programação neurolínguística pelo Instituto Nacional de Excelência Humana (INEX); analista de perfil comportamental pelo CIS Assessment e palestrante.

Contatos
fatima.candeias@icloud.com
Instagram: fafacandeias
Facebook e LinkedIn: Fatima Cristine Ventura das Candeias
(21) 98107-5362

Fátima Candeias

A vida é formada por pilares que constituem a base de nossas realizações pessoais. É por meio da comunicação de cada um que analisamos onde encontrar o equilíbrio para uma vida extraordinária. Feche os olhos, imagine você e o seu companheiro tendo uma conversa clara, amorosa, sem ruídos, em que ele consiga entender os seus sentimentos. Agora, pense em você conversando com o seu filho, ambos respeitando a opinião de cada um, com compreensão mútua, sem elevar o tom de voz. Você conquistando aquele emprego dos sonhos, sendo elogiado por sua postura diante de um recrutador. Isso tudo faz parte da sua comunicação emitida.

Se entendermos onde ela se encontra e como deve ser, com o auxílio do direcionamento de suas ações, tudo pode ficar muito melhor. Se a comunicação já é boa, ser melhor nunca é demais. Temos que entender que somos influenciados por nossa forma de comunicação e nossas ações.

Analisando a figura abaixo, que chamamos de Mapa de Avaliação Sistêmica, são demonstrados os pilares básicos para uma vida equilibrada. Se for dar uma nota de zero a dez, em cada pilar da sua vida, como classificaria a sua comunicação hoje?

Como você tem se comunicado consigo e com as pessoas relacionadas em cada pilar de sua vida?

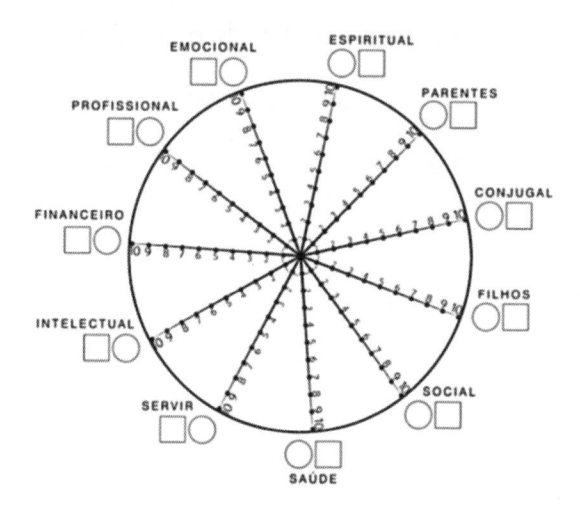

O poder do otimismo

Fazendo uma análise sincera, com quem se conecta bem e com quem se conecta mal? Como pode melhorar a sua conexão com essas pessoas e, principalmente, consigo?

O *coaching* comportamental traz uma visão clara aos clientes, de que a comunicação é 100% de qualquer relacionamento e, quando bem trabalhada, se torna eficaz, melhora a interação e a comunicação do dia a dia. Aprende-se que o certo não é tratar o outro como gostaria de ser tratado, mas como ele precisa ser tratado.

Instâncias da comunicação
Instância zero: espiritual (aqui não definimos religião, mas a sua fé);
1ª Instância: com você (diálogo interno);
2ª Instância: com os seus (na sua casa, na sua família);
3ª Instância: com os que pertencem ao seu ambiente social e de trabalho (colegas e amigos);
4ª Instância: as pessoas que serão influenciadas por meio do seu trabalho, como clientes, fornecedores e outras pessoas;
5ª Instância: com aqueles que não pertencem aos seus círculos (provavelmente, nem o conhecem), mas interagem com você no supermercado, no trânsito, na rua etc.

De que forma você tem se comunicado em cada instância da sua vida e como gostaria de estar? Em qual área tem tido sucesso? Em qual precisa melhorar? O que mudará se usar essa mesma fórmula de sucesso na sua comunicação? É muito importante essa análise, para que possa identificar o que o tem impedido de alcançar a sua meta, e precisa ser trabalhado durante o processo, para uma comunicação mais produtiva em suas relações.

Assumindo a autorresponsabilidade pela minha comunicação
A responsabilidade da comunicação é sempre do comunicador, então, a forma como eu me comunico trará um retorno, pois quanto melhor a minha comunicação, melhor o meu resultado obtido. Pontuando que eu utilizei a primeira pessoa no texto acima, é uma forma de demonstrar que a sua responsabilidade tem que ser precedida da sua autorresponsabilidade. Mas o que é ser autorresponsável?

> Seja como for, você é o único responsável pela vida que tem levado. Você está onde se colocou. A vida que você tem levado é absolutamente mérito seu, seja pelas suas ações conscientes ou inconscientes, pela qualidade de seus pensamentos, comportamentos e palavras. Seja até mesmo pelas crenças que se permite ter.
> Dr. Paulo Vieira

Fátima Candeias

Assumir a responsabilidade na sua comunicação é assumir que você recebe como resposta aquilo que emite, ou seja, se falou em um tom mais elevado com o seu filho, grande é a probabilidade de ele dar uma resposta no mesmo tom. Se não está satisfeito com o seu relacionamento, porque acha que o outro não o entende e acredita que está fechando a cara, como ele poderá saber o que se passa realmente com os seus sentimentos?

Não é verdade que, muitas vezes, você espera que o outro adivinhe o que quer, da forma como quer? Com isso, sente-se incompreendido? Mas que comunicação você emitiu para que o outro entendesse exatamente o que quer? Foi de forma clara e verdadeira? A comunicação transmitida gera um resultado. Quais outras comunicações em sua vida não correspondem aos resultados obtidos?

Por meio do *coaching* comportamental, o *coach* auxilia o *coachee* com ferramentas para redefinir, potencializar as suas ações e obter o resultado desejado em suas relações, por exemplo. Define-se o estado atual do *coachee* com o auxílio de perguntas como: qual comunicação você tem mantido consigo, atualmente, em cada pilar da sua vida? Quem são as pessoas envolvidas? Qual tipo de comunicação cada uma usa?

Após essa etapa, o *coachee* define o estado desejado: qual a sua meta de comunicação e o que espera dela? Quais as pessoas envolvidas? É importante entender que o resultado vem da responsabilidade das ações tomada pelo *coachee*. Um ponto muito importante a ser levantado é que você somente pode se responsabilizar pela sua comunicação, mas o melhor de tudo é que pode ser o exemplo dessa melhora e, possivelmente, as pessoas ao seu redor também vão buscá-la. Maravilhoso, não?

Como é a comunicação que você tem utilizado consigo?
Quando falamos desse tipo de comunicação, buscamos identificar até que ponto você se conhece de verdade. Quem é você? Não falo da sua descrição física, em que é formado, onde trabalha, ou esse tipo de informação, mas da sua essência. Quais são os seus valores? Quais as suas qualidades como pessoa? E quais são os seus pontos fortes a serem trabalhados? Quais são os seus objetivos de vida? Quais são as suas crenças limitantes? Qual tipo de relacionamento você quer ter em seu círculo? Qual tipo de comunicação você quer ter em sua família? Você tem aplicado essa comunicação em seus pilares? É agir na busca do resultado desejado, porém, antes de definir isso, precisa do autoconhecimento, da sua identidade.

Você pode perguntar como mudar as pessoas para que a comunicação melhore, e aí está o grande segredo: não pode! Você não tem como e nem deve mudar ninguém, mas pode, sim, ser exemplo e, com isso, mudar o seu ambiente. Essa mudança mútua fará com que os seus relacionamentos mudem, se tornem tranquilos, verdadeiros, com amor e mais felizes. Você quer ser feliz em seus relacionamentos pessoais e profissionais? Busque mudanças em suas atitudes.

O que é comunicação não verbal?

Outro ponto muito importante quando falamos de comunicação, segundo estudos de Albert Mehrabian, é que 93% da nossa comunicação é não verbal (gestos, postura, voz, expressão facial etc.) e 7% é comunicação verbal (palavras).

Supondo, por exemplo, que um jovem é chamado para uma entrevista de emprego. O que chamamos de "embalagem" tem um grande peso na primeira comunicação, ou seja, como está vestido, a sua aparência, o seu tom de voz, os seus gestos, o que comunica pelas expressões faciais, todo um conjunto na sua comunicação será avaliado pelo recrutador. Hoje, o mercado de trabalho fala que a parte técnica pode ser ensinada por meio da aprendizagem e prática, mas a parte comportamental é a maior causadora de demissões.

Para muitos dos jovens que procuram emprego, a forma de se apresentar nas entrevistas, como participar das dinâmicas em grupo, ter atitude, transmitir verdade, ter uma vida congruente com os seus valores e atitudes é o diferencial procurado pelas empresas. Imagine, por exemplo, dois estagiários chamados para uma entrevista em uma empresa de advocacia. Um vem de calça *jeans* e tênis e o outro está vestido formalmente. Qual você contrataria? Se durante a entrevista um respondesse as perguntas de forma brincalhona e o outro formalmente? Qual estaria mais apto ao contato com os clientes dessa empresa? A postura corporal emitida tem que se adaptar ao ambiente em que estamos inseridos e também como estamos nos sentindo como profissional. "Há evidências científicas de que a linguagem corporal pode governar nossos sentimentos e pensamentos sobre nós mesmos." (Amy Cuddy – psicóloga social de Harvard). A nossa comunicação gera os nossos pensamentos, que geram os nossos sentimentos, que geram as nossas crenças, e isso se torna um ciclo influenciador na relação com nós e com o ambiente em que vivemos.

Como o perfil comportamental pode ajudar a entender a comunicação?

Imagine todas as vezes em que você conversa com o seu chefe de personalidade difícil, e não consegue uma explicação clara do que ele quer. Parece que há uma interferência intergaláctica na comunicação entre vocês. Essa situação não o agrada, o leva a não gostar de ir ao trabalho, mesmo gostando.

Todos os dias se tornam um tormento. O seu chefe até é um cara legal, mas vocês não se entendem. Aprender sobre perfil comportamental, definido como uma "decodificação dos comportamentos que as pessoas possuem sob estímulos" (só parece complicado), irá nos levar a um novo patamar de comunicação. Entender quais são os perfis do seu chefe e colegas de trabalho, clientes e fornecedores, seus familiares, marido, filhos e outras pessoas auxiliará em uma comunicação mais efetiva. São quatro os tipos de perfil comportamental:

Influente: comunicativo, otimista, persuasivo, carismático, sociável;
Estável: calmo, paciente, planejador, conciliador, constante, bom ouvinte;
Conforme: preciso, detalhista, discreto, organizado, disciplinado;
Dominante: comandante, firme, decidido, ousado, gosta de desafios, competitivo.

O perfil comportamental tem um estudo de características longo, que explicamos em maiores detalhes no processo de *coaching*. Aprendendo sobre o perfil das pessoas com que você convive, a comunicação com o outro mudará a sua relação profundamente.

Como entender a linguagem de amor de cada pessoa?

Expressar amor às pessoas que gostamos, algumas vezes, não é fácil e, muitas vezes, a impressão que temos é de que a nossa demonstração de amor não agrada o outro ou vice-versa. E acredite, é verdade! Não que ele não goste da sua ação, mas devido à forma ou à linguagem de amor que entende e pode ser diferente da sua. Saber comunicar-se com quem você ama melhorará verdadeiramente as suas relações. São cinco os tipos de linguagens de amor:

• Palavras de afirmação: receber elogio, palavras de apreciação e admiração;
• Qualidade de tempo: receber atenção, dedicação mútua no tempo em que passam juntos; ter uma conversa de qualidade; fazer alguma atividade;
• Receber presentes com o significado do tipo "lembrou de mim";
• Forma de servir: sentir utilidade para a pessoa amada, exemplo, fazendo um doce ou agrado;
• Toque físico: receber abraços; andar de mãos dadas; beijar.

Cada pessoa possui características quanto à forma de se comunicar, expressar e entender. Quanto mais clara, verdadeira, amorosa, mais eficiente e melhor o ambiente em que se vive. A responsabilidade é sua em determinar que tipo de relação e qual ferramenta usará para evolução da comunicação humana.

Afinal: amar é um ato ou uma escolha?

O poder do otimismo

CAPÍTULO 10

Otimismo e foco na solução de problemas

O nosso dia a dia se resume a resolver problemas, afinal todas as profissões foram criadas e existem simplesmente para identificá-los e resolvê-los, seja no âmbito pessoal ou empresarial.

Felipi Adauto

O poder do otimismo

Felipi Adauto

Sócio-fundador da DF Casa Imóveis. Formado em Ciências Contábeis – Faculdades Metropolitanas Unidas (FMU). *Executive & positive coach* pela Sociedade Brasileira de Coaching. Treinador de alto impacto certificado por Rodrigo Cardoso; palestrante e consultor.

Contatos
www.felipiadauto.com.br
contato@felipiadauto.com.br

Felipi Adauto

> Não se pode encontrar a solução de um problema,
> usando a mesma consciência que criou o problema.
> É preciso elevar sua consciência.
> Albert Einstein

J á parou para pensar que todas as profissões nasceram e existem para solucionar ou amenizar problemas, sejam eles voltados para pessoas ou empresas, basicamente todos os produtos ou serviços têm esse foco.

Problemas são identificados de maneiras diferentes, em sua maioria negativa, o que leva as pessoas a focarem 100% neles e não conseguirem achar uma solução. Assim, acabam vivendo em torno de reclamações e lamentos, com frases do tipo: "isso só acontece comigo", "eu não tenho sorte", "mais que azar". Você conhece alguém assim?".

Isso é o que acontece com a maioria que se depara com um problema, e é isso também que faz as pessoas evitarem e fugirem deles.

Por outro lado, existe quem aja com otimismo e foque somente em encarar e solucionar o problema, se tornando altamente eficaz e evoluindo a cada etapa, afinal está aprendendo e crescendo.

Pessoas que possuem habilidades para resolver problemas, certamente, são mais valorizadas nos ambientes corporativos.

Pensando dessa maneira, apresento sete dicas para facilitar e ajudar na solução de problemas, são elas:

1 – Identificar o motivo

> "Para nós os grandes homens não são aqueles que resolveram os problemas, mas aqueles que os descobriram."
> Albert Schweitzer

Identificar o problema e o seu real motivo é essencial, muitas pessoas e empresas sabem que possuem, mas não têm ideia e nem imaginam de onde veio, como começou e o por que aconteceu.

O primeiro passo, então, é parar e analisar a fundo a causa do problema, se é um caso isolado ou se acontece com certa frequência.

O poder do otimismo

Vale também se atentar e identificar o real tamanho e amplitude, pois, muitas vezes, a preocupação nos atrapalha. Seja otimista, trabalhe a sua mente, pense em coisas positivas, para que ela não se confunda com algo maior.

Dica: usar frases com "por que" ajuda muito a identificar os problemas.
Exemplo: por que o problema aconteceu?

Por que o problema chegou a esse ponto?

2 – Não busque culpados, busque soluções

> "Pessoas sérias assumem responsabilidades, os outros procuram culpados."
> Daniel C. Luz

A maioria das pessoas, ao ter conhecimento de um problema, busca sempre algum culpado para o fato. Identificar o motivo é mais do que obrigatório, mas o foco no momento é buscar sem a solução do problema.

3 – Quem pode ajudar?

Identificar pessoas, livros, conteúdos e especialistas que podem ajudá-lo é um dos passos mais importantes. Talvez você conheça alguém que já passou por um problema igual ou parecido e que pode auxiliá-lo.

Então, pense e pergunte a pessoas próximas, vale ressaltar que deve se atentar a quem vai perguntar e consultar, de nada valem os indivíduos que vão apenas julgar e fazer comentários negativos. Pense em quem realmente pode agregar e ajudar com experiência e apoio.

4 – Liste possíveis soluções

Um dos passos que mais utilizo é a lista de possíveis soluções. Após identificar a raiz do problema, liste várias alternativas cabíveis, é incrível como aparecem diversas ideias e maneiras que vão ajudar a resolver o problema.

Para cada solução listada, visualize e pense em qual resultado essa possível ação pode gerar, qual impacto pode ter.

Pense também em quem, quando e como fazer.

Após listar todas as possíveis soluções e visualizar o resultado que cada uma pode gerar, use o critério de eliminação, tire as que não fizerem sentido e que, visivelmente, não irão contribuir para a solução do problema.

A lista de soluções ajuda sempre a termos um plano B para qualquer evento.

5 – Encarar o problema

> "Viver é enfrentar um problema atrás do outro.
> O modo como você o encara é que faz a diferença."
> Benjamin Franklin

Após identificar o real motivo do problema, fazer todas consultas possíveis ao que e a quem pode ajudar, listar todas as possíveis soluções e ter um plano de ação, é hora de encará-lo.

Nada vai adiantar se não tiver ação na solução dos problemas. Muitas pessoas até sabem e identificam possíveis soluções, mas procrastinam na hora de agir e colocar em prática.

Ação, otimismo e coragem é o que realmente vai identificar em qual lado você está, se realmente é uma pessoa eficaz na solução dos problemas, ou se fica somente aos lamentos e negatividade.

6 – Aprendizados

Todo problema traz com ele aprendizados; esse é um passo muito importante, é nesse momento que conseguimos ver e analisá-los.

Resolver problemas nos torna mais resilientes, nos leva a experiências novas, nos deixa mais preparados e treinados para novos desafios, portanto, é de grande importância sempre listar e identificar quais foram as lições adquiridas em cada desafio.

Os aprendizados, além de nos transformar em pessoas e empresas melhores, nos trazem lições para evitar novos problemas. Lembrando que não existe fórmula mágica para resolvê-los, esses são apenas alguns passos que podem ajudá-lo muito.

> "Os problemas nunca vão desaparecer, mesmo na mais bela existência. Problemas existem para ser resolvidos, e não para perturbar-nos."
> Augusto Cury

Um grande abraço e coragem sempre.

O poder do otimismo

CAPÍTULO 11

Os benefícios do otimismo realista

Os extremos raramente produzem os melhores resultados. Para obtê-los, é necessário equilíbrio, auferindo o melhor de cada componente. Preparar-se para realizar uma análise firme e positiva é assumir uma posição equilibrada e ajustada às circunstâncias presentes e, assim, viver, antecipadamente, o melhor futuro que se possa desenhar.

Gilberto Peverari

O poder do otimismo

Gilberto Peverari

Sócio-diretor da Escalare Desenvolvimento, empresa voltada ao desenvolvimento de pessoas e seus negócios. Engenheiro eletricista graduado pela Universidade Estadual de Campinas (Unicamp), com pós-graduação em Administração Industrial pela Fundação Vanzolini. MBA em Gestão Estratégica e Econômica de Negócios pela Fundação Getulio Vargas (FGV); certificação como Profissional de Gerenciamento de Projetos (PMP) pelo Project Management Institute (PMI). Capacitação como Consultor de Organização e Gestão pelo Instituto Brasileiro de Consultores de Organização (IBCO). Formação como Instrutor de Gestão de Qualidade em Projetos, facilitador em *workshops*. Palestrante, treinador de alto impacto, *coach* e formador de líderes. Experiência de dez anos em automação de processos, e 24 em gestão de qualidade e de projetos em empresas multinacionais de diversos segmentos.

Contatos
www.escalare.com.br
gilberto@escalare.com.br
(11) 99276-5813

Considerações acerca do otimismo

A expressão preferida dos otimistas de fachada, a conhecida "Já deu certo!", prescinde de qualquer análise ou, talvez, empatia pelo interlocutor. Soa como se desse o caso por encerrado, abrindo a possibilidade para uma troca de assunto, já que o problema relatado deixou de existir, como em um passe de mágica. Talvez não seja, em todos os casos, a intenção, mas é o que, normalmente, acaba acontecendo.

Dito de forma quase premonitória, o comentário passa uma ideia de desdém pelas apreensões da pessoa que expõe as suas dores, sejam elas pertinentes ou não. Já estive do lado de quem expôs as preocupações e posso garantir que foi assim que me senti. Não só não me enchi de qualquer alento como fiquei com a impressão de que eu estava passando uma ideia de vitimização e me fechei em um silêncio incômodo que, confirmando a estatística, deu outro rumo à prosa.

O otimismo deve inspirar nas pessoas a disposição para ver as coisas pelo lado bom e esperar sempre uma solução favorável, mesmo em situações desafiadoras. Isso não significa que o otimista seja, necessariamente, um ser desconectado da realidade. Tampouco o pessimista o é.

Pela postura assumida, o otimista passa a ideia de que tem noção de suas competências e se considera o responsável pelo que acontece em sua vida. Já o pessimista dá a impressão de que não importa o que ele faça, os resultados sempre serão desfavoráveis, como se a responsabilidade pelos acontecimentos não estivesse em suas mãos, o que pode levá-lo a considerar-se incapaz de gerir o seu destino.

Onde nasce a orientação

Algumas considerações dispõem as três tendências – otimista, pessimista e realista – em uma forma triangular, de modo que o realista se encontre em solo firme, o pessimista em um brejo (para onde ele imagina que a vaca sempre vá) e o otimista nas nuvens.

Ainda bem que não é assim. Normalmente, nos posicionamos em algum ponto dentro da área determinada pelos três vértices, e essa posição não é fixa, determinada no momento de nosso nascimento.

O poder do otimismo

É certo que somos influenciados por nossos pais e professores, ao longo de nossas vidas, mas vamos imprimindo o nosso caráter, à medida que vai se moldando, adotando, frente às experiências que vivenciamos, pensamentos mais positivos ou negativos.

Nesse aspecto, há uma crença de que o realista puro seja o mais feliz, já que não espera nada diferente do que as estimativas mostram. Só que nem toda estimativa se confirma, pois a maioria das ocorrências depende da atuação de pessoas, que não são totalmente previsíveis.

O mais importante é ter ciência de que, mais do que destino ou ambiente em que se vive, o olhar que você adotará para ver a vida é uma decisão sua.

O otimismo realista

Como dito acima, adotar um comportamento composto pelos três componentes considerados não é um absurdo. Aliás, ele varia, ajustando-se conforme as circunstâncias às quais somos submetidos.

Investimentos financeiros, prática de esportes radicais, ser tutor de alguém, oferecer uma promoção de cargo, por exemplo, requerem bastante critério e responsabilidade na adoção desse posicionamento.

O otimismo realista é considerado um dos traços de personalidade de pessoas bem-sucedidas, que procuram embasar as suas decisões em informações consistentes, visando o sucesso das próprias ações.

A resiliência, capacidade de se recuperar após enfrentar uma dificuldade, é outro aspecto comum nesse perfil, já que ela seria inconcebível, se não houvesse a convicção de que, ao final, os resultados serão positivos.

Melhores decisões

Na adolescência, eu andava muito de bicicleta em São Paulo, juntamente com um amigo. Brincávamos de nos perder pela cidade, andando sem rumo, e depois ficávamos tentando achar o caminho de volta. Em uma dessas andanças, lá para os lados da Consolação, já voltando para casa, fui atravessar a Rua da Consolação, em um trecho íngreme, com o semáforo fechado para os automóveis, claro. E, talvez mais por sorte do que por juízo, eu transgredi a regra de descer da bicicleta para atravessá-la. Eu não sabia que o ônibus que trafegava pela rua transversal entraria nela. Eu estava quase no meio da via, quando percebi o ônibus fazendo a curva embalado para subi-la. Numa análise imediata: parar me deixaria bem na frente do ônibus; voltar seria impossível; então eu acelerei, pedalando o mais rápido que podia, para ver se escapava do ônibus que continuava vindo em minha direção.

Naqueles poucos segundos, eu tomei uma atitude sábia, segundo Buda: "A pessoa sábia, que corre quando é hora de correr e que diminui o ritmo quando é hora de diminuir, é profundamente feliz, porque tem suas prioridades bem estabelecidas".

Eu ainda não me sentia feliz, mas, certamente, tinha as minhas prioridades bem estabelecidas...

Não deu! O para-choque do ônibus pegou na base do banco da bicicleta e, como eu vinha acelerado, fui lançado ao canteiro central. A bicicleta bateu a roda da frente na guia, empinou, bateu a roda traseira e tombou de lado. E eu continuava grudado nela. Levantei-me, pedi desculpas ao motorista e verifiquei que estava bem. O garfo da bicicleta estava torto, mas eu estava incólume. O farol abriu e, do canteiro, vi as marcas de pneus deixada pelo ônibus e, olhando para a calçada de onde eu tinha vindo, vi meu amigo e, ao lado dele, um guarda de braços cruzados balançando a cabeça. Quando o farol fechou, ele me chamou de volta. De volta! É muita maldade, não é? Todo aquele esforço desperdiçado! Mas eu fui... tomei uma bela bronca e fui liberado.

Mas o que tem a ver essa história com otimismo? Ainda mais com otimismo realista? Bem, se eu achasse que não havia o que fazer (visão pessimista), eu pararia, economizando forças para me recuperar depois, ou manteria a minha velocidade, aguardando que algo sobrenatural me tirasse dali (visão otimista extremada). Em qualquer das duas decisões, seria apenas mais um atropelado. Sem muitos cálculos matemáticos, mas visando a probabilidade de reduzir os efeitos da colisão (visão otimista), já que impedi-la não me seria possível (visão realista), acelerei e pude redigir este texto.

Visão dos riscos

Como citado acima, o excesso de otimismo pode nos levar a desconsiderar riscos.

O otimismo realista não é uma fé cega, mas uma fé raciocinada. Há quem atribua ao excesso de otimismo o descaso em relação aos riscos da degradação do meio ambiente e da escassez dos recursos naturais, que nos conduziram a uma situação de alerta, mas, a meu ver, essa conduta se deva mais a uma falta de visão do que a uma forma excessivamente positiva de olhar o planeta.

No livro *Estranho à Terra*, Richard Bach descreve toda a rotina de verificação das condições de seu monomotor e do clima, antes da decolagem e, já em voo, ficava, de quando em quando, imaginando onde pousaria em caso de pane. É o que acontece nos negócios, quando fazemos, periodicamente, uma análise de riscos. Aliás, vale ressaltar que risco se refere a ameaças e, também, oportunidades. E é incrível como a maioria das pessoas tem muita facilidade em vislumbrar o que pode dar errado e grande dificuldade em imaginar oportunidades de aumento de receita ou redução dos custos previstos, mesmo com a redução de incertezas, conforme o projeto avança.

O poder do otimismo

Na mesma linha, os impactos negativos em tempo e recursos costumam ser superdimensionados, enquanto as economias consideradas são muito pequenas, quase sugerindo que não valham o esforço de se trabalhar por elas. Por isso, após várias experiências, quando conduzo um *workshop* de riscos, começo pelas oportunidades, por uma abordagem mais otimista, visando despertar o lado criativo dos participantes, além de possibilitar uma avaliação mais realista, depois, em relação aos impactos e possibilidades de ocorrência de algo que possa prejudicar o resultado.

Por mais que, conscientemente, tendamos a uma postura pessimista, inconscientemente, nos orientamos pelo otimismo. A prova disso é o fato de ajustarmos o despertador para nos acordar no dia seguinte, crentes de que estaremos vivos...

Aprender sempre

Em vez de ficar remoendo e revivendo uma má experiência em um ciclo sem fim, devemos descobrir que ensinamentos podemos tirar dela, de modo que:

- Ela nunca mais se repita;
- Tomemos consciência das forças internas que nos possibilitaram superar as dificuldades e que nos possibilitarão descobrir como transformá-la em uma conduta positiva;
- Disseminemos esse conhecimento, para que mais pessoas saiam vencedoras diante de situações semelhantes.

Qualquer falha e qualquer acerto podem ser transformados em uma experiência de aprendizado, aumentando as possibilidades de obter sucesso no futuro.

Em vez de prever todas as formas pelas quais você pode falhar, por que não ficar atento a todas as possibilidades de ser bem-sucedido?

É isso o que se objetiva quando coletamos e formatamos o que chamamos de "lições aprendidas". Elas nos indicam caminhos prósperos a trilhar, economizando tempo ao evitar rotas que já conduziram a insucessos e andar com segurança por aquelas que, sabidamente, trarão bons resultados.

Por isso elas devem ser registradas, atualizadas e divulgadas. São situações reais, que não precisarão mais ser vistas apenas como potenciais perigos, mas como índices em um roteiro preventivo que conduz a um final feliz.

Aproveitar cada etapa

Falando em final feliz, algumas pessoas, pretendendo manter-se realistas, crendo-se, assim, apartadas de decepções, deixam as comemorações para quando – e se – as suas grandes metas forem alcançadas. Elas esquecem que são compostas por vários pequenos passos, pequenas mudanças de comportamento, ou seja, pequenas vitórias.

Cada pequeno avanço em direção a um objetivo foi tomado graças a considerações otimistas, divisando as possibilidades de realização, sem encobrir os percalços, mas dando-lhes a devida proporção.

Vivência

Aproveitando o fato de que podemos ajustar a nossa forma de ver o mundo, até mesmo em relação às nossas crenças e valores, elaborei uma relação de atitudes que, se praticadas, ao menos em partes, fortalecerão a perspectiva mais otimista realista:

• **Conheça-se:** avalie-se em termos de pontos fortes e oportunidades de aperfeiçoamento, pois isso lhe permitirá fazer melhores ponderações sobre as situações com as quais se defrontar;

• **Persista:** diante de problemas, não os considere resolvidos de pronto, com o primeiro indício de solução que lhe surgir à mente, e tampouco desista sem uma breve consideração, mas adote uma visão sistêmica e criativa;

• **Empodere-se:** confie em sua capacidade e determinação para enfrentar as situações, valendo-se dos recursos que tiver à sua disposição;

• **Ressignifique:** os seus enganos não são definitivos e não definem quem você é, mas o estágio em que se encontra. Aproveite-os para uma reflexão sobre as suas considerações e os ajustes necessários para tomar melhores decisões. Reinterprete as suas experiências, por mais duras que sejam, transformando-as em valiosas lições;

• **Ouça ativamente:** enfrente as críticas com sobriedade, avaliando o que têm e o que não têm de verdade sobre você e os seus resultados, e aproveite-as para o seu aprimoramento;

• **Pondere:** atribua aos obstáculos o real valor que têm, dimensionando adequadamente os esforços para superá-los. Algo estar prestes a acontecer não determina um aumento em seu impacto;

• **Valorize-se:** ao final do dia, avalie as situações com as quais se deparou, como se comportou diante delas e valorize a sua iniciativa ao tratá-las;

• **Reoriente-se:** por uma questão de coerência, quando você intensifica os pensamentos e considerações em como as coisas podem dar errado, inconscientemente, buscará evidências de que darão mesmo, portanto, redirecione as suas atenções para as possibilidades de sucesso, de forma que os seus pensamentos e ações procurem comprovar que você estava certo;

• **Imunize-se:** pessoas pessimistas procuram inocular as suas frustrações em quem as cerca; destarte, é prudente afastar-se delas, quando não for possível fazê-las mudar de opinião;

O poder do otimismo

- **Seja resiliente:** prepare-se para os próximos passos, estando pronto para reagir mais rápida e positivamente aos infortúnios;
- **Seja íntegro:** não omita ou desconsidere qualquer condição do desafio a ser enfrentado, avaliando-as, todas, para tomar a decisão com maior qualidade, em função das informações e do tempo disponível.

Conclusão

Não basta esperar, com um olhar puramente otimista, que o mundo fique melhor ou que lhe sorria mais. É preciso estar ciente de que você tem que se mobilizar com pensamentos e atitudes positivas, para torná-lo melhor, contribuindo com o que esteja ao seu alcance, realisticamente falando. Veja o lado bom da vida, mas não exclusivamente esse lado.

Referências

PERCY, Allan. *As vantagens de ser otimista*. 128 p. 1. ed. Rio de Janeiro: Sextante, 2013.
SHAROT, Tali. *O viés otimista: por que somos programados para ver o mundo pelo lado positivo*. 1.ed. 336 p. Rio de Janeiro: Rocco, 2016.

O poder do otimismo

CAPÍTULO 12

O poder do otimismo na autoliderança

Neste capítulo, vou estimular as pessoas a refletirem sobre o nível de otimismo e suas interferências na vida. Afinal, qual é o seu indicador de otimismo? Relatarei a minha história, em que ser otimista e desenvolver a autoliderança me ajudaram a trilhar uma carreira de lavradora para empresária. Começarei com um artigo sobre *O poder do otimismo na autoliderança*, que escrevi para contextualizar o poder do otimismo.

Helena Ribeiro

O poder do otimismo

Helena Ribeiro

Pós-graduada em Gestão Estratégica Global de Negócios pelo INPG. Bacharel em Administração de Empresas – PUCCAMP; mestranda – UNICAMP. *Executive coach*, analista DISC e mentora QEMP. Empresária, fundadora da Razão Humana Consultoria. Palestrante, consultora, escritora e colunista. Carreira profissional desenvolvida em empresas nacionais e multinacionais, em diversos cargos. Autora do *e-book*: *Oito competências do profissional águia*, e do livro *Você, a águia e a natureza: o despertar experiencial*, da Você S.A. Coautora dos livros: *Manual de coaching: o guia definitivo para o alcance de resultados*; *Coaching: grandes mestres ensinam como estabelecer e alcançar resultados*.

Contatos
www.helenaribeiro.com
www.razaohumana.com.br
diretoria@razaohumana.com.br
Facebook: helena.ribeiro.7509 / RazaoHumana
LinkedIn: helenaribeiro1
Instagram: helenarh8
(19) 3231-0491 / 99117-7089

Enxergar o copo meio cheio ou meio vazio é só uma questão de ponto de vista. Você já perdeu a conta do quanto já ouviu algo nesse sentido, certo? Mas, em algum momento, já parou para refletir sobre o que realmente significa?

Talvez, a sua resposta seja sim. Afinal, ela está relacionada à presença ou ausência do otimismo. A questão é que o significado pode ser mais profundo e o otimismo está ligado a diferentes aspectos da vida. Entre eles, na autoliderança, uma qualidade essencial a todos os líderes e a quem deseja se tornar uma pessoa melhor. Veremos onde o otimismo se encaixa nesse sentido.

O que é a autoliderança?

Resumidamente, é um processo em que uma pessoa consegue controlar melhor o próprio comportamento e contribui para o indivíduo se manter motivado e em direção a um desempenho eficaz.

As estratégias para alcançar essa qualidade se dividem, basicamente, em três. A primeira é direcionada ao comportamento, incluindo a auto-observação e definição de objetivos individuais, sempre se valendo da autocrítica.

A segunda busca recompensas naturais, como a concentração em aspectos positivos e minimizar os efeitos negativos de suas realizações. A terceira gira em torno das estratégias de pensamento construtivo, por meio de uma avaliação de crenças disfuncionais e aspectos que ajudam na interpretação do eu interior. É virar a "lupa" para dentro e fazer uma revisão do seu *mindset*.

A partir de um bom nível de autoliderança, é possível obter crescimento pessoal e profissional. Inclusive, estimula o empoderamento psicológico, as emoções e sensações positivas diante dos desafios da vida. Enfim, auxilia nos planos de sonhar e trilhar caminhos rumo aos objetivos de curto, médio e longo prazo.

E o que o otimismo tem a ver com isso? Resumidamente, é a disposição para enfrentar a vida observando sempre o lado positivo das coisas. Não se trata de acreditar que nada de ruim irá acontecer. Afinal, mesmo na desgraça podem existir pontos positivos, ou se tirar o máximo de aprendizado daquela situação.

Desenvolva uma autoliderança que, atrelada ao otimismo, possibilite uma visão mais positiva do mundo. A partir daí, aos poucos, você pode deixar de lado as lamentações e ajustar o seu *mindset* para planejar um futuro mais otimista.

Conclusão

Temos um fato indiscutível: enxergar o copo meio cheio ou vazio vai depender do ponto de vista de cada um. Porém, ter uma visão mais otimista da vida será fundamental para a evolução do ser humano. Afinal, o otimismo estimula o crescimento pessoal, profissional e espiritual. Seja um eterno aprendiz. Potencialize suas competências e seja exemplo. Vá e faça a sua parte!

Autobiografia

Sou de uma família humilde. Os meus pais foram lavradores e enfrentaram muitas dificuldades para criar 12 filhos. O mais importante é que eles me ensinaram as trilhas para alcançar os meus objetivos: trabalho, humildade, ética, valorizar a família, ter gratidão, fazer tudo com amor e fé em Deus.

Até os meus 11 anos trabalhei na lavoura e, para ir à escola, caminhava 10 quilômetros. Meus pais queriam uma vida diferente para os seus 12 filhos. Então, arriscaram tudo, em 1974, viemos para Campinas. Trabalhei como babá, depois doméstica e estudava à noite.

Desenvolvimento profissional

Tive uma patroa muito boa, com quem trabalhei dois anos e pude fazer um curso de datilografia em máquinas elétricas, para buscar novas oportunidades. Ao concluir o curso, fui trabalhar como auxiliar de escritório e como digitava sem olhar para o teclado, conseguia me destacar, sempre.

A busca incansável por novas oportunidades me fez uma profissional de sucesso. Trilhei a minha carreira exercendo os cargos de diretora executiva, gerente de filiais, gerente de venda, supervisora de pós-vendas, gestora de T&D/RH, bancária, representante, secretária, entre outras.

Tive uma grande escola profissional trabalhando seis anos no Bradesco, atuando em vários cargos, de escriturária à subgerente. Depois, mais três anos de instrutora de treinamento na Fundação Bradesco, onde ministrava 17 cursos.

Foram 21 anos para realizar o meu sonho de ser empresária. Em 2001, fundei a Razão Humana Consultoria.

Meu perfil

Entusiasta, determinada, carismática, humilde, sonhadora, empreendedora, entre outras qualidades e, claro, meus defeitos. Valorizo a família, a vida e a natureza. Até quando acontecem coisas negativas, penso logo: o que posso tirar de experiência desta situação? Isso servirá de lição de vida? Aprendi com os erros? Enfim, "bola para frente".

Helena Ribeiro

Sou plugada no "320" e apaixonada pelo meu trabalho, o que, às vezes, incomoda algumas pessoas, pois pensam que sou *workaholic*. Porém sou *workalove* e muito dedicada ao que faço, não importa se é por um trabalho remunerado, voluntário, ou um favor a alguém. Amo o meu trabalho, a vida, e como entusiasta, me considero uma "eterna aprendiz".

Vida pessoal, educacional e profissional
Ser bem-sucedida profissionalmente e conciliar com a vida conjugal, no geral, não é uma tarefa fácil para as mulheres que trabalham e são independentes. Infelizmente, ainda vivemos em uma sociedade machista. Valorizo a vida a dois, e superar esse obstáculo tem sido um desafio.

Casei com uma pessoa divorciada e com dois filhos. Ficamos 14 anos juntos. Porém, o forte do meu crescimento profissional começou depois do casamento. Não foi fácil conciliar, pois até o meu sucesso o incomodava.

Como eu viajava a trabalho, participava de convenções, feiras e eventos, tais compromissos foram abalando a nossa relação e objetivos. Ele pensava mais em "um amor e uma cabana" e eu não queria interromper os meus planos. Estava em ascensão profissional, havia trabalhado muito para chegar até ali e também queria ter uma vida melhor para nós e ajudar os meus pais.

Escolhas
Infelizmente, na vida, temos que fazer escolhas, por isso, concluímos que seríamos mais felizes como amigos, separados.

Ter uma família linda que renova minhas energias não substitui o fato de ter alguém para amar e ser amada.

Primeira tentativa de empresária
Como desenvolvi a minha carreira em empresas de vários portes e diversos cargos, em 1990, me sentia preparada para novos desafios. Tinha algumas economias para empreender, mas elas foram bloqueadas pelo Plano Collor e tive que adiar o sonho de ser empresária. Porém, aproveitei para buscar novos conhecimentos na área comercial e gestão.

Novos conhecimentos e desenvolvimento profissional
Comecei como representante em uma grande empresa nacional, a SCI. Depois, vieram as promoções para supervisão, gerente de vendas, de filial e gerente regional. Foram nove anos de desenvolvimento e crescimento. Inclusive, como havia atuado com treinamentos, ministrava cursos para minha equipe e clientes.

Em 1986, a empresa foi incorporada pelo grupo americano, a Equifax S.A, e foram quatro anos de mudanças culturais. Nesse período, fui me preparando para novos desafios, pois a minha filial seria fechada.

O poder do otimismo

Mediante meus conhecimentos e planos, tinha chegado a hora de investir na minha empresa. Ela seria uma consultoria de recursos humanos para atuação com treinamentos, palestras, entre outros serviços de consultoria organizacional.

Nova tentativa e sonho realizado

Até o ano de 2000, fixei a marca pessoal Helena Ribeiro pelas empresas que trabalhei. Porém, deixar de atuar como executiva com alto salário, para me tornar empreendedora, não foi uma decisão fácil. Além do investimento para abrir uma empresa e me aperfeiçoar na área.

Foram três anos de aperfeiçoamento. Atuei como facilitadora, ministrei vários cursos para o IDORT, SEBRAE, SENAC, entre outros. Foram diversos trabalhos que ampliaram os meus conhecimentos em T&D/RH e consultoria organizacional.

Nascimento da marca Razão Humana

Focada na consultoria, iniciei a construção da marca com o apoio do publicitário Luís Nunes, da Diretiva Publicidade, que assertivamente sugeriu o nome Razão Humana Consultoria. Uma consultoria especializada em treinamentos vivenciais (TEAL), soluções em T&D/RH e consultoria organizacional.

Graças a Deus, o nome é muito elogiado e tem a sua história divulgada no *site*. Além de assertivo, em vários eventos tivemos a presença das mídias, entrevistas para revistas, jornais, TVs, inclusive a TV Globo, no Mais Você, programa apresentado pela Ana Maria Braga. Visite-o e confira as matérias: https://www.razaohumana.com.br/

Diferenciais da Razão Humana

Durante o Plano Collor, as perspectivas dos empresários eram desmotivadoras, foi quando surgiu a metodologia experiencial ao ar livre no Brasil, hoje conhecida como (TEAL, Treinamento ao Ar Livre). Era uma metodologia nova, mas com perspectivas de crescimento. Vislumbrei oportunidades, porém precisava arriscar e investir na especialização desse segmento.

Foram três anos de pesquisas, desenvolvimento de dinâmicas, práticas das atividades de esporte de aventura, entre outros formatos, para ajustes da metodologia e adaptações ao perfil empresarial, analogias ao cotidiano profissional e pessoal dos participantes. Tudo isso somado à formação da equipe etc. Dedicamos muitos esforços e nos tornamos especialistas na metodologia experiencial, com atuação em âmbito nacional.

Sede própria

Em 2008, além do otimismo e visão da águia, comprei a sede própria, uma linda *duplex* com cobertura, que batizamos de "ninho das águias". Ampliei a empresa, valorizei a marca da Razão Humana e alçamos novos voos.

Escritora por paixão
Escrever um livro é uma experiência inexplicável e já lancei três como escritora, dois manuais sobre *coaching* e este sobre otimismo, como coautora.

Neste, me identifiquei muito com o título, pois pude contar um pouco da minha história e falar sobre: o poder do otimismo na autoliderança, que tem tudo a ver com a minha trajetória. Atrelado ao livro, já criei uma palestra e irei lançar um *e-book* com a minha autobiografia, que complementará a minha história publicada no *site* da Razão Humana, há mais de 15 anos.

Ambição, ameaça e dor
Para finalizar, descobri que ser empresária por ambição é ótimo e possível para muitos, mas manter-se empresária na dor de várias crises, sem permear pela ameaça, não é tarefa fácil, pois, às vezes, dá medo de não conseguir superar os desafios. Porém, o otimismo me leva a pensar "fora da caixa" e acreditar que sempre é possível, e graças a Deus tem sido.

Só tenho a agradecer aos nossos clientes, pois a Razão Humana está rumo aos 20 anos de mercado, o que nos motiva alçar novos voos rumo aos 30 anos, entre outros.

Agradecimentos
Gratidão a Deus e aos meus pais (*in memoriam*) pela minha vida. Em especial a você, leitor, por ler a minha história. Será um prazer receber a sua visita nos *sites* da Razão Humana ou no meu *blog*.

A águia que habita em mim saúda a águia que habita em você.

Com carinho e até breve!

O poder do otimismo

Capítulo 13

A vida é um caminho com pedrinhas de brilhantes

Os cabelos brancos são reflexos da vida, do tempo de estudar, de praticar e de ensinar. Nem sempre reconhecemos a importância de uma situação ou de uma pessoa no exato momento em que elas ocorrem ou estão ao nosso lado. Lá na frente, perceberemos o quanto fomos justos ou injustos. Os cabelos brancos nem sempre aparecem, a tinta os cobre, mas o espelho do coração deve sempre lembrar que eles estão lá.

Isabel Okamoto

O poder do otimismo

Isabel Okamoto

Psicóloga; especialista organizacional e do trabalho. Pós-graduada em Administração de Recursos Humanos e *Marketing*; Desenvolvimento Organizacional Aplicado à Área de Recursos Humanos. Mestranda em Administração. Profissional de RH há 36 anos, atuando em todos os processos para empresas de pequeno, médio e grande porte. Consultora organizacional em assuntos relacionados a recursos humanos, comportamento e gerenciamento de pessoas. Desenvolvimento de programas de treinamento e *coaching* para capacitação de gestores. *Business, executive, professional, self & leader coach*; analista comportamental e *coach* de comportamento evolutivo. *Mentoring*, professora coordenadora do curso de graduação Tecnólogo em Gestão de Recursos Humanos e pós-graduação em Psicologia Organizacional. Coautora do livro *Manual completo de treinamentos comportamentais*, da Editora Ser Mais.

Contatos
www.isabelokamoto.com.br
isabel@isabelokamoto.com.br
helio@isabelokamoto.com.br
Facebook: Okamoto RH
LinkedIn: Maria Isabel Barbosa Okamoto
(19) 98339-8378/ (19) 98339-8394

Isabel Okamoto

No túnel, na estrada, no caminho e construção da nossa vida, nos deparamos com emoções e sentimentos que parecem fazer revoadas ora por um lado, ora por outro. Às vezes, a alegria, às vezes, o medo, a tristeza e a decepção.

Muitas pessoas e situações parecem veículos a nos atropelar, por outro lado, nos auxiliam a frear e pensar quem somos, onde estamos e para onde vamos. O que estamos fazendo e o que, de fato, gostaríamos de fazer.

As pressões que recebemos são muitas, pessoais e profissionais. A correria da vida é grande e o cansaço, quase sempre, é muito, por isso, as paradas, por vezes, são necessárias e nos reorientam a novas escolhas.

As decisões nem sempre são fáceis, mas sempre são necessárias; escolhas significam abrir mão de algumas coisas em função de outras, e o sentimento de perda pode ser maior do que gostaríamos que fosse, o que nos coloca sempre no mesmo lugar. Como escolher, como tomar decisões sem perder o que conquistamos ou sem o medo do novo? Ser otimista nem sempre é fácil.

Ultrapassamos ou somos ultrapassados em quaisquer situações, porém, nunca perdemos. Se os nossos olhares se voltarem ao pensamento, o que temos que aprender com isso"?

Dependendo do caminho que tomamos, a estrada pode estar vazia, só mesmo a natureza é a nossa companheira. À frente, estradas longas e subidas que nos impedem de ver o que virá.

Esse estar só é uma grande oportunidade ao autoconhecimento, para a reflexão e o encontro conosco. Quantas vezes nos surpreendemos e encontramos a coragem que nunca tínhamos percebido ter. É o se permitir reconhecer o que temos de melhor.

Olhamos para os lados e aprendemos que nem sempre é necessária uma multidão para nos sentirmos felizes.

É nesse momento que podemos andar mais devagar ou mais rápido, a depender de nossos desejos e objetivos.

Freamos a nossa impulsividade ou agressividade sem prejudicar a contínua busca pelo novo e pela evolução.

Na estrada caminham veículos pequenos, médios e grandes, assim é a nossa vida!

O poder do otimismo

Ao longo da nossa história, passamos por momentos felizes e outros nem tanto, de tamanhos e intensidades diferentes, com subidas e descidas, no plano e nas curvas, com conquistas e perdas.

O valor e grandeza que damos a cada uma delas depende das crenças que temos, do apoio que buscamos e recebemos, dos recursos que dispomos e das aprendizagens que estamos dispostos a ter.

Perder em um único ano seis pessoas da família, poucos anos depois, a irmã mais nova, um pouco mais, primos muito jovens, e depois, a mãe. É motivo para se trancar em um quarto escuro e nunca mais sair. Porém, ao tomar a decisão de olhar ao lado, percebe-se que a sua luz, o seu brilho e o seu otimismo podem clarear o caminho de quem ficou e tudo então fica mais fácil. Não é renegar as perdas, pelo contrário, é necessário vivenciá-las, mas buscar a força que, muitas vezes, está escondida e nem mesmo sabemos que a temos.

> "Quem ama nunca está longe! Como posso estar longe de quem está dentro de mim?"
> Padre Léo

Pessoas que superam situações adversas, costumeiramente encontram apoio na família e amigos próximos, mas, acima de tudo, encontram dentro de si a fé e esperança de um dia melhor e diferente, e a gratidão é fundamental para isso.

> "O perdão é gota divina, porque é o único caminho para a cura interior."
> Padre Léo

Interessante pensar que, quando caminhamos aleatoriamente, sem pretensão nenhuma, olhamos para um lado, vemos e percebemos pessoas, situações e movimentos. Quando olhamos para o outro lado, observamos uma natureza a explorar. Será que não somos assim também? Será que temos um lado conhecido e o outro a explorar?

Com certeza, sim, temos esses dois lados e, quanto mais nos conhecemos e nos reconhecemos, mais capacidade e competência temos para entender os nossos sentimentos, as nossas reações e os nossos recursos internos. O que nos leva a agir de uma forma ou de outra.

Conhecer-se é uma tarefa árdua, mas nos faz mais humildes e fortes, e melhor sabemos lidar com as conquistas e com as perdas.

> Não temos de nos tornar heróis do dia para a noite. Só um passo de cada vez, tratando cada coisa à medida que surge, vendo que não é tão assustadora como parecia, descobrindo que temos a força para a superar.
> Eleanor Roosevelt

Isabel Okamoto

O ser humano é dotado de crenças e valores trazidos e adquiridos das vivências que teve e tem ao longo da vida, nos mais diversos ambientes. Essas crenças norteiam as vidas e podem ser propulsoras ou restritivas.

Crenças propulsoras são aquelas que levam as pessoas a caminharem em direção aos seus objetivos e, ainda que tenham vivido situações complicadas e sofridas, conseguem utilizá-las como fonte de superação e motivação. Norteiam as decisões e direcionam para caminhos positivos.

As crenças restritivas estão em pensamentos, visões, interpretações e ações entendidas como verdades. Dirigem a vida, limitam e impedem a evolução e concretização de objetivos e desejos.

Saber identificá-las é importante para mudar a rota e construir pontes. Estar atento aos pensamentos e resultados que sempre acontecem da mesma forma é permitir-se conhecer e mudar.

Exemplo de crenças limitantes:

- "Isso só acontece comigo";
- "A minha vida não é nada";
- "Não sou competente o suficiente para ser promovido";
- "A vida não tem cor, tudo é preto e branco";
- "Eu não posso errar";
- "Eu nunca tenho tempo para mim";
- "Sorte? Sorte é para quem nasce com ela";
- "Não sei lidar com isso, não tenho essa força";
- "Não consigo aprender nada";
- "Estou destinado a perder tudo e todos, o que fazer?";
- "Matemática é para quem é inteligente, não para mim";
- "Eu nasci assim, acha mesmo que consigo mudar? Claro que não!";
- "Não consigo um amor, não vejo ninguém a minha frente";
- "A vida é dura, preciso trabalhar muito";
- "Dinheiro é para quem nasceu virado para a lua".

Você se reconhece em alguma dessas crenças? Quais são as suas? São tantas!

A reversão dessas crenças merece um esforço muito grande, e o ponto de partida é o autoconhecimento. Nem sempre se consegue sozinho, por vezes, é preciso da ajuda de alguém, de um profissional.

Mudar significa tomar decisões importantes que mexem com a vida presente, movimentam, alteram e criam um futuro diferente, o que tira as pessoas de sua zona de conforto. Para mudar, precisa abastecer a vida.

Sem combustível não se anda, é preciso conhecimento, relacionamento, paz, espiritualidade, fé, gratidão e amor. Sem abastecer, o corpo não responde, a emoção é confusa e a alma não é feliz. Não muda e nada muda!

O poder do otimismo

Calibrar os pneus da vida que nos levam onde desejamos, ter equilíbrio entre corpo, mente e espírito. Um não responde sem o respaldo do outro.

Nas estradas, muitas pessoas parecem muito mais rápidas do que nós, com isso, ultrapassamos a velocidade permitida e acabamos nos comparando e julgando as decisões de cada um. Mas, o mais importante não são eles e, sim, nós. Como estamos com a nossa consciência, os nossos valores e planos de levarmos adiante a nossa viagem. Somente a cada um cabe a responsabilidade de suas decisões e ações que podem nos parecer erradas, temos apenas que ajustar as nossas manobras e rotas, para não colidirmos e sofrermos acidentes de percurso.

Na rota da vida há retornos, quantas vezes é necessário dar um passo atrás. Vemos pessoas sem paciência, lutando contra tudo e todos. Outras, tamanha é a urgência, que não enxergam quem está ao lado. Precisamos de algo para clarear a visão, principalmente a visão do coração. Algo que limpa e dá brilho. É a limpeza de crenças limitantes, é o reconhecimento da importância do outro e da nossa. É o caminhar leve e sereno.

O que é a vida senão o doar, doar coisas materiais, emocionais, espirituais, o tempo, a palavra, o olhar, a alegria, o estar ao lado de quem precisa e também o silêncio. O que é a vida senão o receber tudo isso quando precisamos? E como precisamos!

A vida é uma orquestra e, como tal, precisa ter e saber tocar os instrumentos, uns mais leves, outros mais pesados, outros ainda com sons mais fortes e há os de sons mais suaves. Todos estão em nós, temos que acessá-los e treinar a cada música que a vida nos faz cantar.

A vida é mesmo uma viagem. Sabemos onde começa e não sabemos onde e quando termina, mas podemos fazer o caminho com pedrinhas de brilhantes.

Ter otimismo é reconhecer que tudo podemos, em maior ou menor grau, nesse ou naquele tempo, mas podemos.

E o que é o otimismo então?

OUVIR
TEU
INTERIOR, seu coração
MESMO
INCERTO,
SUA
MELHOR
OPINIÃO e visão de si

Ser luz para si e para as pessoas em torno.
Ser otimista, entender as situações que vivencia, compreender a gravidade delas, mas optar por focar no positivo e não no negativo.

Isabel Okamoto

Lutar pelos ideais e objetivos sem perder a serenidade, a humildade e a valorização do ambiente em que está e das pessoas com quem convive.

Ter atitudes proativas, controlar as emoções e direcionar para onde, de fato, precisa.

Pessoas de sucesso e felizes veem o lado positivo de todas as coisas e situações. Sabem que o que se faz a mais é para crescer. Entregam mais do que lhes foi solicitado.

O tempo e a vida nos ensinam a viver! Nos ensinam que nunca estamos a sós. Nessa estrada temos companhia, e como é bom sentir a sua mão! Quando os cabelos brancos chegarem, poder olhar para trás e ver o quanto ser otimista e positivo nos deu uma vida mais feliz.

A nossa vida é feita de mudanças em todas as fases, todos os níveis e em todas as áreas. Não entender que isso faz parte da nossa existência é como não reconhecer que a evolução existe.

O poder do otimismo

Capítulo 14

Capricho e rigor: meios para buscar o uau!!

A vida não vai nos presentear com caminhos de certezas, mas vai nos oferecer inúmeras oportunidades de buscarmos a excelência, de fazermos o melhor, de estarmos sempre caminhando rumo ao uau, independentemente do nosso estágio atual. Para caminharmos nessa direção, temos que lançar mão do binômio vital: capricho e rigor.

José de J. Possobom

O poder do otimismo

José de J. Possobom

Engenheiro de operação mecânico com Especialização em Engenharia de Fabricação; há mais de quatro décadas na indústria automobilística de autopeças. Focado nas áreas de engenharia de fabricação, manufatura, manutenção e qualidade, com conhecimento de diversas ferramentas, e paixão pelo comportamento seguro. Já ministrou inúmeras palestras, mensais ou para semanas de motivação, com os temas: segurança (SIPAT), melhoria de qualidade, busca da excelência, melhoria contínua e obtenção de resultados. Estudioso do comportamento humano, focado em gestão e motivação de pessoas e times, para a busca de alta *performance*.

Contatos
www.josejpossobom.com
josejpossobom@outlook.com
Facebook: José De J. Possobom
(19) 99187-5131

José de J. Possobom

A vida nos oferece inúmeras oportunidades de buscarmos a excelência, isto é, fazer o nosso melhor em todas as perspectivas. Aliás, a vida nunca vai dar certezas, mas vai oferecer muitas oportunidades, só precisamos agarrá-las e torná-las úteis para nós ou para outros.

Uma das formas de buscarmos a excelência na vida é o que eu chamo de Caminho para a Luz. Nós nascemos sem saber falar, sem saber andar, sem ter controles sobre nós e nascemos extremamente egoístas, pois precisamos de alguém cuidando 24 horas por dia, para que possamos sobreviver, mas não viemos para permanecer assim.

À medida que o tempo passa, fazemos uma caminhada lenta em direção à empatia. Vamos nos colocando no lugar dos outros, nos solidarizando e percebendo que é preciso ajudar, fazer o bem, conviver em sociedade, entendendo que não estamos sós na nossa jornada.

Não temos ciência, nesse momento, de que viemos ao mundo com a missão de buscar a excelência. Dois anos depois, já sabemos falar, andar, e alguém feliz comemora que saímos das fraldas, não porque deixamos de utilizá-las, mas por estarmos cumprindo a missão de melhorar a cada dia.

Como é perceptível, nem sempre nós temos consciência de que viemos para buscar a excelência. No entanto, essa é a nossa missão, está no nosso DNA. Não vamos chegar a 100% de empatia (o lugar que eu chamo uau!!). Nesse patamar, somente um chegou, mas temos um caminho longo para nos desenvolvermos. É como se nascêssemos na escuridão e caminhássemos para a luz!

Vejamos alguns exemplos:

1. Madre Tereza de Calcutá, uma albanesa que, aos 18 anos de idade, decidiu que teria que caminhar em direção à luz e ajudou muita gente, fez um trabalho maravilhoso. Foi aclamada nos Estados Unidos e na Ex-União Soviética, recebeu o Prêmio Nobel da Paz e ainda foi beatificada pelo Papa João Paulo II. Ela era uma mulher franzina, de 1,47m de altura, rugas no rosto e mãos ásperas (conforme contam pessoas que tiveram o privilégio de apertá-las), para mostrar a todos nós que fazer o melhor na vida independentemente de estatura, beleza e outros aspectos externos. Todos nós podemos caminhar, melhorar, ajudar...

O poder do otimismo

2. Maria Rita de Souza Brito Lopes Pontes, um nome comprido para outra pessoa de baixa estatura e franzina. Filha de dentista que, para pavimentar seus sonhos, decidiu entrar em um convento. Ela precisava de um local específico para andar no caminho da luz, e o que conseguiu foi o galinheiro do convento.

Nesse local, ela moveu o mundo, buscou ajuda de tudo e de todos, falou com o Presidente da República, à época, Eurico Gaspar Dutra, e depois de trabalhar muito, acabou deixando uma obra maravilhosa: um hospital em que, hoje, trabalham aproximadamente três mil pessoas e se atendem mais de cinco mil carentes, de graça, em Salvador, na Bahia. Essa mulher viria a ser conhecida depois, por Irmã Dulce, nome que adotou como homenagem ao nome da mãe...

3. Dra. Zilda Arns, a antropóloga e sanitarista que, incentivada pelo irmão, criou uma metodologia para redução da mortalidade infantil que foi copiada por inúmeros países, ajudou a muitos. No Brasil, são 26 anos de redução da taxa de mortalidade infantil...

4. Voluntários também são grandes exemplos nesse caminho. O que eles fazem, na verdade, é tomar pessoas pelas mãos e levá-las para mais próximo da luz. É por isso que, quando os entrevistamos, vemos pessoas emocionadas, sempre testemunhando que achavam que estavam ajudando alguém, mas que, de fato, aquelas atitudes eram boas e as ajudaram. Isso se justifica porque quando você leva alguém para mais próximo da luz, o que se recebe em troca é um pouquinho mais de luz...

E nós, nessa jornada do egoísmo para a empatia, da escuridão para o uau, onde estamos? A uns 50, 60% talvez? Há um caminho ainda a ser seguido. Façamos o nosso melhor, caminhemos para a luz, sabendo, no entanto, que, como dizia Walt Disney, "não adianta ser luz se não se iluminar a vida de alguém". A vida continua...

Ela pode ser representada por uma linha reta que vai do zero aos 80 anos (um pouquinho menos ou pouco mais). A cada dez anos, a gente coloca uma pequena marca para demarcar o tempo (imagine essa linha). Ali, por volta dos quatro anos de idade, alguém sugere que o lugar bom para nós é a escola. Ora, acabamos de aprender a falar e a andar direito, de ter controles sobre nós, e nosso lugar bom é a escola? "Lá, vai ter uma tia que vai ensinar coisas fantásticas, você vai aprender a ler, a escrever, e ainda vai encontrar inúmeros coleguinhas." – enfatizam. Naquele momento, não temos a consciência de que, na verdade, estamos no mundo para buscar a excelência.

Eu tenho duas filhas, a mais nova deixei esses dias na escola, (lembro-me muito bem), chorando. Queria voltar para casa, porque não tinha consciência. Depois de 17 anos, estava saindo da Unicamp, formada em Pedagogia.

José de J. Possobom

O tempo começa a correr e nós, já acostumados com aquela fase, começamos a nos transformar por dentro e por fora, e a sentir que aquela escola já não nos satisfazia muito...

Então, novamente, aparece alguém e sugere que o lugar bom para você é continuar na escola, no próximo grau, evoluindo. "Lá, você vai ter vários professores, um para cada matéria, vai aprender coisas maravilhosas, como ciências (fazer experimentos), inglês e muitas outras coisas", enfatizam.

Imagine, não sabíamos falar até pouco tempo, e já vamos aprender outra língua!!! De novo, a nossa missão é buscar a excelência, mesmo que, às vezes, não tenhamos consciência de que esse é o sentido da vida. E vamos à escola felizes.

Para isso, encontramos alguns incentivos importantes, como conhecer inúmeras pessoas novas, namoradinhas, e ter muitos sonhos. Esses incentivos vão permear toda a nossa vida. Começa, então, uma pressa enorme por mais desenvolvimento. Contamos as horas para chegar aos 18 anos de idade, para poder ter a carteira de habilitação de motorista, enquanto muitos aprendizados vão ocorrendo paralelamente, e o tempo demora a passar. A pressa é companheira inseparável nessa fase.

Finalmente chega o grande dia, o tempo passou muito vagarosamente. Carteira de motorista nas mãos. Porém, só isso não basta. É preciso ter um carro, uma moto, porque mesmo emprestando o carro do pai ou a moto de um tio, existem riscos, e esses empréstimos já não são mais suficientes. Não podemos imaginar ter que explicar problemas com a utilização dos bens dos outros, mesmo que sejam de pessoas bastante próximas.

Nesse momento, ninguém precisa nos incentivar, pois a conclusão é óbvia, vem a nossa própria cabeça: "bom mesmo é trabalhar para alcançar o que queremos, algumas ferramentas para nos ajudar a buscar a excelência com um pouco mais de facilidade". E, mesmo que estejamos apenas estudando, vamos em busca de um emprego com a mesma pressa de antes. Depois de algum tempo, finalmente, começamos a trabalhar. Vamos ficar muitos anos na lida...

O trabalho é uma via, uma fase, e nela são oferecidas inúmeras oportunidades de busca da excelência. Famosos como Voltaire nos dizem que o trabalho nos livra de três grandes males, o tédio, o vício e a necessidade. E isso é uma grande verdade.

Imaginemos o nosso país com grande contingente de desempregados. Como buscar a excelência se não temos o suporte necessário? Nesse momento, inclusive, é preciso se lembrar de agradecer pelas coisas que um dia rezamos para ter.

O tempo vai correndo e, geralmente, nesse período de trabalho, encontramos outra excelência: uma pessoa maravilhosa com a qual decidimos passar o resto de nossas vidas. E ficamos muito felizes, nem que seja por um período de tempo, a lua de mel. E o tempo passa, correm vários anos.

O poder do otimismo

Quando chegamos quase no final dessa jornada de trabalho, muitos sugerem que a fase boa da vida (bom mesmo) é justamente a da aposentadoria, porque lá será possível descansar, viajar e até rezar mais, já que essa é uma forma de buscar a própria Luz. E assim se passa. Passamos, inclusive, a frequentar mais a igreja.

No entanto, se prestarmos atenção ao padre falando com um senhor um pouco mais velho, escutamos ele ensinando que bom mesmo é lá no céu. Mas ainda há tantos planos...

Passamos, imediatamente, a pensar conosco – não tenho pressa nenhuma. E também a constatar que aquela pressa que se iniciara na época escolar, há tempos, vinha diminuindo muito, e agora, com essa perspectiva, caiu abruptamente a zero.

Pensando bem, o segredo não é ir, mas encontrar uma forma de se sentir no céu em quaisquer das fases de vida. Isso depende de cada um de nós, de como encaramos os desafios que a vida nos traz. Se pensarmos assim, dá até para fazer com que a lua de mel tenha a duração de uma vida inteira, por exemplo.

Conhecer ou entender a vida é de extrema importância. Os que não a entendem ou não a conhecem não se esforçam para fazer o melhor. Tudo depende de como nos motivamos, como nos desafiamos a cada momento. Depende de termos valores de conduta fortes e imutáveis ao longo da vida, para podermos fazer escolhas certas sempre lembrando de que, na vida, há o livre arbítrio, porém, ao final, há justiça e colhemos exatamente aquilo que plantamos.

Esses valores de conduta nos proporcionam, no mínimo, três fatores importantíssimos: suporte para a jornada, discernimento (aprovo ou não aprovo, aceito ou não aceito) e temperança: ter claro que, para colher, é preciso cuidar, regar, esperar e, às vezes, até podar. Pablo Neruda nos disse que somos livres para fazer as nossas escolhas, mas somos prisioneiros de consequências.

Em todas as ocasiões, todos os momentos, é preciso fazer o melhor de nós na busca do uau (excelência)! Mostrarmos uma versão melhor de nós a cada dia, e esse melhor se traduz por capricho. Dar o melhor de si. Dar sempre um pouquinho mais...

O capricho, em todas as nossas ações, vai ser o diferencial na obtenção do ápice de tudo o que fazemos. Isso vai poder ser visto e comprovado por todos, pois bastará um olhar para o produto feito, o desempenho no dia a dia, os resultados obtidos, para constatar todo o esforço dispendido. E esses resultados são tão motivadores que vão nos impulsionando cada vez mais e, além disso, vão inspirando outros a seguirem pelo mesmo caminho.

No interior das fábricas, é possível ver máquinas mais antigas, com muito tempo de utilização, operando normalmente, produzindo qualidade, dado o capricho com que são operadas e cuidadas. Nos hospitais, é possível perceber a força que essa atitude produz nos atendimentos realizados, assim como nas escolas e cidades...

É de se notar, portanto, o grande esforço que o "buscador de uau" despende para fazer o melhor, para aplicar capricho em todas suas ações, porém nada disso será suficiente se não houver rigor. Pode-se colocar tudo a perder.

Um jogador de futebol capricha muito, se esforça ao extremo para ser titular de seu time. Isso não é fácil, tem uma concorrência muito grande e exige muita disciplina. Porém, depois de tudo isso, não pode bater o pênalti displicentemente, caso contrário, ficará marcado por aquele péssimo momento.

Uma pessoa capricha muito, portanto, se esforça bastante para comprar uma sonhada motocicleta. Porém, na hora de utilizá-la, não se atenta à correta utilização do capacete. Por exemplo, isso pode ser fatal, um detalhe determinante para sua vida. É preciso ter rigor em todas as ocasiões.

É sabido que exigência elevada consigo não é punição, mas, antes de mais nada, é compromisso com a evolução, como diz Bernardinho do vôlei. Capricho e rigor, então, andam juntos e são fatores fundamentais para buscarmos o uau!! O topo, a excelência em tudo o que fazemos e os resultados dessas atitudes são motivadores e inspiradores. São, portanto, fatores de otimismo que têm um poder enorme e contagiante que vão impulsionar toda a nossa vida.

Muito se diz que a sabedoria está no meio termo, mas, olhando mais detalhadamente, veremos que muitas mudanças e desenvolvimentos exigem um certo grau de radicalidade, o que implica em muito capricho e rigor. Isso significa apegar-se a algo com unhas e dentes, por fazer o melhor. Se olharmos para Copérnico, Thomas Edison, Einstein, Mandela e Steve Jobs, entre outros, por exemplo, veremos que todos eles foram radicais na busca de algo e, portanto, no uso intransigente dessa ferramenta. Todos tiveram muita paixão por excelência.

Portanto, o binômio capricho e rigor é fundamental na busca dos nossos sonhos e em tudo que fazemos na vida, se quisermos chegar no uau, no topo, na excelência.

Referências

LOUZADA, Maurício. *Pra valer*. Editora All Print, 2011.
SOUZA, César. *Você é do tamanho dos seus sonhos*. Editora Gente, 2003.
PETERS, Tom. *The pursuit of wow! Every person's guide to topsy - turvy times*. Vintage, 1994.

O poder do otimismo

Capítulo 15

O otimismo faz você mais brilhante!

Cultivar o otimismo como uma atitude, uma escolha pessoal diária, faz substancial diferença em todos os aspectos da vida. Evidentemente, por si só, a decisão de ser uma pessoa mais otimista não evita as intempéries existenciais, próprias das contingências humanas. No entanto, possibilitará encarar a vida com brilho nos olhos, vislumbrando os aspectos positivos e oportunizando a si razões para ser feliz.

Jovir Alceu Zanuzzo

O poder do otimismo

Jovir Alceu Zanuzzo

Licenciado em Filosofia pela Universidade de Passo Fundo e mestre em Teologia pela PUC-Rio, foi sacerdote por dez anos, além de atuar como professor e palestrante. Diversos cursos e capacitações, paralelos à constante busca por conhecimento na área de desenvolvimento humano, qualificam sua produção intelectual e atuação, tendo ministrado mais de 350 palestras, para os mais diversos públicos, relacionadas à área em questão. Participou, em coautoria, da obra *Manual completo de treinamentos comportamentais*, e tem diversos artigos publicados em revistas e jornais. Atualmente, reside no município de Flor do Sertão/SC, onde exerce o cargo de diretor municipal de turismo, além de gestor municipal de cultura e assessor de imprensa.

Contatos
jovir.zanuzzo@yahoo.com.br
(49) 99832-1968

Jovir Alceu Zanuzzo

Você se lembra qual foi o seu primeiro pensamento do dia, hoje? Foi positivo ou negativo? Geralmente, as pessoas não têm controle sobre aquilo que pensam imediatamente após acordar. É certo, no entanto, que isso influencia o seu comportamento. Às vezes, já antecipam emoções que viverão ao longo do dia, ou ainda estão contagiadas pelas emoções do dia anterior. No entanto, independentemente da intensidade das sensações, é uma escolha pessoal direcionar seus pensamentos, dando-lhes uma caracterização positiva ou negativa.

Otimismo é uma predisposição interior que faz você pensar positivamente, ressaltando as coisas boas e os bons aprendizados, mesmo em situações adversas. É sabedoria entender que, em qualquer situação, há aspectos positivos e aspectos negativos, e a forma como encara isso é que faz a diferença. A disposição ou propósito pessoal em focar no lado bom da vida germina na própria consciência, nos pensamentos, e se efetiva na prática, nos comportamentos. Sendo otimista, você não ignora o lado ruim e difícil da vida; simplesmente entende que ela não se resume a isso e, por mais escura que a noite seja, o sol voltará a brilhar. O seu otimismo talvez não evite certos sofrimentos, mas certamente alivia a intensidade deles.

Toda pessoa é, de alguma forma, vulnerável ao que acontece a sua volta; o ambiente onde se está inserido, com suas características específicas, tem grande influência, e muitas vezes condiciona as pessoas, desde o pensar até o agir. Sendo otimista, no entanto, você resiste mais às influências negativas. O otimismo é, assim, um remédio preventivo contra o azedume e tudo o que pode tirar a paz. Há tantas coisas, situações e pessoas sobre as quais não se tem controle; deparando-se com elas, você pode se contaminar se não cultivar um pouco de otimismo. Aliás, justamente nesses momentos probatórios se dá conta de quanta diferença faz cultivar essa atitude. Em se falando de pessoas à sua volta, elas podem contagiar ou contaminá-lo, podem ser combustível ou freio ante os propósitos e sonhos que você cultiva.

Ser otimista quando tudo vai bem, obviamente, não lhe concede mérito algum. Nos mares da vida, às vezes o vento sopra a favor, outras vezes contra. Empolgar-se quando o vento é favorável e desanimar quando é contrário significa desprezar sua capacidade de ser

O poder do otimismo

protagonista de sua própria navegação. Infelizmente é como a maioria das pessoas se comporta, deixando-se condicionar por situações externas sobre as quais ela pode, sim, ter alguma influência. Você pode, certamente, encontrar motivação em momentos de dificuldade, se não restringir seu olhar às circunstâncias presentes, mas ampliá-lo ao horizonte de suas buscas.

Assim como o ouro se prova no fogo, uma pessoa brilhante é lapidada nas adversidades da vida. Ninguém alcança o sucesso, se é isso que busca, sem superar os obstáculos inerentes a esse propósito. Quando você assume o papel principal em sua vida, com otimismo e convicção, atua sempre em vista de soluções favoráveis. Você não vai gastar o seu precioso tempo apagando incêndios ou resolvendo problemas; vai investi-lo inteligentemente acendendo luzes que clareiam caminhos.

Seguramente, você já conhece o "dilema do copo", preenchido com água até a metade de sua capacidade. Espera-se que, ao vê-lo, um otimista diga que o copo está meio cheio; enquanto um pessimista provavelmente o vê como meio vazio. Alegria, bom humor, positividade, disposição, esperança são atitudes mais comuns na vida de pessoas otimistas. Para elas, "não tem tempo feio". Gente assim aumenta sua capacidade de produção e qualifica a convivência. Deve ter lembrado, agora, de indivíduos que são assim, ao lado de quem cada momento vale a pena. Isso porque uma posição pessoal otimista está fortemente vinculada à autoestima, ao bem-estar psicológico e à saúde física e mental. Em suma, reflete maturidade.

Assim como diversas outras atitudes e comportamentos, o otimismo é uma escolha pessoal que você faz a cada dia, em cada despertar, diante de cada situação, até que se torne parte de si, a ponto de ser lembrado por essa característica. Nesse propósito pessoal se faz necessário superar tristezas passadas e experiências negativas, para que não continuem atrapalhando sua caminhada e suas vivências. E se cada experiência é única, cada momento é especial e a vida não tem bis, por que não encarar com uma boa dose de otimismo?

Uma das coisas que menos gosto de ouvir das pessoas é a tradicional desculpa "não consigo" – geralmente proferida antes de tentar, ou após as primeiras tentativas frustradas. No *coaching* há uma dinâmica que nos desafia a encarar um erro como um "quase acerto", o que muda substancialmente a sensação. Se, em seu propósito de acertar o gol, a bola passou a uma distância de meio metro, você pode se condenar porque errou o chute, ou se motivar porque, mesmo não acertando o gol, sabe que pode fazer melhor – essa decisão tem influência direta no resultado do próximo chute.

Há quem pense que, diante de tantas possíveis influências negativas, ser otimista envolve um grande risco de se decepcionar e, consequentemente, sofrer. No entanto, é exatamente aí que a pessoa otimista se destaca, pois tem consciência de que, embora não possa controlar as atitudes alheias, pode controlar as suas. Ser extremamente sensível e vulnerável não faz parte das escolhas do otimista. Aliás, ele não é um "bobo alegre", mas alguém profundamente realista, que entende as contingências e os paradigmas circunstanciais da vida.

Acredite: o otimismo dá uma nova perspectiva à sua vida, abrindo as portas da emoção, enquanto a negatividade e o pessimismo retraem e obscurecem seus horizontes vivenciais. Tenho convicção de que o otimismo tem intrínseca relação com a criatividade, de forma que uma pessoa otimista vislumbra melhores perspectivas diante de situações desafiadoras. Sua mente, mais aberta e inovadora, possibilita ser mais brilhante, tanto na vida pessoal quanto profissional.

Sempre que você ocupar uma posição de liderança, cultive o otimismo. Comportamentos, ações e atitudes positivas de um líder têm forte impacto sobre as pessoas à sua volta. Aquilo que deseja ver nos outros, como motivação, empenho e disposição, eles precisam antes ver em você. Ou então, cai-se naquela perversa "lógica paterna": os pais desejam ardentemente ver nos filhos aquilo que os filhos, infelizmente, não veem nos pais. Exemplos arrastam e você, no posto de liderança, sempre será o exemplo – é melhor que seja positivo. Confirma-se, cada vez mais, a tendência de galgarem postos de liderança, nas empresas e organizações, aqueles colaboradores que, mais do que competências técnicas, têm melhores habilidades relacionais. Então, seja você um líder inspirador, contagiando positivamente as pessoas. O otimismo, sem dúvida, será o seu grande aliado.

Deixo um desafio a você: que a cada dia, ao despertar, faça um pacto de positividade consigo, harmonizando pensamentos e atitudes, sentimentos e aspirações. Independentemente de como foi o dia de ontem ou do que o aguarda ao longo deste dia, cabe a você decidir qual será a sua própria contribuição para que hoje seja brilhante.

O dia é uma obra de arte e tem a cor que você pintar – a tinta são suas atitudes e comportamentos. Comece sempre com otimismo; assim, até o fim de sua jornada, florirá o bem à sua volta e reinará a paz em seu coração. E a paz interior não gera guerras exteriores. Isso é ser brilhante, isso é ser feliz!

O poder do otimismo

CAPÍTULO 16

Além do otimismo: baseado em histórias reais

Neste capítulo, contarei as histórias reais de duas pessoas que descobriram que tinham doenças graves e, no mesmo período de tempo, tiveram desfechos totalmente diferentes em seus tratamentos e qualidade de vida, que podem estar diretamente relacionados aos seus pensamentos, sentimentos e ações diante de suas enfermidades.

Júlio Macedo

O poder do otimismo

Júlio Macedo

Empresário, fundador de uma rede de clínicas; administrador de empresas há mais de dez anos; cocriador do método GALTI – gestão de alto impacto; criador do PADE – programa de aceleração e desenvolvimento empreendedor; consultor e palestrante.

Contatos
julioprotese42@hotmail.com
Instagram: @julio_smacedo
(79) 99982-1587

Júlio Macedo

Antes de contar essas histórias, preciso que entenda algo sobre a dinâmica da criação da realidade. Nós, seres humanos, vivemos em quatro mundos simultaneamente: o mundo mental, o mundo emocional, o mundo espiritual e o mundo físico. No mundo mental está tudo que se relaciona a nossa mente, como capacidade de raciocínio lógico, pensamentos, sonhos entre outros. No mundo emocional estão todos os nossos sentimentos, como amor, raiva, gratidão, desprezo, tristeza e muito mais. O terceiro é o mundo espiritual, que está relacionado a nossa capacidade de conexão com um ser superior, Deus, o Universo, ou qualquer outra coisa que acreditamos ser fonte da nossa criação. O quarto é o mundo físico, onde está tudo o que podemos ver, pegar, cheirar ou ouvir.

Porém, o nosso mundo físico é um reflexo dos outros três; os nossos pensamentos e sentimentos, unidos à capacidade de agir, formam a gênesis de todos os resultados que atingimos em nossa vida, sejam bons ou ruins. Com isso, os nossos pensamentos, sentimentos e ações geram resultados repetidos várias vezes e constroem um sistema de crenças.

Bem, agora que entendemos a relação entre pensamentos, sentimentos e ações, co-criando os resultados em nossa vida, vou contar um pouco sobre as histórias desses dois personagens da vida real que tive a honra de conhecer pessoalmente.

Claudio Rangel Duarte, 48 anos, viúvo, pai de dois filhos e, apesar de não saber ler ou escrever, é um empreendedor nato. Um homem de personalidade forte que tem o seu mundo emocional muito evidente, sempre se gaba por ter uma "saúde de ferro" e nunca, em hipótese alguma, se deixa abater. Brincalhão, sorridente e otimista, gosta de festas em família, dançar e beber, considera-se um jovem de 30 anos, como muitas vezes o testemunhei falar. Ao mesmo tempo, sério e centrado no que diz respeito ao trabalho e compromissos, não aceita erros dos outros, irrita-se com facilidade e muda de humor tão rápido que deixa as pessoas ao seu redor confusas. A autoconfiança e o pensamento de que é capaz de fazer e vencer tudo sozinho e não precisa da ajuda de ninguém são as suas marcas registradas. Vai à igreja com frequência, mas não é um homem religioso.

A segunda pessoa é Luciana Santos de Lima, 33 anos, mãe de três meninos, uma pessoa extremamente de bem com a vida, sempre

O poder do otimismo

bem-humorada, gosta de ajudar as outras pessoas e se sente grata pelo que Deus lhe proporcionou. Trabalha em sua lanchonete, tem uma rotina dura, acorda às 4 horas da manhã todos os dias e não sente que é reconhecida por sua dedicação. Uma pessoa de fé, acredita que Deus tem um propósito maior em sua vida. O sorriso fácil é a sua característica mais marcante.

Certo dia, esses dois personagens tiveram o rumo de suas vidas totalmente transformado, um obstáculo tão difícil de ser superado, que mudaria para sempre as suas histórias e das pessoas ao seu redor.

Claudio Rangel começou a sentir um pequeno incômodo em suas costas, mas como era um homem bastante ativo e o seu trabalho também exigia que pegasse caixas pesadas e passasse horas dirigindo, achou que isso seria a causa e não deu tanta importância. Com a persistência das dores e depois de muita insistência de seus filhos, Claudio foi ao médico e, depois de alguns exames, foi diagnosticado com mieloma múltiplo, também conhecido como câncer de medula óssea.

Iniciou-se, então, a jornada de quimioterapias e radioterapias até o transplante de medula, meses depois. Porém, surpreendentemente, Claudio não se deixou abater, sempre com otimismo e uma confiança enorme, nunca admitiu estar doente, sempre que algum amigo ou parente perguntava sobre a sua condição, ele se irritava e dizia não estar doente, não admitia pena nem caridade de ninguém, tinha plena convicção de que era apenas um problema de saúde passageiro e logo estaria de volta ao trabalho.

Passaram-se anos e a vitória contra o câncer parecia estar próxima, pois Claudio era inabalável. Deu-se de presente uma festa com direito à banda de música e convidou todos os amigos e parentes para comemorarem a sua alta do hospital após o transplante bem-sucedido da medula óssea. Lembro-me bem desse dia, estava feliz dançando e cantando como um adolescente em pleno vigor físico. Em seus olhos estava o brilho de quem tinha a certeza de que vencera e tudo voltara ao normal, inclusive foi nessa festa que conheceu Ana Maria, com quem casou-se meses depois. A sua autoconfiança e o seu pensamento positivo lhe deram a certeza da cura e, assim, ele começou a voltar a sua rotina de trabalho.

Três anos depois, os sintomas voltaram, o diagnóstico não era bom e, dessa vez, não estava mais tão confiante. Estava decepcionado, pois as suas ações nesse período puderam ter contribuído para a volta dos sintomas. A dúvida da possibilidade de cura instalava-se em sua mente, pois se não vencera da primeira vez, o que o faria acreditar que venceria dessa? Sentiu-se fracassado e que enganara as pessoas quando dizia que estava curado, que não estava doente. Lembro-me da cena mais marcante para mim, quando o vi debilitado pela doença, eu perguntei como ele estava, e chorando me disse: fraco, muito fraco! Nesse momento, eu percebi que aquele homem forte sucumbira e já não tinha mais em que se agarrar. Algumas semanas depois, Claudio Rangel Duarte veio a óbito por falência múltipla dos órgãos, causada pelo câncer.

Então, a pergunta que não quer calar: "o que deu errado na primeira fase do tratamento?". Se os nossos pensamentos, sentimentos e ações constroem a nossa realidade, Claudio tinha pensamentos positivos e otimistas em sua mente, tinha a certeza de que estava curado, os seus sentimentos eram compatíveis, ele era feliz e não se deixava abalar, agia como uma pessoa que não tinha nenhum tipo de doença, ou seja, tudo contribuía para que a construção de sua realidade fosse de saúde e prosperidade. Então, por que a doença voltou e por que ele não reagiu da mesma forma que da primeira e, ao se entregar, a doença foi tão devastadora?

Talvez a resposta para essa pergunta encontraremos na história de Luciana, que logo após enfrentar um grande problema de impacto emocional, sentiu fortes dores em sua região abdominal. Atendida em uma unidade de emergência, recebeu alta médica no mesmo dia, procurou uma clínica e fez alguns exames, porém, sem conseguir um diagnóstico, 14 dias sentindo dores, e após realizar uma ressonância magnética, o médico, bastante espantado com o resultado, lhe deu o diagnóstico: *pancreatite necro-hemorrágica*. Uma doença inflamatória do pâncreas causada por ativação intracelular e extravasamento inapropriado de enzimas proteolíticas que provocam destruição do parênquima pancreático e dos tecidos peripancreáticos, com altos índices de mortalidade por um quadro de falência múltipla de órgãos. Com bastante experiência, o médico explicou que ninguém trata esta doença fora de uma UTI e ele não conseguia entender como Luciana ainda estava viva, apesar de seus sintomas terem início há alguns dias, e pediu internação imediata em uma unidade de terapia intensiva.

Diferentemente da maioria das pessoas, Luciana agiu com tranquilidade frente ao seu quadro, que era extremamente grave, e respondeu ao médico que confiava totalmente em Deus, e que se ela ainda estava viva, andando e falando, mesmo com todos os prognósticos contra, seria porque realmente Deus tinha planos maiores para ela. Contrariando as ordens de ficar internada, foi para casa, reuniu toda a família e explicou tudo que o médico lhe dissera no hospital, e que iria enfrentar tudo de frente com otimismo e fé.

Luciana sempre tivera o mundo espiritual evidente em sua vida, inclusive com experiências de cura e milagres, como quando anos atrás havia implorado a Deus por alívio de dores que sentia na coluna, por consequência de nódulos nas vértebras lombares, doença crônica que já sofria há muitos anos e, sentindo a presença de um ser espiritual ao seu lado, foi curada definitivamente. Ainda quando deu à luz a seu primeiro filho e chegando em casa sem leite nas mamas, nem ter como alimentar o seu filho de outra forma, orou e, imediatamente, sentiu os seios encherem. Esse foi o obstáculo que a deixou ainda mais forte.

Cinco anos depois, 21 crises graves com internações em UTI, cirurgias sem anestesia (o médico sugeriu o procedimento, pois se não realizasse a cirurgia para retirada de uma prótese no pâncreas, ela morreria. Porém, a anestesia também poderia matá-la e a única alternativa que teria, uma pequena probabilidade de sobrevivência seria operar sem anestesia), ela decidiu que seria feita assim uma cirurgia que, normalmente, duraria horas, em minutos.

Imagine a cena: uma pessoa sendo operada sem anestesia ter a parte de um órgão retirado do seu corpo e sentindo tudo! Transformou-se em estudo de caso para diversos médicos que, apesar de não conseguirem curar Luciana, não entendiam o que a estava sustentando. Mesmo depois da crise mais forte, quando Luciana foi levada à UTI, com parada de alguns órgãos como rins, pulmões, entubada e respirando por aparelho, o seu pâncreas totalmente necrosado e algumas paradas cardíacas, essa mulher olhou para sua família e pensou: "não chorem, eu não vou morrer!". Como foi relatado a mim pela própria, dias após a sua alta, andando e sorrindo, grata a Deus por estar com ela nos momentos em que mais precisara.

O ingrediente principal

Não estou aqui para tentar provar que Deus existe, não é essa a minha intenção, apenas que a relação entre os nossos pensamentos, sentimentos e ações constrói a nossa realidade e de como nosso mundo físico é um reflexo dos nossos mundos mental, emocional e espiritual. Quando pensamos positivamente em coisas boas, desenvolvemos sentimentos construtivos como gratidão, amor, paz ou perdão, e quando agimos nesse sentido buscando saúde, prosperidade financeira, união ou trabalho, mesmo nos momentos em que o pessimismo bate incessantemente à porta, nossos resultados têm grandes chances de ser vitoriosos.

Porém, existe um ingrediente-chave que deve ser acrescentado a essa fórmula, e que pode ter feito toda a diferença nas histórias de Claudio Rangel e Luciana. A fé em algo mais poderoso do que você, que está acima e pode realizar o impossível, que o sustenta quando as suas forças humanas não conseguem mais. Foi a fé quem sustentara Luciana quando o médico olhou para ela e disse que a medicina não tinha mais o que fazer, e usou o que para ele era apenas uma expressão popular: "agora você está nas mãos de Deus!". Só que, para Luciana, foi como ouvir o próprio Criador falar: "agora você está em minhas mãos!". Para ela, era o melhor lugar em que poderia estar.

A fé faltou a Claudio que, a princípio, se negou a aceitar que estava doente. Ele teve pensamentos positivos? Sim! Os seus sentimentos eram otimistas e inabaláveis. Acreditava que sairia ileso?

Júlio Macedo

Sim! Teve ações nesse mesmo sentido, continuou trabalhando, apaixonou-se e se casou durante o período de tratamento. Viajou, conheceu lugares que nunca tinha visto, mas, nos momentos em que os seus passos não conseguiram mais o levar, no instante em que não teve mais onde se sustentar, sentiu-se realmente só e sucumbiu.

A fé, acompanhada de um propósito, tem muito mais poder do que qualquer remédio criado pelo homem, pois todos nós morreremos um dia, então não faz diferença se esse dia for hoje ou daqui a 30 anos. O que o faz vencer qualquer obstáculo, mesmo que pareça intransponível, é a fé em algo muito mais forte do que você, e um propósito a cumprir que justifique a sua vitória.

Todos já temos as ferramentas necessárias para criar uma vida plena, nossa mente, corpo e espírito foram criados para isso! Cabe a nós acrescentarmos o ingrediente principal, que é a fé em algo muito mais poderoso do que nós, que nos leve no colo quando não conseguirmos mais caminhar com as próprias pernas. A fé, acompanhada de um propósito, pensamentos, sentimentos e ações positivas, cria uma realidade positiva. E, independentemente do problema que você esteja passando, nada, absolutamente nada, é impossível para quem tem fé e um propósito.

O poder do otimismo

Capítulo 17

Pensamentos otimistas
x
pensamentos pessimistas

Um bom jogador é quem aceita as cartas que tem e faz o melhor jogo possível com elas. Aprender a observar todas as opções de jogadas e focar no que funciona é a mensagem dialética e otimista deste capítulo.

Katia Vendrame

O poder do otimismo

Katia Vendrame

Graduada pela PUC–RS; psicóloga clínica; atua em consultório na cidade de Porto Alegre. Treinamento intensivo em Terapia Comportamental Dialética (Behavioral Tech e The Linehan Institute/EUA). Especialista em Terapias Cognitivo-Comportamentais (Intcc) e Psicologia Clínica com Ênfase em Avaliação Psicológica (Núcleo Médico Psicológico).

Contatos
www.vendramepsicologia.com.br
contato@vendramepsicologia.com.br
Facebook: Vendrame Psicologia
Instagram: vendramepsicologia
(51) 99942-7182

A criação de uma nova palavra tem como objetivo evocar a mesma ideia, de forma que as pessoas possam se comunicar umas com as outras. A relação da palavra com a realidade é a semântica (PINKER, 2008). Dessa forma, entender a palavra otimismo e o que ela transmite requer compreender a sua relação com os pensamentos, emoções e comportamento.

Nós fomos construídos a partir de vivências e aprendizados sobre os eventos da vida. Assim, entendemos que podemos ter cognições com base nas próprias ideias, interpretações e pressupostos que fazemos de como são as coisas e as pessoas, teoria encontrada na terapia cognitivo-comportamental (TCC).

Desenvolvida por Aaron T. Beck, no início da década de 60, a TCC era direcionada a resolver problemas atuais e a modificar os pensamentos e os comportamentos disfuncionais (BECK, 1997).

As emoções e os comportamentos têm relação com os pressupostos subjetivos de cada indivíduo e de sua percepção dos eventos ao seu redor. Ou seja, a maneira como pensamos sobre os acontecimentos elucidam as emoções e os comportamentos – Figura 1. (WAINER, OIlVEIRA, PICCOLOTO, 2003).

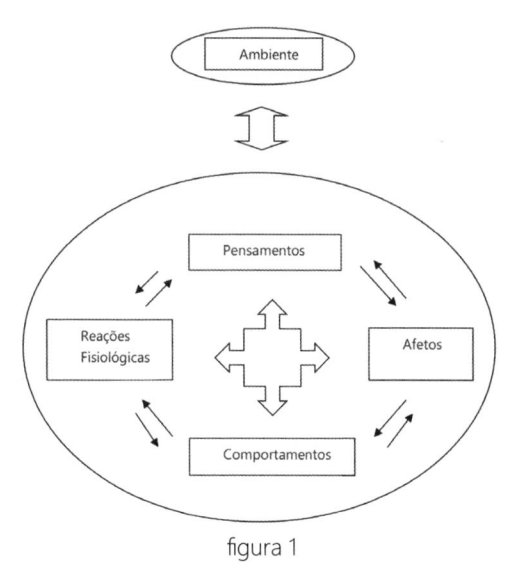

figura 1

O poder do otimismo

Entretanto, ser otimista não se reduz apenas a pensamentos positivos, é preciso que faça sentido à pessoa e reforce as suas crenças internas. Crenças são entendidas como ideias/regras internas consideradas pela pessoa como verdade absoluta. Manifestando-se pelo modo que o indivíduo pensa acerca de si, do mundo, e do futuro (tríade cognitiva de Beck).

Por exemplo, o leitor N, diante desta leitura, pensa: "sou burro demais para dominar este texto, não vou conseguir; nada dá certo para mim". O leitor N pode ter a crença de incapacidade/incompetência e, por consequência, operar interpretando as situações por meio dessa "lente pessimista", sempre com o pior em mente. Com maior probabilidade a focalizar seletivamente nas informações que confirmem ou aumentem a sua crença de incapacidade, desconsiderando as informações que não se confirmem.

Em contrapartida, no livro *Pollyanna*, clássico infantil, uma menina de 11 anos, que se destacava pelo seu pensamento otimista, se mudou de cidade e, no o seu novo lar, passou a ensinar às pessoas o "jogo do contente", que havia aprendido com o seu pai. A brincadeira consistia em procurar extrair algo de bom e positivo em tudo, mesmo nas coisas aparentemente mais desagradáveis, utilizando excessivamente a "lente otimista".

Pollyanna se forçava sempre a ver o lado bom de tudo; essa era a regra do jogo do contente (PORTER, 2013). Embora o pensamento positivo influencie o nosso humor, comportamento e reações físicas, o pensamento positivo não é a solução para os problemas da vida. De fato, se tentamos ter apenas pensamentos positivos quando vivenciamos um estado de humor forte, podemos não perceber indícios significativos de que algo está errado ou que representa perigo (GREENBERG, PADESKY, 1999).

Tanto o exemplo de Pollyana quanto o do leitor N deixam a mensagem de perceber as situações que nos cercam em apenas dois níveis extremos, ou de otimismo ou de pessimismo, podendo ser considerados pensamentos polarizados. Tanto o pensamento negativo quanto o positivo são apenas dois ângulos. Entretanto, a mensagem do poder do otimismo está em considerar e examinar o maior número de ângulos possíveis de um determinado problema, olhar a situação de pontos de vista diferentes – positivos, negativos e neutros – assim como no caleidoscópio (um tubo com pequenos fragmentos de vidro colorido e três espelhos que formavam um ângulo de 45 a 60 graus entre si). Os pedaços de vidro refletiam nos espelhos cujo reflexos simétricos, provocados pela passagem da luz, criavam a imagem em cores – Figura 2. Ao lançar o olhar à metáfora do caleidoscópio com o texto, é possível, se o movimentarmos, ter muitos pontos de vista e variadas imagens, assim como são os pensamentos, flexibilizando novas conclusões e soluções.

Figura 2

Referências
BECK, S. Judith. *Terapia cognitiva: teoria e prática*. Porto Alegre: Artes Médicas, 1997.
GREENBERG, Dennis; PADESKY, Christine. *A mente vencendo o humor: mude como você se sente, mudando o modo como você pensa*. Porto Alegre: Artmed, 1999.
PINKER, Steven. *Do que é feito o pensamento: a língua como janela para a natureza humana*. p. 561. São Paulo: Companhia das Letras, 2008.
PORTER, Eleonor H. Pollyanna. 4. ed. São Paulo, 2013.
WAINER, Ricardo; OlIVEIRA, Margareth; PICCOLOTO, M. Nerri. *Psicoterapias cognitivo-comportamentais: teoria e prática*. São Paulo: Casa do Psicólogo, 2003.

O poder do otimismo

Capítulo 18

Otimismo: uma busca via ferramentas de gestão e coaching

Mais do que nunca estamos precisando de equilíbrio, motivação e otimismo. Essas são ações que dependem de nossas escolhas, do que valorizamos e damos importância. Para nos sentirmos motivados e com o pé no futuro, o otimismo é um caminho de construção de nossa própria obra-prima. Abordaremos essa e mais algumas ferramentas de gestão e *coaching* que nos auxiliam nessa construção divina, que somos nós.

Kétrin Cirico

O poder do otimismo

Kétrin Cirico

Administradora; pós-graduada em Gestão de Pessoas; *coach* certificada pelo IBC (Instituto Brasileiro de Coaching). Consultora em gestão de pessoas nas áreas de recrutamento e seleção, treinamento, remuneração, cargo, salário e auditoria interna em RH. *Coach* nas áreas de planejamento de carreira, finanças e autoconhecimento. Docente do ensino superior; conteudista; parecerista na avaliação de cursos superiores do Guia do Estudante, da Editora Abril; palestrante; conselheira do CRA-SC e rotariana.

Contatos
www.ketrincirico.com.br
ketrin.cirico@gmail.com
(47) 98825-8739

Kétrin Círico

Tenho observado e vivenciado mudanças e transformações na forma de pensar e agir das pessoas que, muitas vezes, focam no racional e deixam a emoção falar mais alto, resultando em comportamentos nem sempre previsíveis e, quem sabe, até mecânicos. A verdade é que o número de informações que temos a nossa disposição hoje é gigante e, até certo ponto, avassalador pelo volume e prontidão que nos são apresentadas, se comparado às gerações que nos antecederam.

Devido a essa situação que não nos permite ter tempo necessário para processarmos e atualizarmos na mesma velocidade exigida pelo mundo globalizado e conectado, temos muito a refletir sobre como agimos, para nos adaptarmos e vivermos as nossas emoções num momento no qual os nossos dois hemisférios cerebrais (esquerdo da razão, direito da emoção) são impactados fortemente. Além de quais resultados nos permitimos ter com o mundo moderno em que a tecnologia praticamente pensa por nós.

Como estamos respondendo à busca de esperança e tranquilidade de um mundo melhor para as próximas gerações? Com otimismo?

Carneiro (2017, p.63), quando aborda em seu livro, *Seja foda*, que o segredo para o sucesso pode estar na palma de nossa mão, reforça que comportamentos e atitudes são necessários para a busca do sucesso. O autor criou um sistema para sempre lembrá-lo de cinco pilares que, para ele, são os principais em sua vida de constante construção como ser humano e para a busca pelo sucesso. Ele faz simbolicamente uma associação de cada dedo da mão a um dos cinco pilares para o sucesso, que são:

Dedo mínimo: controle emocional e detalhes; dedo molar: compromisso e valores; dedo médio: atitudes e execução; dedo indicador: visão e direção; e o primeiro e de muito valor a esse autor, o dedo polegar, que trata da positividade e do otimismo.

O dedo polegar em nossa vida pode simbolizar positividade e otimismo, ou seja, o gesto de polegares para cima é mostrado como um sinal de que está tudo bem. Quando vemos esse movimento, é natural ele estar acompanhado de um sorriso, e receber outro de volta, segundo o autor.

Podemos assim acreditar que somos a autoria de nossa própria obra, ou seja, se estamos em um mundo globalizado e com muitas inovações tecnológicas, temos este atual século como o que tem no conhecimento algo admirável, pois está a nossa disposição de uma forma muito mais rápida e ampla, fato que pode nos auxiliar em nossas escolhas de futuro.

Cortella (2017, p. 46-47), quando discorre sobre o porquê fazemos o que fazemos, reforça a necessidade de que temos que buscar esse futuro, de uma forma que nos permita sermos donos de nossa própria obra, pois precisamos ter a sensação de pertencimento, já que essa é uma forma que a pessoa tem para se construir como indivíduo, como ser humano melhor, que não é descartável, que não é inútil.

Para a nossa própria obra, aceitando o ponto de vista de Cortella, que seja então a história de nossa vida com abundância, felicidade e gratidão. Isso é exatamente o que me vem à mente, quando reflito sobre o que quero de minha obra-prima.

A ciência apresenta estudos positivistas que aceitam crer que tudo pode ser melhor, assim podemos manter o nosso corpo e mente saudáveis. Por isso, praticar o otimismo é aconselhável, porém com consciência de que essa é uma opção de vida, e que é preciso atitudes, comportamentos, mudanças, disciplina e, talvez, escolhas.

Para enfrentarmos todas as dificuldades que a vida vai nos apresentar como roteiro no decorrer da criação de nossa história, nossa obra, cada capítulo deve ser enfrentado com muita força e perseverança. Assim, quando algo negativo nos for apresentado, deverá ser enfrentado, estaremos preparados com muita força interior e energia positiva. Ficaremos menos abalados, pois os otimistas acreditam em dias melhores.

Dias melhores sempre estão por vir, têm Sol, mas quando há tempestades fortes, ao nos abrigarmos, estamos aguardando o lindo dia que vem na sequência, pois é uma certeza de que depois da chuva vem o Sol, ou uma Lua linda com muitas estrelas a serem admiradas.

Essa certeza traduzida para o nosso estilo de vida é a segurança que pode ser adquirida no exercício do conhecer mais o nosso eu, a nossa intimidade, no que somos bons e no que precisamos melhorar; é buscar o necessário para encarar o que precisa ser enfrentado.

Uma boa alternativa é fazer uma análise SWOT (*strengths, weaknesses, opportunities, threats*), instrumento simples que estabelece pontos fortes e fracos, reconhece oportunidades e expõe ameaças (KOTLER, 2005). É uma ferramenta que administradores e empreendedores das mais diversas áreas profissionais utilizam para construir um sistema que identifica o seu momento atual para estabelecer estratégias para o futuro.

Vamos verificar de que modo a análise SWOT pode ser usada como processo ao nosso autoconhecimento e nos preparar para ações otimistas?

Chiavenato (2014, p.175) explica que essa é uma tabela de dupla entrada, com linhas em que estão as forças e fraquezas, e colunas em que estão as oportunidades e ameaças. Adaptando a referida tabela e os quadrantes do autor para uma análise SWOT de autoconhecimento, podemos visualizá-la assim:

O ambiente interno, segundo Matta (2013), na referida análise, significa as nossas capacidades intelectuais, habilidades de nos relacionarmos, os nossos conhecimentos técnicos e empíricos, e competências intrapessoais, ou seja, aquilo sobre o que temos controle; o que está em nossas mãos.

E o ambiente externo, para o autor, são as características ligadas ao ambiente em que a pessoa vive e trabalha. São os fatores alheios ao seu controle.

Ambos ambientes se relacionam e o quadrante força, fraqueza, oportunidades e ameaças é o ponto de atenção que devemos analisar para a busca do autoconhecimento.

Nele, as forças são as aptidões que cada pessoa possui e que podem ajudar na conquista dos objetivos pessoais. As fraquezas são pontos em que precisamos melhorar, como dificuldades que impedem a realização de determinadas tarefas e o alcance de metas. Forças e fraquezas são do ambiente interno, portanto temos controle sobre elas, desde que tenhamos conhecimento do nosso eu.

Oportunidades são circunstâncias que, somadas às forças pessoais, podem ser proveitosas para atingir objetivos. E as ameaças são situações que podem potencializar fraquezas e impedir a conquista de seus objetivos. Esses dois aspectos, oportunidades e ameaças, pertencem ao ambiente externo, sobre o qual não temos o controle em nossas mãos, são interferências externas a nossa vontade.

Na prática, o que devemos fazer é refletir sobre nós e levantar dados para colocar em cada quadrante. Se dentro dessa reflexão buscamos saber quando o otimismo tem poder sobre nós, ou se somos otimistas, sugiro questionar-se e colocar as respostas nos quadrantes. Por exemplo:

Strengths – Forças: o que faz com que se identifique como alguém otimista? Quais são as características pelas quais as pessoas dizem que você é uma pessoa otimista? Que comportamento seu demonstra a sua capacidade de ser otimista, e as pessoas reconhecem?

Weaknesses – Fraquezas: existe alguma característica pessoal que você acha que não o auxilia a ver com otimismo o dia seguinte? Quais hábitos seus podem incomodar as pessoas na sua convivência?

Opportunities – Oportunidades: você busca alternativas para enfrentar as dificuldades e suas fraquezas? Qual é o seu nível de interação com outras pessoas em busca de informações que o auxiliem a seguir em frente com otimismo?

Threats – Ameaças: que situações, problemas, ou obstáculos existem pela frente? O que pode acontecer que o impediria de acreditar em dias melhores?

O poder do otimismo

Ao respondermos aos questionamentos e os colocarmos em cada quadrante, estaremos com uma lista de fatores que devem ser analisados e trabalhados, possibilitando que tenhamos noção sobre qual área teremos que trabalhar mais para aumentar, modificar, aperfeiçoar, ou até buscar motivação e, assim, usar o otimismo a nosso favor.

Podemos aqui falar em fazer um plano de ação com o qual, de forma clara e objetiva e já com o conhecimento adquirido pela análise SWOT, iremos conseguir atacar pontos que devem ter atenção, como os que estiverem em nossas fraquezas e ameaças. Trabalhar com o que já é conhecido facilita na hora de termos proatividade com uma ação que aqui sugiro ser também uma ferramenta dos administradores bastante usada nos programas de busca por qualidade total nas organizações, que é o 5W2H.

O 5W2H é uma técnica de gestão muito fácil de ser usada e que tem o poder de gerar clareza no que se está planejando. Oliveira (1996) faz uma rápida identificação dos principais elementos necessários à implementação da referida ferramenta, e estrutura o plano de ação com base nos seguintes elementos, os quais originam o nome 5W2H (*what*: o que?; *why*: por que?; *where*: onde?; *when*: quando?; *who*: por quem?; *how*: como/; *how much*: quanto custa?).

Cada elemento da ferramenta é uma pergunta que auxilia de forma clara o entendimento dos pontos a serem trabalhos nas fraquezas e ameaças encontradas na análise SWOT. Essas perguntas, por exemplo, se forem trabalhadas com baixo otimismo, podem ser as seguintes (foco: baixo nível de otimismo):

What: o que será feito? O que deverá ocorrer como mudança?
Why: por que será feito? O que ganho fazendo?
Where: onde será feito? É necessário um lugar específico?
When: quando? Defina um prazo para realizar.
Who: por quem será feito? Envolve terceiros? Se sim, quem são eles?
How: como será feito? Isso é muito importante, pois define quais métodos serão usados para buscar as mudanças necessárias e atingir o objetivo principal que, neste caso abordado, é o baixo nível de otimismo.
How much: quanto custa? Ou seja, em alguns processos de mudanças é necessário, por exemplo, comprar um livro, buscar um *coach*, um terapeuta, enfim, levantar o valor de investimento para efetivar o planejamento da futura mudança de comportamento que se está disposto a realizar.

A ferramenta 5W2H é um auxílio para o entendimento e aplicação de metas e pode assegurar que as necessidades de mudanças sejam alcançadas, fazendo sentido para o executor.

Por fim, gostaria de aqui registrar que sou otimista por escolha, por opção de vida, e como, ao longo de minha trajetória como ser humano, as pessoas me questionam sobre essa forma de ser, de acreditar num futuro melhor, busquei nas ferramentas de gestão e *coaching* uma opção. Pois, assim como Freire diz: "ninguém educa ninguém, ninguém se educa a si mesmo, os homens se educam entre si, mediatizados pelo mundo". Assim é o meu otimismo, aprendo, desaprendo para aprender e compartilho o meu conhecimento com quem assim o quiser.

Referências

CARNEIRO, Caio. *Seja foda: feliz, otimista, determinado, abundante.* São Paulo: Buzz Editora, 2017. 208 p.

CORTELLA, Mario Sergio. *Por que fazemos o que fazemos?* São Paulo: Planeta, 2016. 174 p.

CORTELLA, Mario Sergio. *Viver em paz para morrer em paz.* São Paulo: Planeta, 2017.

FREIRE, Paulo. *Pedagogia do oprimido.* Disponível em: <https://www.revistaprosaversoearte.com/paulo-freire-educacao-como-pratica-da-liberdade-aforismos-e-excertos/>. Acesso em: 12 de jan. de 2019.

KOTLER, P.; KELLER, K. L. *Administração de marketing.* São Paulo: Pearson, 2007.

MATTA, Villela. *Análise SWOT pessoal: o que é, como fazer e aplicar?* Disponível em: <https://www.sbcoaching.com.br/blog/atinja-objetivos/analise-swot-5w2h/>. Acesso em: 30 de jan. de 2019.

OLIVEIRA, Djalma de Pinho Rebouças. *Planejamento estratégico: conceitos, metodologias, prática.* 10. ed. São Paulo: Atlas, 1996.

O poder do otimismo

CAPÍTULO 19

A positividade é o caminho para o otimismo

Ao silenciar a mente, podemos perceber os pensamentos chegando e indo embora, como se fossem nuvens em um céu aberto. Algumas delas são brancas e leves e outras cinzas e carregadas, a diferença é que você pode escolher quais vão ficar por mais tempo e quais vão partir. Assim é o poder do otimismo, que mesmo em dias de tempestade ininterruptas, encontra em uma luz a força para retornar ao céu azul.

Lamara Ferreira & Oscarina Ferreira

O poder do otimismo

Lamara Ferreira

MBA em Gestão de Projetos pela Universidade de São Paulo e graduada em Gestão da Tecnologia da Informação pelo Instituto Federal de Santa Catarina. Consultora na área de tecnologia há 9 anos, com foco em gerência de projetos e implantação de sistemas. Na busca por melhoria contínua e autoconhecimento, aprofundou-se nas práticas de meditação por meio de estudos, cursos e eventos.

Contatos
www.lamaraferreira.com.br
lamaralp@gmail.com
(11) 99389-4880

Oscarina Ferreira

MBA em Gestão Escolar pela Universidade de São Paulo e graduada em Pedagogia – habilitação em Treinamento Empresarial pela Universidade do Vale do Itajaí (UNIVALI). Especializada em Psicopedagogia pela UNISUL – SC. Atua como gestora educacional da Rede Municipal de Educação no Município de Biguaçu, SC.

Contatos
www.oscarinaferreira.com.br
oscarinaferreira@gmail.com
(48) 9861-0213

Lamara Ferreira & Oscarina Ferreira

A força do pensamento positivo está diretamente conectada com o poder do otimismo e a forma como enxergamos diversas situações da nossa vida. Funciona como se fossem dois óculos escuros: o primeiro realça mais as cores, as paisagens, e torna tudo o que estamos vendo ainda mais bonito. Enquanto o segundo é apenas uma película que barra a luz e torna as coisas mais escuras.

Os seus pensamentos e a sua mente podem funcionar como esses dois óculos, ora para enxergar belezas e ressaltar as cores, ora para, em outros momentos, ser mais escuro, cinza e ausente de cor.

Quantas vezes você não sentiu que estava em lugares maravilhosos, situações que não haveria nada do que reclamar, aparentemente tudo parecia ir bem, mas o seu interior estava estranho? Com sensação de vazio, negatividade, e até aquele "nó" na garganta?

Culpar-se por não estar feliz e tentar parecer bem pode se tornar mais doloroso e cansativo do que imaginamos. Segundo Williams e Danny (2015), o esforço de tentar se livrar do mau humor ou da infelicidade, e tentar descobrir a sua causa pode piorar mais as coisas. É como ficar preso em areia movediça, que quanto mais se luta para escapar, mais se afunda nela.

Encontrar a "fonte" que jorra otimismo, pensamentos positivos e sentimentos de felicidade tem sido uma jornada incansável para muitas pessoas. No entanto, nós não conseguimos lembrar, mas já recebemos as maiores doses de otimismo, ainda nos nossos primeiros dias de vida, quando éramos recém-nascidos.

Os nossos pais e aqueles que foram nos visitar nos olharam e depositaram os mais sinceros votos de felicidade, e acreditaram genuinamente que a nossa vida faria diferença neste imenso planeta, que seríamos grandes seres humanos, capazes de transformar e melhorar a vida de muita gente. Quantas vezes você não se pegou com esses pensamentos ao olhar uma criança no seu colo?

O tempo vai passando e a proporção de otimismo vai diminuindo, no entanto, ao se iniciar um novo ciclo ela é retomada: como você se sentia nos seus primeiros dias na escola? A ansiedade e frio na barriga ao trocar de série? Posteriormente, os primeiros dias em um novo trabalho, quando você deixa um serviço que não lhe trazia mais

O poder do otimismo

felicidade e começa em outro parece que a esperança é recarregada e você encontrou a melhor empresa para trabalhar até se aposentar.

Além dos relacionamentos que, no início, despertam "borboletas no estômago", coração disparado nos primeiros encontros, parece o começo de um conto de fadas. É intrigante como no início de todos os ciclos e transformações da nossa vida, o nosso otimismo está elevado e, com o passar do tempo, ele se perde gradativamente.

No entanto, precisamos mantê-lo estável para termos felicidade nos nossos dias e apreciarmos o ciclo por inteiro e não somente o seu início, quando tudo é novidade. O grande desafio da atualidade é: como manter o otimismo em todos os ciclos da nossa vida?

A resposta está nos pensamentos positivos, eles que manterão o seu nível e estado de otimismo elevado. A boa notícia é que esses podem ser treinados assim como um novo idioma, um hábito alimentar, ou uma atividade física. A perpetuidade desse sentimento irá depender do método, disciplina e a sua força de vontade para fazer a mudança acontecer.

Um bom exercício é utilizarmos as agradáveis lembranças da nossa primeira infância em nosso favor. Faça esse esforço e tente se recordar de algo muito bom de quando você era criança. Logo nos primeiros pensamentos podem surgir à memória lembranças dolorosas. Descarte essas recordações negativas e se esforce para lembrar de algo muito bom que tenha ocorrido até os sete anos de idade e que tenha lhe feito muito feliz.

Concentre-se nessa cena, como se fosse um filme que você estivesse assistindo, tente lembrar dos mínimos detalhes: do local, se estava brincando, como eram os brinquedos, as brincadeiras, quem estava com você, como era esse dia, as cores, os sentimentos e até mesmo os cheiros.

Quando éramos crianças tínhamos os nossos deveres e direitos, mas, na verdade, o que mais nos marcou, certamente, foi ter o direito de brincar e ser feliz com a família e amigos. Ao refletir sobre as maravilhas da infância, visualizamos as risadas, a inocência, a sutileza e a pureza de quando tudo era bom. Recordamos o sorriso presente em todas as ações, desde a mais simples até as mais complexa.

Conseguimos resgatar em nossas mentes essas memórias tão maravilhosas, porque as crianças são como Pollyannas. A personagem Pollyanna é um clássico da literatura que conquistou a todos com a sua paixão pela vida, pelas pessoas e pelo seu otimismo inabalável. Ela criou o *Jogo do contente*, que consistia em tentar tirar algo de bom e pensar positivo sempre que alguma situação ruim ou difícil acontecesse. Poderia ser para o seu próprio bem ou para o de outra(s) pessoa(s) envolvidas.

Esse era o exercício da positividade que ela fazia e acabava espalhando para todos a sua volta. À primeira impressão, o jogo até parece simples, mas colocá-lo em prática pode ser um grande desafio, todavia, o seu retorno valerá o sacrifício: poderemos enxergar tudo a nossa volta com mais graça, cores e otimismo.

Lamara Ferreira & Oscarina Ferreira

Alimentar uma Pollyanna dentro de si, na concepção de muitas pessoas, pode ser perigoso e até mesmo um ato de ingenuidade. O fato é que poderemos nos sentir mais felizes ao alimentar a criança que existe dentro de nós com sentimentos positivos, amor, alegria, simpatia e pureza.

Todos já desejamos passar bem por todas as fases da vida, e com a chegada da vida adulta, surgem os primeiros conflitos de identidade, as incertezas e as responsabilidades. Nesse momento, a coragem e os sonhos parecem diminuir e ceder espaços a medos e inseguranças.

Quando ocorre esse conflito interior, muitas vezes, tentamos resgatar uma alegria sincera, mas estamos cansados(as), desanimados(as) e até ansiosos(as). Para isso, existe outra poderosa ferramenta: o sorriso. Pode parecer clichê, mas é uma verdade, devemos sorrir sempre! O sorriso abre as janelas da mente e potencializa as energias boas e saudáveis capazes de curar até o mau humor, inclusive quando parece não ter mais solução.

Um cumprimento sincero para as pessoas que nos deparamos no nosso dia a dia, "bom dia", "boa tarde", "boa noite" para as conhecidas e até as desconhecidas já é uma razão para sorrirmos todos os dias. Encontrar alguém é sempre motivo para sorrir e deixar o outro feliz, lembre-se: o encontro é um privilégio dos que estão vivos e a vida é um presente divino.

Enaltecer as pequenas coisas boas do nosso cotidiano é um exercício para lembramos de agradecer e sermos positivos. Para tornar a gratidão um hábito diário, você pode aplicar uma dessas práticas:

Pote da gratidão: separe um pote (pode ser aqueles de biscoito) e pequenos pedaços de papel ou *post-its*. A cada dia, ao levantar, você deve anotar cinco motivos pelos quais é grato(a);

Mãos de gratidão: deverá contar em cada dedo um motivo pelo qual você se sente grato(a) hoje, pode ser desde dormir em uma cama confortável, até ter uma linda família. Fique à vontade para expressar os dez motivos da sua gratidão.

Por fim, para manter o seu equilíbrio interno e para perseverar o seu poder do otimismo: lembre-se, diariamente, de que você é uma pessoa positiva, pois todo ser humano nasce bom!

Referências
PORTER, Eleanor H. *Pollyanna*. Autêntica, 2016.
WILLIAMS, Mark; PENMAN, Danny. *Atenção plena – mindfulness: como encontrar a paz em um mundo frenético*. Rio de Janeiro: Sextante, 2015.

O poder do otimismo

Capítulo 20

Otimismo apenas não basta

O pensamento positivo é um excelente combustível para realizar grandes sonhos e projetos. Mas mantê-lo inabalável é um grande desafio, diante de tantas interferências que podemos sofrer. Por isso, para fazer com que ele se mantenha constante e crie a realidade que desejamos, proponho que você incorpore hábitos simples e altamente eficazes.

Leilane B. Calixto

O poder do otimismo

Leilane B. Calixto

Nutricionista formada pela Universidade Federal da Bahia; especializada em Nutrição Clínica e Funcional pelo Centro Universitário Estácio de Sá. *Health coach* pela Professional Nutrition Coaching, e certificada em PNL nível 2 pela Instituição Khalil Gibran. É uma estudiosa em comportamento e desenvolvimento humano. Dedica o seu trabalho a atendimentos nutricionais e processos de *coaching* voltados para pacientes obesos de forma individual ou em grupo. Acredita que, para promover saúde e bem-estar de forma plena, é imprescindível integrar "corpo - mente - espírito".

Contatos
www.leilanecalixto.com.br
contato@leilanecalixto.com.br
Instagram: nutrileilanecalixto
Facebook: Nutricionista Leilane Calixto
(71) 99180-9123

Leilane B. Calixto

Não faltam evidências de que o pensamento positivo é um excelente combustível para fazer acontecer grandes conquistas. Viver com pensamentos, sentimentos e ações otimistas pode possibilitar uma vida mais plena, de realizações de grandes sonhos e projetos.

Acreditar que vai dar certo funciona como uma mola que nos impulsiona e faz com que os entraves do cotidiano possam ser analisados por uma perspectiva que visualize o que precisa ser feito para dar certo. Além disso, possibilita a compreensão do lado bom de cada experiência, inclusive as negativas que surgirem ao longo da trajetória.

O problema é que talvez você já tenha passado por alguma situação em que pensou positivo, torceu, vibrou e lutou pelo melhor, mas não deu certo. Isso acontece porque, para fazer com que o pensamento se transforme numa realidade, é necessário ir além. Um pensamento gera um sentimento, que gera uma ação, que gera um resultado. Mas para criar a realidade concreta que desejamos, é necessário manter a vibração positiva frequente e em alto nível.

Pensar positivo nem sempre é fácil. Nós interagimos a todo tempo com ambientes, pessoas e circunstâncias que vibram negatividade. Com tantas preocupações, problemas e dificuldades, às vezes é difícil limpar a mente e manter bons pensamentos durante o dia. Como ser otimista diante do fracasso, da doença, da decepção, da corrupção humana, da briga familiar, das dívidas financeiras, da violência, da destruição ambiental, das notícias trágicas que não param de passar na TV e de tanta maldade mundana?

É completamente natural que o pensamento positivo não se mantenha constante e sofra seus altos e baixos. Para que o otimismo se mantenha forte apesar dos pensamentos destruidores, das pessoas, ambientes e circunstâncias externas, e até mesmo do desgaste do tempo que desmotiva e tira o foco das pessoas do seu verdadeiro propósito, é fundamental cuidar de alguns aspectos e cultivar hábitos que treinam o cérebro para ser otimista. Nesse sentido, neste capítulo irei propor algumas maneiras de minimizar a negatividade e manter o pensamento positivo em alta vibração.

O poder do otimismo

1. Gratidão diária

A neurociência explica que felicidade tem uma relação direta com a gratidão. Quando uma pessoa se sente grata, ela ativa o sistema de recompensa do cérebro, trazendo uma sensação de bem-estar. Dessa forma, o cérebro entende que algo positivo está acontecendo e libera dopamina, um neurotransmissor que é responsável pela sensação de prazer e motivação.

A dopamina é capaz de motivar as pessoas a irem em busca de seus objetivos e sonhos. Ela funciona como um ciclo de realização: quanto mais o indivíduo se sente feliz e realizado, mais o seu organismo sente a necessidade de realizar outras metas. E quanto mais esse processo é reforçado, mais ele se desenvolve no corpo.

O sentimento de gratidão é automaticamente excludente a sentimentos negativos como o medo, a raiva e a ansiedade. Isso acontece porque a área do cérebro que ativa a gratidão se encontra em local oposto à área que ativa sentimentos negativos. Logo, é impossível ser pessimista ao mesmo tempo em que se sente gratidão. Ser grato, portanto, eleva os níveis de emoções positivas, vitalidade e satisfação.

Diante disso, e a fim de treinar as conexões cerebrais para que elas possam se conectar com a positividade de forma mais intensa e habitual, escolha um momento do seu dia para criar um ritual diário de gratidão. De preferência ao acordar, quando se está mais tranquilo, e antes que as rotinas e os afazeres consumam seus pensamentos, ou no final do dia, antes de dormir, fazendo uma retrospectiva do dia vivido. Essas sugestões, no entanto, não o impedem de manter essa prática em outros horários, se assim preferir.

Tenha um caderno ou um espaço na agenda exclusivamente para registrar pelo menos cinco motivos pelos quais você é grato. As coisas que não vão bem não interessam nesse momento. Mesmo uma pessoa em situação difícil, de dor ou fracasso, tem motivos para agradecer. Lembre-se apenas das bênçãos que você tem ou já teve em sua vida. Algum acontecimento ao longo do dia que o deixou alegre, um aprendizado novo, a sua vida, a sua família, a sua cidade, os animais de estimação, as pessoas ao seu redor, o alimento diário, a cama onde dorme, a casa onde vive.

Valorize e seja grato por cada elemento da sua vida, dos pequenos aos grandiosos, e escolha pelo menos cinco deles para registrar no papel. Encontre motivos para agradecer em todos os momentos. Ao pensar em algo ruim, lembre-se das coisas boas da sua vida e agradeça. Quando algo de ruim acontecer, tente encontrar o lado positivo da situação, por mais difícil que seja, sempre existirá um mundo diferente visto pela lente do otimismo.

2. Mantenha-se ativo

Inúmeros experimentos comprovam que praticar atividade física é uma das providências mais eficazes que podemos tomar para melhorar ou manter a saúde. A atividade física favorece o sistema imune, fortalece ossos, músculos, sistema cardiovascular, e controla a taxa de glicose sanguínea. Isso a ciência já descobriu e a maioria das pessoas já sabe. No entanto, pouco é falado dos benefícios que a atividade física pode causar ao cérebro.

Há constatações científicas de que o exercício reduz sintomas de depressão e ansiedade e favorece o nascimento de neurônios, o que beneficia a memória e a aprendizagem. E ainda incrementa a capacidade intelectual, contribuindo para a realização de tarefas que exigem atenção, raciocínio, organização, planejamento e tomada de decisões.

No que diz respeito ao otimismo, a atividade física aeróbica é uma excelente aliada, à medida que estimula a produção de dopamina, serotonina, endorfina e noradrenalina – neurotransmissores responsáveis pelas sensações de motivação, alegria, bem-estar e melhor estado de humor, além de prevenir a atrofia da área cerebral do hipocampo, associada à depressão e ansiedade.

Uma constatação importante é a de que não é preciso ser triatleta para colher benefícios do exercício. Uma única sessão de treino já é capaz de aumentar imediatamente o nível dos neurotransmissores que contribuem para o otimismo, e a prática de meia hora de exercícios, três vezes por semana, já é suficiente para que o sistema nervoso libere de forma regular na corrente sanguínea a serotonina e a dopamina. Diante disso, a minha dica aqui é: "exercite-se". Saia da zona do sedentarismo e encontre na alegria e no prazer mais uma motivação para se exercitar.

3. Alimente-se bem e cuide da saúde intestinal

Como nutricionista, não poderia deixar de ressaltar a importância desse ponto. A nutrição tem um papel fundamental na garantia de uma saúde emocional equilibrada e, consequentemente, no otimismo.

Com o advento da alimentação moderna, rica em açúcar, refinados e aditivos alimentares (conservantes, corantes, espessantes, antiumectantes, aromatizantes, estabilizantes, edulcorantes e outros), a saúde da população tem sofrido uma série de impactos como a epidemia de sobrepeso, obesidade, câncer, diabetes tipo 2, hipertensão e até mesmo depressão.

É sabido que a depressão é um problema de saúde de ordem multifatorial (predisposição genética; exposição a situações traumáticas; abuso de substâncias), mas pouco se fala da importância da alimentação adequada na prevenção e até mesmo na remissão de transtornos de humor e depressão.

Aminoácidos como triptofano (presente nos peixes, ovos, nozes, banana, morango, castanhas, feijões, semente de abóbora, linhaça e cacau); tirosina (derivados do leite, abacate, abóbora, amêndoa, feijão, nozes, carnes, ovos e outros) são fundamentais para a produção e elevação dos níveis de serotonina e dopamina, respectivamente.

Além dos aminoácidos citados, o consumo adequado de ácidos graxos ômega 3 (encontrado principalmente nos peixes gordos e de águas profundas, como salmão, atum e sardinha); magnésio (presente nos vegetais de folha verde escura, semente de abóbora, nozes, gergelim, banana e abacate); vitamina D (presente nos peixes, mariscos e ovos, mas sintetizada, principalmente, por meio da exposição solar); zinco (ostra, carne bovina, semente de abóbora, feijão); selênio (presente na castanha - do - Brasil, semente de girassol, ostras e atum); vitamina B12 (fígado, algas, peixes, leite e ovos); ácido fólico (espinafre, couve, brócolis, abacate e quiabo); vitamina B6 (banana, feijões, atum e aves) e ferro (carne vermelha, feijões e vegetais verde escuro) são fundamentais para um melhor estado de humor.

Apesar da importância de cada nutriente citado, nenhum deles é suficiente sem uma saúde intestinal adequada. O intestino tem importante influência sobre o cérebro e a saúde emocional. Além de digerir, absorver e excretar o que não foi aproveitado pelo corpo, exerce também a função endócrina (produz hormônios); detoxificativa (elimina toxinas); imunológica (onde ocorre o amadurecimento de células imunológicas) e, por fim, a função cerebral devido a sua alta concentração de neurônios e a capacidade de comunicação com o cérebro.

Uma alimentação desequilibrada, rica em alimentos industrializados, excesso de proteínas animais, baixo consumo de fibras e vegetais faz com que as bactérias intestinais fermentem nutrientes e gerem substâncias estranhas ao corpo. Estas serão absorvidas pelo intestino e, por meio da corrente sanguínea, chegam ao cérebro e se ligam a receptores alterando a função cerebral e desequilibrando as emoções, gerando ansiedade, irritabilidade, compulsões e até depressão.

Ter a microbiota intestinal saudável, portanto, é essencial para prevenir a depressão e melhorar o humor, pois num quadro de disbiose (termo técnico para denominar desequilíbrio da microbiota intestinal), ocorre a inflamação e a ativação de células imunológicas do intestino que irão consumir o triptofano - substância fundamental à produção da serotonina. Dessa forma, tanto o cérebro quanto o intestino não terão como produzir esse neurotransmissor de grande importância ao bom humor.

Para ter uma microbiota intestinal saudável, é recomendado consumir bactérias boas por meio de alimentos que sejam fontes (probióticos) como iogurte natural, kefir, kombuchá, chucrute e picles, por exemplo. O ideal é que, além dos probióticos, também sejam consumidos os prébióticos que são o alimento das bactérias benéficas. Para isso, é necessário comer fibras presentes em frutas, verduras, raízes e sementes, além do amido resistente - presente na batata doce e na banana verde e seus produtos (biomassa e farinha de banana verde).

Apesar disso, é importante salientar que muitas variáveis entram em cena quando se trata de uma boa nutrição, pois cada organismo é diferente e é preciso levar em conta as necessidades de cada caso e as eventuais rejeições, contraindicações, alergias e até mesmo interação com medicamentos. Por isso, é muito importante consultar um profissional da nutrição ou médico capacitado.

Por fim, fica clara a importância de uma nutrição equilibrada e uma microbiota intestinal saudável na prevenção e no controle de transtornos depressivos e de ansiedade. Contribuindo, assim, para uma postura mais positiva diante da vida.

4. Pratique *mindfulness*

Mindfulness é um termo da língua inglesa que, em português, significa atenção ou consciência plena. Na prática, nada mais é do que estar completamente presente, prestando atenção ao agora, mantendo um estado de consciência aumentada, livre de julgamentos e ciente de seu próprio corpo, mente, sentimentos e pensamentos, criando, desse modo, um estado de paz e tranquilidade.

Essa técnica é um dos métodos terapêuticos que estão sendo mais estudados ao redor do mundo e tem se mostrado muito eficaz no controle da depressão, ansiedade, dependência e abuso de drogas e transtornos de conduta alimentar, como a compulsão alimentar.

Você já parou para pensar em quanto tempo da sua vida você passa pensando em coisas que não estão acontecendo agora ou que não têm nada a ver com aquilo que está fazendo no momento presente?

Isso é tão comum que um grupo de psicólogos de Harvard descobriu que em 47% do tempo as pessoas não estão pensando no momento presente. Ou seja, quase metade do tempo, estamos deixando de aproveitar o aqui e o agora, enquanto pensamos no passado ou no futuro, gerando sentimentos como arrependimento, tristeza, frustração, angústia e medo.

A prática de *mindfulness* traz para seus praticantes um estado de calma e serenidade, que afeta a saúde física e emocional, reduzindo a pressão arterial e os níveis de cortisol (hormônio do estresse), e melhorando a qualidade do sono. O estado de não julgamento torna as pessoas mais resilientes, obtendo conscientização por meio da observação da própria mente, desenvolvendo assim a autocompaixão e fazendo com que determinados acontecimentos externos não as afetem muito.

Por isso, pessoas que incluem *mindfulness* em sua vida têm mais inteligência emocional do que as que não praticam. Para sentir os benefícios dessa técnica, é necessário praticar de forma regular. O simples gesto de prestar atenção na sua respiração, no momento presente e no ambiente ao seu redor já é uma forma de praticar *mindfulness* e não está necessariamente ligado à meditação.

Com isso, ao final deste capítulo, espero ter ficado claro que, para manter um estado de humor otimista, é necessário muito mais do que pensar positivo. É preciso desenvolver hábitos e um estilo de vida propício para a manutenção desse estado.

O poder do otimismo

Capítulo 21

Amor cantado em verso e prosa...

Neste artigo, entenderemos como o sentimento gerador da mais potente energia otimista existente nos protege de comportamentos e comunicações conflitivas, geradoras de insucessos e de problemas decorrentes de transtornos físicos. Esse é o amor, desejo de bem genuíno, com ações que têm base, exclusivamente, na promoção de bem-estar para tudo e para todos, inclusive para nós.

Mara Maia

O poder do otimismo

Mara Maia

Médica graduada pela UNIFESO, com títulos de especialista em Pediatria, Homeopatia e Medicina de Tráfego. Pós-graduações em Programação Neurolinguística, Psicossomática e Terapia Cognitivo-Comportamental. Cursos de Grafologia e *Coaching* Sistêmico. Responsável pela implantação da homeopatia no serviço público da cidade de Taubaté/SP. Idealizadora do tratamento integralizado "*Coaching* de hábitos mentais", que integra o tratamento com remédio homeopático individualizado específico e o tratamento psicoterápico breve individualizado, com base nas Matérias Médicas Homeopáticas, na Programação Neurolinguística e na Terapia Cognitivo-Comportamental.

Contatos
www.melodiasdevida.com.br
contato@melodiasdevida.com.br
Facebook: Melodias de Vida
Instagram: melodiasdevida
(11) 97582-2882

O adoecimento é de todos

> Em todo ser vivo, aquilo que designamos como partes constituintes forma um todo inseparável, que só pode ser estudado em conjunto, pois a parte não permite reconhecer o todo, nem o conjunto deve ser reconhecido nas partes.
> Goethe

A ansiedade e o estresse são percebidos como doenças ou males a serem erradicados do organismo, entretanto, eles são mecanismos orgânicos fisiológicos cuja única função é a preservação da vida. Eles se relacionam intimamente e não devem ser suprimidos por serem partes essenciais constituintes do organismo vivo.

A vida humana só é possível dentro de certos fatores de equilíbrio – químicos, físicos, imunológicos e psíquicos – com instabilidades que exigem autorregulações para que o organismo possa se adaptar e resolver o conflito causado por elas.

Essa autorregulação orgânica segue predisposições individuais e envolve vários fatores na sua expressão – predisposição mórbida individualizada, emoções, sentimentos, crenças, cognições, interações ambientais etc. O psiquismo pode promover vulnerabilidades compatíveis com a expressão de doenças, sendo as mesmas inerentes a nossa humanidade e necessárias para que conflitos internos sejam adequadamente verificados e resolvidos, com possível aprendizagem e com a principal função de manter a vida. Adoece quem precisa e as suas razões mais profundas devem ser buscadas e compreendidas para uma cura ampla.

Assim, estresse e ansiedade são mecanismos fisiológicos naturais, acessados durante a autorregulação necessária à solução de um desequilíbrio interno causado por uma instabilidade orgânica, podendo os mesmos, se indefinidamente estimulados para níveis intensos, transformarem-se em problemas causadores de danos. Esses estímulos se relacionam com hábitos mentais equivocados, confusos e conturbados, que geram transtornos físicos, mentais ou comportamentais como, por exemplo, as energias psíquicas inconscientes, decorrentes de culpa, desamor, incapacidade de exteriorizar sentimentos e emoções, necessidade de reconhecimento e atenção, desmerecimento, autopunição etc.

Só tornar o organismo incapaz de responder ao estresse ou à ansiedade, por meio de um medicamento que impeça essa resposta orgânica, não gera benefício real, por não permitir que os estímulos ativadores desses mecanismos, em níveis potenciais para o adoecimento, sejam conhecidos e devidamente abordados. Estresse e ansiedade não são um mal e a busca principal deve ser a correção dos fatores que os desencadearam, em geral, pertencentes ao aspecto psíquico humano e mantidos em níveis de promoção de transtornos orgânicos por hábitos mentais incompatíveis com a estabilidade.

Então, conhecer o máximo de uma doença não é suficiente se não buscarmos entender também muito do indivíduo que a expressa, porque a doença é parte integrante da sua humanidade e expressa o seu sofrimento interior, pois o ser vivo é indivisível e, como tal, deve ser compreendido.

O inferno está dentro de nós

> "O maior inferno que existe é a incapacidade de amar."
> Dostoiévski

> "Todas as doenças, de alguma forma, são perdas ou distorções do amor ou do otimismo."
> Matheus 95,22

Os nossos conflitos internos seguem a predisposição inata de cada um, que é o nosso modo específico de ser influenciado pelos ambientes em que nos inserimos. Eles podem decorrer de:

- **Angústia existencial:** processos de vida e morte – aspecto espiritual;
- **Socialização:** vida moderna – aspecto sociocultural;
- **Problemas físicos:** etapas inerentes à vida (crescer, "adolescer", envelhecer e morrer). E inerentes às condições físicas limitantes, inatas ou adquiridas – aspecto material.

Esses conflitos têm relação com as nossas emoções e sentimentos, interferindo nas percepções e cognições, possibilitando comportamentos insatisfatórios a uma vida feliz. Dentre esses sentimentos e emoções estão os medos, a raiva, a agressividade, a competitividade, o poder, o ódio, o ressentimento, a mágoa, a inveja, o ciúme, a vaidade, a arrogância, a prepotência, o orgulho, a ganância, a intolerância, a rigidez, o controle etc., capazes de ativar os mecanismos de estresse e ansiedade que, se mantidos indefinidamente, geram uma autorregulação orgânica para a expressão de doenças em níveis e locais variados.

Skinner (1975), criador do behaviorismo radical, disse que o ser humano é produto e produtor de seu ambiente, e não vítima do determinismo. As teorias do conhecimento construtivista e interpretativista dizem que cada indivíduo percebe o mundo de forma diferente e não há duas formas iguais para tal. Então, tudo o que existe em nossa vida é reflexo de nosso próprio interior com nossos conflitos, derivando de esquemas próprios, relacionados aos nossos hábitos mentais específicos, capazes de ativar mecanismos de estresse e ansiedade, a promover autorregulação com expressão de problemas físicos, psíquicos ou comportamentais.

O estresse é ativado sempre que o organismo percebe algo como ameaça real ou ilusória, envolvendo a liberação de substâncias endógenas para protegê-lo. Dentre elas, temos o cortisol e a adrenalina, promotores de variados sintomas físicos e mentais. A manutenção prolongada desse estado cria fragilidades orgânicas que podem facilitar a instalação e a manutenção de doenças. Assim, criamos nossos próprios estados internos e externos, onde nossos hábitos mentais funcionam como verdadeiros e importantes estímulos na geração e na manutenção de vários problemas.

Mas, e o amor?

> O amor é um sentimento puro dado a outro ser vivo sem interesse, onde sentimos um bem-estar absoluto só por saber que não causamos dor ou sofrimento a ninguém, mas, sim, contribuímos para a geração de alegria.
> Buda

> Amar também implica em sentir compaixão pelo outro, onde o nível de amor nos impulsiona a atuar da forma mais efetiva possível a contribuir para o bem desse outro.
> Buda

O amor é a representação máxima do otimismo e está presente em todos os sentimentos e emoções positivas, mas nós sempre o vivenciamos com apego, presos a ideias, padrões, pessoas, convicções, conceitos, objetos etc., o que gera resistências a adaptações positivas. O apego promove sofrimento diante da possibilidade de perdas ao ativar os citados mecanismos de estresse e ansiedade. Vivenciar o amor relacionando-o a algo exterior gera dor por seu alvo estar fora de nós, e como não desejamos perder a nossa fonte de amor, sempre criamos o medo da perda, além de sempre nos reconhecer no direito de compensações por darmos amor.

Amor genuíno é somente um desejo de bem em relação a qualquer coisa. A felicidade proporcionada por nossa atitude deveria ser o suficiente para nos satisfazer sem esperarmos compensações. Amor é desejar o bem em todas as coisas e situações, é um dos sentimentos mais complexos a promover benefícios internos e externos.

O budismo moderno nos fala de três níveis de amor. O primeiro se relaciona ao respeito, gratidão, consideração, boa vontade, aceitação. O segundo abrange também admiração, reconhecimento, desejo de cuidar, ajudar e proteger. O terceiro é somente o prazer de amar, é o amor pelo ato de amar.

A vida é uma sequência de mudanças dinâmicas em velocidade estonteante até a finitude, mas esquecemos de viver o que realmente pode trazer significado positivo e valoroso a ela. Combater a morte é impossível, porém aprender a viver a vida com felicidade poderia ser possível e o amor seria o sentimento mais passível de promovê-la.

O poder do psiquismo não se relaciona a nenhuma fé religiosa ou sistema psicológico em especial, no entanto, as pessoas focam basicamente nos aspectos materiais da vida, sem se atentar aos sutis. O maior de todos os problemas humanos é a incapacidade de se amar sinceramente, aceitando as próprias fragilidades, e assim buscamos o amor sempre fora de nós.

Nascemos nos sentindo desamparados, frágeis, impotentes e não amados, e terminamos crendo que temos que ser diferentes do que somos para nos sentirmos acolhidos e amados. Passamos a vida tentando reprimir quem realmente somos e ser quem não somos, em uma tentativa inconsciente de sermos aceitos, acolhidos e amados pelos outros, mas esquecemos de amar e nos aceitar, o que nos leva à maior possibilidade de adoecer, pois os conflitos criados fazem os mecanismos de estresse atuar, persistir, promover e manter doenças.

Aceitando-nos sinceramente, poderíamos sedimentar em nós o verdadeiro amor próprio, a promover a produção de substâncias endógenas como dopamina, ocitocina, serotonina, endorfina, capazes de criar um estado de relaxamento interno compatível com a sensação natural de recompensa. Essas substâncias têm relação com estímulos na busca de coisas novas, controle de humor, estado pacífico e calmo, permitem contatos agradáveis com os outros e o exercício de nosso potencial. Além do bloqueio da ação do cortisol, estímulo de cicatrização de lesões, facilitação de vínculos com o meio, sensação de inserção nos ambientes, aumento de generosidade e de afetividade, diminuição de medos. Permitem a autoconfiança, comportamentos acolhedores e aconchegantes, serenidade interior a promover felicidade onde nos encontrarmos. Elas também estimulam energias físicas e mentais, aumentando a disposição e o prazer, diminuindo dores, permitindo alegria, sorrisos e gargalhadas.

Então, o amor é somente um desejo genuíno de bem que, se corretamente estabelecido em nossas representações mentais, nos capacita para a sua expressão espontânea em todas as situações da vida, promovendo o verdadeiro bem-estar onde estivermos, para nós e ao nosso entorno.

E na prática?

> "Ame o teu próximo como a ti mesmo."
> Jesus Cristo

Cada pessoa interpreta tudo de um jeito próprio, tudo é distorcido, generalizado e, em grande parte, omitido por esquemas específicos, relacionados somente a sua própria predisposição inata e as suas próprias experiências de vida. Isso gera uma representação mental específica para cada um, que a usa como referência para todas as experiências. Por acharmos que essa representação mental específica é a mesma para todos, temos muitas percepções e cognições equivocadas e confusas, gerando comportamentos que podem promover dor e sofrimento.

A origem de tudo está na mente, pois nada existe sem passar por ela. Nós somos o que pensamos e vivenciamos a realização desses pensamentos na vida real, por meio de nosso comportamento, escolhas e atitudes, influenciados por nossas emoções e sentimentos. Conhecer a nossa representação mental específica e as suas causas permite a criação ou a adaptação de recursos internos passíveis da lide adequada para com a nossa forma de lidar com as coisas, proporcionando ajustes verdadeiramente benéficos em todos os aspectos da vida.

O *coaching* de hábitos mentais propõe um tratamento globalizado, aliando a homeopatia à programação neurolinguística e à terapia cognitivo-comportamental. Pela matéria médica homeopática específica, um indivíduo pode conhecer a sua representação mental com especificidade, além de dados sobre o comportamento fisiopatológico de seu organismo. As pessoas são tratadas por remédios homeopáticos específicos, sejam seus problemas físicos ou psíquicos e, concomitantemente, por uma abordagem psicoterapêutica breve, que usa os recursos da programação neurolinguística e da terapia cognitivo-comportamental.

Cada indivíduo terá uma representação mental correspondente a uma matéria médica homeopática e, como exemplo relacionado ao tema, vale citar que as duas únicas matérias médicas contendo o altruísmo, que é o sentimento com desejo de bem sem busca por recompensa, são Phosphorus e Pulsatilla. Entretanto, indivíduos com representações mentais dessas matérias médicas não necessariamente vivenciarão esse altruísmo de forma satisfatória, ou por tê-las somente em potencial ou por interferências de outros conflitos.

Assim, essa proposta de *coaching* beneficia os indivíduos não só pelo uso de remédios sem efeitos colaterais, mas, principalmente, porque, a partir do conhecimento específico da própria representação mental, a busca pela solução de conflitos se torna bem mais efetiva.

Referências
CARVALHO, Gelson Garcia de. *O organon da arte de curar de Samuel Hahnemann*. 4.ed. São Paulo, 2007.
DAMÁSIO, António R. *O erro de Descartes: emoção, razão e o cérebro humano*. 3.ed. São Paulo: Companhia das letras, 2012.
DAMÁSIO, António R. *O mistério da consciência*. 2. ed. São Paulo: Companhia das letras, 2015.
GYATSO, Geshe Kelsang. *Compaixão Universal*. 3.ed. São Paulo: Tharpa Brasil 2007.
JUNIOR, Romeu Carillo. *O milagre da imperfeição: vida, saúde e doença numa visão sistêmica*. São Paulo: Cultrix, 2008.
SILVA, Marco Aurélio Dias da. *Quem ama não adoece*. 6. ed. São Paulo: BestSeller.
SIEGEL, Bernie S. *Amor, medicina e milagres*. 28.ed. Rio de Janeiro: BestSeller, 2005.

O poder do otimismo

CAPÍTULO 22

Saúde integrada: emocional

As emoções e sentimentos estimulam o funcionamento de todo o organismo. Devemos aprender como ser inteligentes emocionalmente e gerir esses estímulos. Este artigo detalhará o módulo emocional dentro do projeto Sementes da vida (racional, emocional, físico, nutricional e espiritual), e compreenderá que motivação, decisão e conquista de sonhos são fundamentais nos hábitos saudáveis.

Marcelo Cunha

O poder do otimismo

Marcelo Cunha

Graduação em Ciência do Esporte – UEL; pós-graduações em Nutrição Esportiva – UGF; Treinamento Personalizado – FMU; Manejo Florestal – WPOS. Formação internacional em *Coaching* Integral Sistêmico – Febracis. Presidente da ARESB (Associação dos Resinadores do Brasil); coordenador da Área 6 – Ministério Jovem APSO – IASD. Há quase 20 anos estudando a área de saúde e bem-estar; professor; *personal trainer*; proprietário de academia; palestrante e consultor. Idealizador do projeto Sementes da vida (racional, emocional, físico, nutricional e espiritual).

Contatos
www.sementesdavida.com
marcelo@sementestecnologicas.com.br
(14) 99754-8142

Marcelo Cunha

Primeiramente, gostaria de agradecer a você, leitor, pela oportunidade de obtermos um melhor relacionamento e parabenizá-lo pela busca de constante aprendizado. Desejo, por meio deste artigo, levá-lo ao conhecimento mais aprofundado de como o módulo emocional está inserido dentro do conceito *Sementes da vida* (racional, emocional, físico, nutricional e espiritual). Uma visão macro desse conceito foi detalhado no livro *Coaching: mude seu mindset para o sucesso*, volumes um e dois, com o módulo racional.

O princípio de minha conscientização do poder da mente e das emoções em relação à qualidade de vida das pessoas ocorreu na realização da minha pós-graduação em treinamento personalizado. Alguns professores me despertaram sobre a necessidade da inteligência emocional de nossos alunos e, a partir disso, comecei a me interessar mais nesse conceito e buscar fontes para uma melhor compreensão.

Nos primeiros estudos sobre o cérebro, veio o entendimento da divisão de seus dois lados. O esquerdo está predominantemente mais relacionado à razão, à lógica, aos detalhes, objetivos, entre outros. Já o direito está relacionado à emoção, criatividade, integração, intuição etc.

Posteriormente, fui buscar mais informações no *best-seller*, *Inteligência emocional*, de Daniel Goleman, e nos estudos de Salovey e Mayer, que descrevem os cinco domínios de competência. Esses autores definem o que é inteligência emocional e também classificam e detalham suas características, sendo as principais a autoconsciência emocional, como lidar com as emoções, ter motivação, empatia e atender aos relacionamentos.

Depois disso, procurei muitos outros livros, porém um que fez diferença em minha vida foi *O poder do pensamento positivo nos negócios*, de Scott Ventrella, que traz resumidamente o conceito da cadeia: pensamento → sentimento → ação → resultado, moldados de acordo com nossas crenças.

> **Pensamentos → Sentimentos → Ação → Resultados**

Então, qual a importância disso tudo? Onde todos esses conceitos podem me ajudar a obter uma qualidade de vida mais adequada?

O poder do otimismo

Basicamente, a inteligência emocional é importante para nos conscientizar dos sentimentos e sensações que estimulam o bom funcionamento de todo organismo. Motivação, decisão e foco para conquistar os seus sonhos e treinamentos, com objetivos claros, serão fundamentais nos hábitos saudáveis.

As pessoas que sabem gerir emoções têm mais facilidade para alcançar a alta *performance* e o sucesso na busca da saúde e bem-estar, e também na vida como um todo. Têm mais satisfação com a vida, melhor percepção para solucionar problemas, além de terem menores níveis de ansiedade e estresse.

Em relação às atividades físicas, controle alimentar ou qualquer fator que envolva melhora em nossa qualidade de vida são de extrema importância para modificar os processos químicos do cérebro. Se temos paixão e intenso desejo, o metabolismo é transformado e existe muito mais chances de melhores resultados.

Tente buscar o real sentido e significado do porquê ser saudável é importante para você, traga a sua mente o melhor momento de sua vida, quando teve a mais adequada forma física. Se foi no passado, por que não buscá-la novamente? Como você se sentia com aquele corpo que possuía? Por que não buscar essa felicidade e autoestima novamente? A emoção serve para ativar o desejo consciente e inconsciente e trazer motivação para correr atrás dos resultados almejados.

Outro ponto importante é o autocontrole, principalmente de refeições exageradas e ricas em gorduras e açúcares que, provavelmente, aparecerão no meio do caminho da sua busca por melhora na saúde. Seja inteligente e equilibrado nas suas escolhas, e não se cobre com excessiva rigidez. Ser temperante e estar em paz é muito eficaz.

Finalmente, a influência do otimismo é primordial na vida e busca pela saúde. O princípio da positividade deve fazer parte de nossos pensamentos. Sentir-se confiante, esperançoso e apreciar o lado bom das coisas vai fazer uma enorme diferença no modo de vermos o nosso dia a dia. Como uma visão favorável da nossa existência, a vitalidade, a energia e o ânimo nos transformam e nos guiam em conquistar uma vida saudável.

A mente é a base, o primeiro passo, o início da conscientização, da ação e da missão para obter os resultados desejados em sua vida, nesse caso, a sua saúde. Se você não cuidar dela, infelizmente, ninguém cuidará!

Sempre que possível, aprimore a sua mente com uma boa alimentação, treinamento físico regular, estudos, leituras significativas, controle emocional e confiança em Deus. Você será inspirado a dar o seu melhor e estará mais apto a obter uma harmonia emocional e focar em sua saúde integrada.

Marcelo Cunha

> Tudo o que é verdadeiro, tudo o que é honesto, tudo o que é justo, tudo o que é puro, tudo o que é amável, tudo o que é de boa fama, se há alguma virtude, e se há algum louvor, seja isso que ocupe o vosso pensamento.
>
> Filipenses 4:8

Emocional: teorias literárias

Emoção vem do latim *movere* – mover – que denota movimento e indica que qualquer emoção está implícita em uma propensão para agir de imediato (GOLEMAN, 1995).

De acordo com Stanley (2015), domamos as nossas emoções, assumindo o controle dessa força poderosa dentro de nós. Podemos escolher como reagiremos, optando por expressar as emoções edificantes no lugar das destrutivas.

Segundo Goleman (1995), a inteligência emocional é a capacidade de identificar os nossos próprios sentimentos e os dos outros, de nos motivarmos e de gerir bem as emoções dentro de nós e nos nossos relacionamentos. O autor também cita a definição de Salovey e Mayer, que diz que a inteligência emocional é a capacidade de perceber e exprimir a emoção, assimilá-la ao pensamento, compreender e raciocinar com ela, e saber regulá-la em si e nos outros.

A gestão da emoção é a base de todos os treinamentos psíquicos: profissional, educacional e interpessoal. Uma pessoa rígida, tímida, impulsiva, fóbica, pessimista, ansiosa pode bloquear o seu desempenho mais do que tem consciência (CURY, 2015).

Por meio de nossas emoções, temos a capacidade de desfrutar de triunfos surpreendentes e experimentar uma profunda satisfação. Na verdade, algumas das maiores conquistas da história foram impulsionadas pelo amor, pelo entusiasmo e pela compaixão das pessoas que as alcançaram (STANLEY, 2015).

Conforme Hayley e Dimarco (2011), o sentimento é qualquer resposta mental, emocional e física, acompanhada de prazer, dor, atração ou repulsa. Assim, com frequência, os seus sentimentos atraem ou afastam você de alguma coisa. Eles são forças poderosas na vida de cada ser humano, e até a falta de emoção é uma força que pode afetar todas as ações e reações do homem em relação ao mundo que o cerca.

Goleman (1995) citou um estudo realizado por Salovey e Mayer, em que os pesquisadores definiram cinco domínios de competências principais:

- **Autoconsciência:** reconhecer um sentimento quando ele ocorre;
- **Lidar com emoções:** capacidade de confortar-se, livrar-se da ansiedade, tristeza etc.;

- **Motivar-se:** dirigir as emoções a serviço de uma meta;
- **Empatia:** reconhecer emoções nos outros;
- **Lidar com relacionamentos:** lidar com as emoções dos outros.

Muitas coisas que fazemos, emoções e até doenças têm origem nos pensamentos. O ambiente (pessoas, lugares e circunstâncias), a personalidade (otimista ou pessimista, desconfiada ou confiante, falante ou calada etc.) e as recordações e experiências vividas são as molas propulsoras dos pensamentos (MELGOSA e BORGES, 2017).

De acordo com Souza (2013), especialistas em estresse têm verificado que mais importante do que o evento estressor para prejudicar a saúde é a nossa maneira de lidar com ele. Da mesma forma, quanto aos chamados "traumas da infância", é necessário entender que mais importante do que aquilo que nossos pais fizeram conosco é o que fazemos com isso.

Melgosa e Borges (2017) detalham em seu livro, *O poder da esperança*, que a depressão é o excesso de pensamento no passado, o estresse é excesso de pensamento no presente e a ansiedade é o excesso de pensamento no futuro.

A atitude mental é a criadora das circunstâncias. O pensamento é o início que torna possíveis as decisões de aceitar ou não aceitar, de fazer ou não fazer, de emagrecer, engordar, estudar, ler um livro ou escolher uma religião, uma instituição, ou simplesmente não escolher (SOBRINHO, 2012).

Segundo Souza (2013), especialistas dizem que pelo menos 90% do que nos preocupa nunca ocorre. As pessoas apresentam "ansiedade antecipatória", que é um tipo de medo por algo que ainda não aconteceu.

A psicologia positiva é um ramo que busca uma nova compreensão quanto à natureza da felicidade e do bem-estar por meio de metodologias científicas. A sua meta é promover a educação emocional e o autodesenvolvimento, levando ao aumento da satisfação e do contentamento em relação à vida. O foco é o desenvolvimento das forças do cliente, como o otimismo, gratidão e criatividade (GIROTTO, 2017).

De acordo com Chapman (1995), no âmago da existência do ser humano encontra-se o desejo de intimidade e ser amado. O objetivo do amor não é você conseguir algo que deseja, mas fazer alguma coisa pelo bem-estar de quem ama.

O ser humano tem uma necessidade, um desejo permanente de ser amado. Amar faz a diferença. O amor tem outra função definida: só pode haver esperança de mudança de atitude em alguém, se ele puder sentir amor nos conselhos dados (LEE, 1997).

Segundo Cury (2015), o papel principal do ser humano é dirigir o *script* de sua história, e isso não inclui apagar o passado, mas, sim, reeditá-lo no presente. A cada crise, renova-se a esperança; a cada frustração, introduzem-se novas ideias; a cada lágrima, irriga-se a sabedoria. Só se muda a história escrevendo outra, e não anulando a anterior.

O Pai nos criou com a capacidade de experimentar emoções, para que pudéssemos aproveitar a vida, interagir significativamente com os outros e refletir sua semelhança. O Espírito Santo é aquele que sonda o seu coração e a sua mente – reparando a sua fragilidade. Combatendo as crenças erradas e permitindo que você supere suas próprias circunstâncias. Sem um relacionamento com ele, não pode haver cura emocional verdadeira. Sem o Espírito Santo o capacitando, você não pode ter a vitória alguma sobre as suas emoções (STANLEY, 2015).

Roda emocional

Responda o questionário a seguir, classificando cada palavra-chave com a nota de um a dez (sendo um para pouco e dez para muito significativo), analisando o quanto ela é considerável e relevante para você e obtenha a sua classificação emocional:

Emocional

1) Amor: tem amor por si e pelo próximo. Costuma ser amável nas situações do dia a dia. Nota de um a dez _____.

2) Ajudar o próximo: costuma auxiliar outras pessoas. Tem visão da necessidade alheia. Nota de um a dez _____.

3) Inteligência emocional: compreende as suas diversas emoções e pretende controlá-las? Nota de um a dez _____.

4) Pensamento positivo: tem mentalidade positiva e benéfica, retendo o aprendizado da vida. Nota de um a dez _____.

5) Felicidade: leva uma vida animada e hábitos felizes, tem satisfação com a rotina. Nota de um a dez _____.

6) Criatividade: imagina atividades além do normal, inventa formas para chegar a um objetivo. Nota de um a dez _____.

7) Autoconsciência: conhece as próprias emoções, tem consciência de si e de seus atos. Nota de um a dez _____.

8) Lidar com emoções: sabe superar as suas dificuldades e se responsabiliza pelo seu bem-estar. Nota de um a dez _____.

9) Motivar-se: sente-se animado e se encoraja. Tem um motivo especial para viver. Nota de um a dez _____.

10) Empatia: reconhece as emoções nos outros, experimenta o que sente o outro indivíduo. Nota de um a dez _____.

11) Lidar com relacionamentos: vive integrado ao meio social e familiar. O seu lar está em harmonia. Nota de um a dez _____.

12) Otimismo: tem disposição para ver as coisas pelo lado bom e espera sempre solução favorável. Nota de um a dez _____.

O poder do otimismo

Preencha a roda emocional, tire uma foto e envie para o *e-mail*: marcelo@sementestecnologicas.com.br, e você receberá um brinde muito especial, totalmente grátis!!!

Referências
ALMEIDA, Ferreira de. *Bíblia Sagrada*.
CHAPMAN, Gary. *As cinco linguagens do amor: como expressar um compromisso de amor ao seu cônjuge*. 2. ed. São Paulo: Mundo Cristão, 2006.
CURY, Augusto. *Gestão da emoção: técnicas de coaching emocional para gerenciar a ansiedade, melhorar o desempenho pessoal e profissional e conquistar uma mente livre e criativa*. São Paulo: Editora Benvirá, 2015.
DIMARCO, Hayley; DIMARCO Michael. *Loucuras do coração: 50 tolices que os casais cometem nos seus relacionamentos*. Rio de Janeiro: Editora Central Gospel, 2011.
GIROTTO, Alessandra. *Psicologia positiva e life coaching: um diálogo positivo*. In: VIEIRA, Nelson. *Coaching para vida*. São Paulo: Editora Literare Books, 2017.
GOLEMAN, Daniel. *Inteligência emocional*. 51. ed. Rio de Janeiro: Editora Objetiva, 1995.
LEE, Sang. *Saúde: novo estilo de vida*. Casa Publicadora Brasileira, 1997.
MELGOSA, Julián; BORGES, Michelson. *O poder da esperança: segredos do bem-estar emocional*. Tatuí: Casa Publicadora Brasileira, 2017.
SOBRINHO, Alfredo W. *O psicólogo, o teólogo e o samurai: uma história sobre a superação mental, espiritual e corporal*. 1. ed. Maringá: Editora Massoni, 2012.
SOUZA, Cesar V. *Saúde total: a cura que você precisa do jeito que Deus prescreve*. Tatuí: Casa Publicadora Brasileira, 2013.
STANLEY, Charles F. *O guia das emoções: entenda e controle seus impulsos e ansiedades por meio da fé*. Rio de Janeiro: Thomas Nelson Brasil, 2015.

O poder do otimismo

Capítulo 23

A gestão emocional e a gratidão como combustíveis para um ciclo mental virtuoso

Felicidade constante não existe. Muitas vezes, nem sequer sabemos defini-la, mas podemos aumentar os nossos momentos felizes, de satisfação e contentamento. Treinar novas formas de pensar e, consequentemente, de sentir, por meio de um melhor entendimento de como podemos gerenciar os nossos pensamentos e sermos gratos é, sem dúvida, o caminho a ser percorrido para sermos muito mais felizes.

Marcelo Neri

O poder do otimismo

Marcelo Neri

Graduado e pós-graduado em Comércio Internacional; MBA em Gestão de Negócios – FGV, com ênfase em Negócios Internacionais. Especialização na UCI - University of California Irvine e Chinese University of Hong Kong. Formado pela ASBA (Association of Ship Brokers and Agents - New York) em Afretamento de Navios. *Personal & professional coach*; notória experiência em disputas no âmbito marítimo. Treinamentos e cursos no exterior sobre afretamento marítimo, arbitragens e agenciamento. Amplo conhecimento das práticas e larga experiência em gestão portuária e consultoria em logística. Atua há 24 anos prestando assessoria a empresas ligadas aos portos brasileiros no ramo de agenciamento marítimo, operação portuária e afretamento de navios. Empresário do setor e sócio-diretor da Alphamar Agência Marítima. Atua na gestão de todos os procedimentos administrativos, operacionais e comerciais no segmento de *shipping* no mercado Tramp.

Contatos
marcelo.neri@alphamarship.com.br
(13) 99707-9706

Marcelo Neri

Alguém, certa vez, me disse que o otimismo é irmão da esperança, e que isso é coisa muito séria. Costumo dizer que se tirarmos ela dos jovens, destruímos uma nação. Se me perguntassem qual é o maior segredo para uma vida de sucesso, eu diria que é ter sempre um sentimento de otimismo durante as nossas jornadas, independentemente das circunstâncias.

O otimismo tem um poder evolutivo de gerar um ciclo de pensamentos positivos que tem uma imensa força propulsora para nos catapultar em direção ao sucesso. Ser otimista nos faz superar melhor as dificuldades, transformando o nosso olhar em relação ao mundo. Faz com que criemos a melhor das realidades. Os outros olham e perguntam: "será que você não enxerga a realidade? Ela é pior do que você pensa!". E você reflete e responde: "eu a conheço nua e crua. Apenas reajo com um olhar que percebe onde posso colher frutos de uma terra que aparenta somente brotar espinhos".

Sabemos que os nossos pensamentos podem se tornar as nossas ações. Compreendemos, por meio de uma análise criteriosa de nosso passado e de acontecimentos, que as nossas ações podem se tornar hábitos que constroem o nosso destino para o bem ou para o mal. Ter pensamentos bons, positivos, policiando-os e treinando a nossa mente para cultivar um ciclo virtuoso que gere ações nobres, resilientes, planejadas na direção da busca de nossas metas e sonhos é o caminho para aumentarmos, substancialmente, os nossos momentos felizes, melhorarmos os nossos estados emocionais e, por consequência, o nosso bem-estar.

A forma que enxergamos as coisas do mundo e alimentamos os nossos pensamentos vai dar o colorido e o tom das situações que nos rodeiam. Assim sendo, criamos um roteiro em que monstros pavorosos estão sempre à espreita, por trás das árvores de terreno pantanoso, ou visualizamos campos com mais flores e cabanas de camponeses sempre dispostos a nos ajudar. Grande parte do estresse que vivenciamos está na forma como encaramos as situações. Há diferentes maneiras de enfrentar a realidade, e o tipo de pensamento que temos influencia tudo isso.

Sabemos que todos nós temos situações desgastantes e até terríveis em nossas vidas, mas temos que trabalhar as nossas mentes para tomar consciência de que podemos, pelo menos, olhá-las de forma mais positiva. Seja por meio da busca por nós, seja pela ajuda profissional com um especialista *coach*, por exemplo, devemos iniciar um processo de desenvolvimento de novas crenças que visem fazer com que sintamos segurança em nós, tendo mais confiança no futuro, assim gerando um sentimento indispensável para a busca de nossos objetivos: otimismo!

Albert Einstein, certa vez, falou: "prefiro ser otimista e errar, a ser pessimista, e acertar". O poder do otimismo se encontra, principalmente, no foco das coisas boas que podem acontecer nas nossas vidas, privilegiando o prisma das soluções e dos sucessos, e não priorizando o realce do tamanho dos problemas e dos fracassos.

Para muitos, esses temas que falam sobre otimismo, pensamento positivo, automotivação, ciclo de pensamentos virtuosos que formam um bom modelo mental para a vida, inteligência emocional e *coaching* são assuntos que jogam luz a sentimentos exagerados e ingênuos. Essas pessoas acham que basta se esforçar muito e cumprir com o seu papel da melhor forma possível na vida, que não há necessidade desse negócio de otimismo e positivismo para vencer.

Permito-me discordar dessa visão de mundo, pois tudo isso se faz tão importante não somente para melhorar o nosso potencial para a arte dos relacionamentos, habilidade tão importante para se viver melhor, mas também para nos ajudar nos momentos mais difíceis de nossas vidas, quando necessitamos de um *mindset* que preze pelo fortalecimento da resiliência por meio do otimismo, que vai transformar as nossas tormentas em ventos mais suaves e fazer com que enxerguemos com mais rapidez o arco-íris que surge logo em seguida.

O nosso processo de tomada de decisão e execução de nossos planos se torna mais rico e eficiente à medida que temos mais confiança e otimismo. A certeza de uma experiência positiva, mesmo que não tenhamos sucesso em um primeiro momento, retroalimenta esse ciclo do pensamento positivo, pois quando tivermos sucesso, nos tornaremos mais confiantes para os próximos desafios. Mesmo quando fracassarmos, saberemos que a experiência estará nos tornando mais fortes pelo aprendizado que nos conduzirá melhor no caminho adiante. Essa é justamente uma boa reflexão para o fortalecimento do otimismo.

A história do mundo e dos homens, em todos os campos de atuação, é cíclica, feita de picos e vales. Quando estamos fortes, quando temos sucesso, estamos mais suscetíveis ao declínio e ao fracasso. Quando estamos fracos, passando por dificuldades ou não atingindo o que almejamos, começamos o nosso processo de fortalecimento rumo ao sucesso. Quando atingimos o ápice de bons resultados nos campos profissional e pessoal, podemos nos sentir invencíveis, baixando assim a nossa guarda, dando lugar ao declínio.

Mas é justamente no declínio, no fracasso e dificuldades, que podemos voltar a reaprender e voltar ao pico, pois vamos estar novamente mais atentos, mais humildes e abertos às mudanças e aos novos conhecimentos. Pensando dessa forma, podemos criar um modelo mental que entenda que tanto no sucesso, quanto no fracasso, devemos ser otimistas.

Podemos utilizar algumas dores emocionais para nos fortalecer, ao invés de as deixar nos destruir. Podemos ficar atentos aos momentos de estresse, aos momentos que nos deixam nervosos, insatisfeitos e, ao invés de desenvolvermos reações intempestivas, com transtornos emocionais, é possível que busquemos por resiliência, potencializando a nossa capacidade de expandir o autocontrole pela habilidade de pensar antes de reagir. Além de prevenir as mais diversas formas de violência social, contribuindo com o exercício da visão positiva das situações que nos rodeiam.

O renomado psiquiatra Dr. Augusto Cury nos mostra em seu curso *Academia da gestão da emoção* (AGE), diversas ferramentas para mudarmos a nossa história como seres humanos em um mundo cada vez mais dominado pelo "ter" e não pelo "ser", pelos cárceres do status e das aparências sociais. Ele nos ensina como a dor emocional deve nos construir e não destruir por meio dos segredos de não se tornar predador das pessoas que amamos, e nem uma presa daquelas que nos estressam.

Nos ensina que os fortes compreendem, os frágeis condenam, os fortes reconhecem erros, os frágeis escondem. Nos ensina que ninguém é digno do sucesso se não utilizar as suas derrotas e os seus dias mais tristes. Os fortes reconhecem os seus erros, os frágeis os escondem debaixo dos seus títulos e do seu status. O professor Cury nos ensina que, em qualquer situação estressante, devemos nos recusar a entrar em mais uma discussão. Ele nos ensina a mergulhar dentro de nós, não nos transformando em predadores das pessoas que amamos.

O poder do otimismo passa, principalmente, pelo reconhecimento de quem você é, de quão especial e único é a sua pessoa. Nesse ponto, é extremamente importante o reconhecimento de suas qualidades, de seus pontos fortes como pessoa. Sabemos que o nosso cérebro atua demasiadamente sem que estejamos no controle, por meio de arquivamentos de dores, perdas, frustrações, traumas no subconsciente, gerando "janelas *killer*" e deixando a dor emocional nos destruir. Esse processo pode desencadear fobias, esgotamento cerebral, desenvolver sintomas psicossomáticos, nos tornando como um animal que reage nos focos de estresse. De outra forma, nos tornamos vítimas de pessoas que nos ferem, um ser humano agitado, hipersensível e preocupado.

Dr. Cury nos ensina que "no veneno está o antídoto". Ele, inteligente e sagazmente, nos diz que não é possível apagar o passado, apenas reeditá-lo ou construir janelas paralelas para alicerçar-nos à construção de uma nova visão do mundo e das coisas. As "janelas *killer*" podem transformar uma barata em um monstro (fobia simples), um elevador num "cubículo sem ar" (claustrofobia), uma reunião pública num tormento (fobia social).

Tive a oportunidade de cursar a Academia da Gestão da Emoção (AGE) com o Dr. Augusto Cury, e pude fortalecer a tomada de consciência do poder do otimismo em nossas vidas. Nas situações mais desafiadoras que já vivemos, há os maiores aprendizados e oportunidades de nossas vidas. Fortaleci o meu pensamento de *coach* de que devemos duvidar e criticar ideias perturbadoras, e determinar novas ideias que queremos adotar. Tudo isso tem relação com o poder do otimismo, de que quando damos outro significado às situações, começamos a perceber o mundo de uma maneira mais agradável, proveitosa e eficiente.

Um atalho para a felicidade – a gratidão

Quer ser feliz? Seja grato. Se há uma coisa que coloca todos nós em pé de igualdade em termos de objetivo na vida é querer ser feliz. Mas o tópico aqui é gratidão. Então, qual a relação entre felicidade e gratidão? E o que ela tem a ver com o "poder do otimismo"?

Divido aqui alguns conceitos sobre o poder da gratidão que, certa vez, ouvi do senhor David Steindl-Rast, Monge Beneditino, notável por sua participação ativa no diálogo inter-religioso e seu trabalho sobre interação a respeito da espiritualidade e ciência.

Muitas pessoas dirão que quando você está feliz, está grato. Mas pense novamente. Existem muitas pessoas que têm tudo para ser feliz, porém não são. Elas sempre estão querendo algo a mais. Por outro lado, conhecemos algumas que passam por várias adversidades e são extremamente felizes, irradiam um alto grau de felicidade. Ficamos surpresos com isso e nos perguntamos o porquê e como são gratas.

Entretanto, não é a felicidade que traz gratidão. É a gratidão que nos faz felizes. Mas podemos nos questionar sobre como isso funciona. A gratidão é algo que nos é dado gratuitamente e é extremamente valioso para nossas vidas. Repetirei essas duas condições ao entendimento do que realmente se sabe a respeito do que ela é: ser valioso para nós e ser dado gratuitamente!

Cada novo momento em nossas vidas é uma outra oportunidade para vivermos, nos amarmos, nos reconciliarmos, buscarmos aquilo que perdemos, nos levantarmos de uma dor, almejarmos e planejarmos um novo objetivo para executá-lo. Então, a gratidão, espontaneamente, cresce em nossos corações, junto com a felicidade.

Entretanto, a chave para tudo isso é a continuidade. Não podemos ser gratos e, portanto, felizes somente de vez em quando. Se pensarmos bem, isso nos traz uma lógica à medida que cada novo momento é uma nova oportunidade para nossas vidas. Para sermos gratos, podemos ser realmente felizes não somente de vez em quando. Cada novo momento é um novo presente. Oportunidade é o presente dentro dos presentes. Temos o dizer de que não podemos perder as oportunidades que nos são geradas, mas, pense bem, novos e novos momentos gerando novas e novas oportunidades surgem a cada novo instante. Podem não ser as mesmas, mas, com certeza, serão novos momentos com outras oportunidades que podem ser até mesmo mais valiosas do que as anteriores.

Podemos ser gratos por todos os momentos? Certamente não. Sabemos que não podemos ser gratos por guerras, por opressões, por violência, por exploração. No plano pessoal, não podemos ser gratos pela perda de um amigo, pela infidelidade de alguém, e tantas outras coisas. Mas temos novas oportunidades de, mesmo nesses momentos, aprendermos lições de paciência, lutarmos por nossas convicções, de resiliência e de sabermos encarar a vida e nos fortalecer como seres humanos, para novas jornadas. A não linearidade dos acontecimentos de nossos caminhos e das oportunidades de aprendizado é justamente a maior riqueza da vida.

Seguramente, ser otimista está também ligado a ser grato, pois o olhar que devemos ter para com as nossas vidas, e os pensamentos que devemos gerar em nossos cérebros quando queremos ser otimistas são os mesmos de quando somos gratos por todos os novos momentos e novas oportunidades.

Como diz o monge David: "pare, olhe e siga".

Devemos ter momentos de reflexões e prestar atenção a todos os detalhes e situações de nossas vidas, olhar e agradecer por tudo, seguir otimistas e fortes pela existência maravilhosa que temos.

O poder do otimismo

Capítulo 24

Uma nova estrutura de pensamento para uma vida mais saudável e próspera

Reflexões para a vida. Lembro-me de, em certa ocasião, reler as minhas primeiras escritas da infância. Nelas, eu pedia ao Papai do Céu para me dar asas para voar como os anjos. Em outra, eu pedia uma Rural para eu levar minha família inteira à feira no domingo. Àquela época, a Rural Willys era o único carro em que eu havia andado. Começava aí o meu exercício de projetar no universo os meus desejos.

Maria Jose Dantas

O poder do otimismo

Maria Jose Dantas

Presidente nacional da ABG – Associação Brasileira de Governantas e Profissionais de Hotelaria; diretora da Governança.com Consultoria; administradora de empresas, *coach*, palestrante, consultora especializada em hospitalidade. Autora de diversos programas de qualificação, com abrangência nacional, incluindo o Encontro Nacional de Gestão e Hospitalidade. Criadora do Método ABC de *housekeeping*, para aplicação na área de governança em meios de hospedagem. Produtora executiva do documentário *Bastidores da hotelaria*, e autora de inúmeros artigos e publicações nos principais veículos do setor, como a Revista Hotéis, Hotelier News, Hotelnews e GPHR.

Contatos
mariajosedantas.com
Facebook: Maria Jose Dantas Oficial
Instagram: mariajosedantasoficial
YouTube: Maria Jose Dantas

Maria José Dantas

Fui alfabetizada em casa, antes de ir para escola. Tínhamos em casa um método de alfabetização bem antigo, que chamava-se "A Cartilha do ABC".

A minha mãe trabalhava e a minha avó cuidava de mim. Morávamos na mesma casa e a minha maior diversão com a minha avó era "juntar as letrinhas". Bem antes de ir para a escola eu já estava alfabetizada, sabia ler e escrever corretamente. Por volta dos sete, oito anos, já costumava escrever todas as coisas que queria ter quando crescesse. Escrever os meus sonhos se tornou um hábito desde cedo. Naquela ocasião, os sonhos eram ainda pequenos, do tamanho do universo que eu conhecia. Os anos se passaram e eu ganhei as "asas dos anjos para voar", que hoje eu chamo de liberdade. A Rural Willys eu substituí por outro modelo mais sofisticado...

A nossa vida é um reflexo do que projetamos em nossa mente

Os pensamentos positivos movem ações positivas e, cada vez mais, somos incentivados a projetar coisas boas. Uma pessoa otimista é capaz de enxergar uma oportunidade no insucesso, não desiste fácil do que acredita, faz da experiência ruim um aprendizado e "recalcula a rota" para recomeçar de outro ponto.

Pessoas otimistas também são surpreendidas por infortúnios, claro! As mazelas podem acontecer na vida de todos, o que muda é a forma de tratá-las.

Os nossos sonhos precisam se transformar em projetos. Trabalho também com projetos e sei que quase nunca eles são 100% implantados sem carecer de nenhum ajuste no percurso, sempre requerem acompanhamento. Assim são os nossos sonhos e projetos, que sejamos vigilantes para mantê-los alinhados! Se eu tivesse desistido a cada insucesso, não enxergaria a liberdade que conquistei na minha vida, "as asas que ganhei para voar como os anjos". Sou muito grata por tudo!

Aconteceram muitas coisas que seriam capazes de me derrubar. Eu acumulo uma coleção de insucessos e outras tantas realizações bem-sucedidas. A pergunta é: qual delas me inspira? Alimente os pensamentos com desejos e sonhos que, de fato, você quer que façam parte da sua vida!

O poder do otimismo

As tentativas fracassadas não me fizeram desistir, ao contrário, me ensinaram a fazer diferente da vez seguinte. E foi esse o tratamento que eu dei aos insucessos. Nunca deixei que os meus pensamentos negativos desconstruíssem o que de fato era importante para mim. Além de acreditar e insistir, sempre trabalhei muito pelos meus sonhos.

Das lições aprendidas, levo a mais relevante de todas

Se cair, levanto e continuo caminhando de cabeça erguida, levando no coração a certeza de que, se é possível para alguém, então é possível para mim. Já reescrevo algo novo na mente.

Eu ainda era criança quando a minha mãe me disse uma frase que levei para a vida, nunca esqueci: "para viver nesse mundo, é preciso coragem, e você tem". Parece pouco relevante essa fala simples, mas o que ela fazia era me encorajar a agir com otimismo.

Falava isso, quando percebia que eu estava com medo de alguma coisa. Coragem ela tinha para esbanjar. Também me ensinou que precisamos ter um grande propósito na vida. Um que nos dê a força diária que precisamos para vencer os obstáculos da vida e ainda assim querer continuar. Ela tinha cinco filhos para cuidar e lhes desejava muitas coisas boas.

Todas as nossas conquistas são movidas pela intensidade da força como desejamos.

Eu tenho um forte propósito: quero ter uma vida profundamente satisfatória. É muito amplo, né? Mas é isso mesmo. Isso inclui vida familiar, amigos, ter a casa dos sonhos com lareira lá na serra, conquistas financeiras, estudo, dentre outros.

Já entendi, há muito tempo, que não consigo realizar tudo o que eu quero sozinha, precisarei mobilizar uma grande massa em prol dos meus objetivos profissionais e pessoais, claro. Afinal, o meu propósito não teria sentido sem considerar a minha família, amigos, tudo que já foi conquistado e o que ainda está por vir.

Ter um propósito não pode ser algo limitado a uma conquista, mas a algo mais abrangente em nossa vida, sem limitações. Diariamente, em minhas ações, estou trabalhando em prol do meu propósito. E você, qual é o seu?

As ferramentas que precisamos para construir os nossos sonhos

O que eu chamei de grande massa chama-se *network*. É formada por perfis de pessoas que têm objetivos afins e, de alguma forma, se conectam aos meus objetivos, situação em que eu também contribuo com os delas. Realizar um grande propósito passa, invariavelmente, pela conquista de objetivos profissionais e/ou pessoais. Em ambos os casos, adotamos esse modelo para nos conectar, criar oportunidades, compartilhando informações, conhecendo pessoas, formando boas relações comerciais ou pessoais, atraindo potenciais parceiros empreendedores ao negócio ou para a vida. Dessa forma, você se aproximará ainda mais rápido da realização dos seus sonhos. O mundo é feito de conexões. Seja qual for o seu propósito, elabore já a sua estratégia.

Quando percebi, já estava desenhada a minha estratégia. Hoje, os meus sonhos são bem maiores do que ganhar do Papai do Céu uma Rural Willys para levar a família inteira para a feira no domingo. O meu estado de espírito é positivo, sou uma pessoa otimista e acredito que mereço uma vida plena de realizações. Trabalho para isso todos os dias e não aceito fazer menos que o melhor pela realização dos meus sonhos.

Quando acordo com pensamentos "baixo astral", logo tento me livrar deles. Escuto uma música que me remeta a coisas boas e logo os pensamentos que vêm me assombrando desaparecem. Dizem que "quem canta os males espanta", é verdade. Eu incluo nesse dito popular que "quem canta e quem ouve o canto os males espanta". Ser otimista não significa deixar de enxergar os reveses da vida.

Uma visão positiva é também saber ser resiliente. Eu me considero uma pessoa resiliente, a superação, para mim, é um mandamento. Para contextualizar o significado de resiliência e superação, vou contar uma situação real de infortúnio que aconteceu comigo e como passei por ela.

Sofri um acidente de carro numa rodovia. O carro que eu dirigia capotou cerca de oito vezes, segundo os socorristas, e parou fora da pista em uma lavoura de café. Hoje, passados mais de dois anos, pessoas ainda falam comigo sobre o acidente e me fazem perguntas do tipo: "nossa, nunca mais você vai dirigir, né?" Ou "o que aconteceu com você?". As minhas respostas são sempre as mesmas: "vou continuar dirigindo, sim. É só eu recuperar plenamente a visão que foi prejudicada com o impacto". Sobre as consequências do que aconteceu comigo, eu respondo: "quase nada! Só sofri uma lesão na vista, mas é reversível!".

Quando eu respondo isso, em geral, as pessoas se espantam e falam: "como só isso, você acha pouco?". Não, não é pouco. Essa é uma resposta muito consciente, estou, sim, minimizando as consequências do acidente que sofri. Basta pensar que poderiam ser maiores. Só por isso já exerço um grande sentimento de gratidão.

Nunca neguei o meu desconforto, claro. Não poder enxergar normalmente e nem trabalhar foi sofrido. Mas foi diante dessa "quase tragédia" que fiz uma reflexão bastante profunda. Eu precisava mudar muita coisa, o meu nível de exigência comigo, o meu jeito perfeccionista. Bastou um pequeno exercício e várias coisas já me saltavam aos olhos. Precisava redefinir as minhas prioridades.

Os problemas são naturais em nossa vida, mas viver reclamando não é natural. Eu prezo sempre uma boa atmosfera de harmonia.

O poder do otimismo

Momentos difíceis foram superados

Foram os momentos de singularidade e quase solidão que me fizeram pensar sobre o meu aprendizado com isso. O que eu fiz disso tudo? O certo é que eu aprendi mais algumas lições.

Aprender a esperar pacientemente pela minha recuperação foi uma grande lição, não havia nada a ser feito. Aprender a lidar com a angústia da minha limitação temporária, a impotência de não poder fazer nada, as incertezas no trabalho. E aprender recomeçar de outro ponto.

Essa experiência não me deixou nenhum trauma. Vejo nesse episódio uma nova chance para continuar realizando coisas boas na minha vida e das pessoas que me cercam. Sei que ainda tenho algumas páginas da minha história para escrever.

Voltei a enxergar com a ajuda de óculos de lentes prismáticas e, assim como fazia na infância, voltei a escrever os meus sonhos. Essa visão simplificada da vida é o meu estado de espírito positivo.

Aqui apresentei uma forma otimista e perseverante de viver a vida com uma estrutura mental positiva que me permite ter o necessário para enfrentar o que vier. O escritor Norman Vicent Peal, em seu livro *O poder do otimismo*, abre o primeiro capítulo com a frase: "obtenha o necessário para enfrentar o que vier".

Baseando-me nessa afirmação, entendi que o necessário para mim seria ter uma estrutura mental fortalecida, o que ele chama de resistência interior, para o meu estado de espírito se manter quase sempre positivo.

Uma reflexão sobre os benefícios de uma mente positiva para uma vida mais saudável e próspera.

Não é novidade, já foi comprovado pela ciência que sentimentos ruins como raiva, medo, estresse, culpa e ansiedade fazem as pessoas adoecerem. Logo se conclui que, se cultivarmos bons sentimentos como gratidão, alegria, generosidade e perdão, a probabilidade de uma vida mais saudável é bem maior.

Segundo o pai da psicologia positiva, como assim é conhecido o psicólogo e cientista Martin E. P. Seligman, as pessoas pessimistas têm um modo especialmente danoso para justificar suas frustrações. Em seu livro *Felicidade autêntica*, ele afirma que os pessimistas pensam que tudo negativo "vai durar para sempre, é contagioso e é culpa é deles". O autor revela que, em duas décadas de pesquisa, descobriu que pessoas pessimistas são oito vezes mais predispostas à depressão.

Comece a promover, dentro de você, a mudança fundamental necessária para suas conquistas, exercite a sua mente. Faça um esforço para se manter nesse estado de espírito positivo a maior parte do tempo possível. Escreva o que você quer, onde você quer chegar e quando.

Maria Jose Dantas

Estabeleça prazos e espalhe os seus sonhos para o universo. Nesse caso, o segredo não é a alma do negócio. Fortaleça a sua *network* e tenha em mente que ela será fundamental para as suas conquistas. Não recue em algum momento se for criticado. Analise as críticas como uma contribuição e, se forem relevantes, use-as para se aperfeiçoar.

Considere as opiniões divergentes sem se abalar. Pense no tamanho do universo de pessoas que você conhece e do que ainda irá conhecer. Seja colaborativo e íntegro nas suas intenções, construa a sua credibilidade com base nesse pilar e terá o reconhecimento como prêmio. Tudo isso passa pela forma como nos comunicamos e somos ouvidos.

A insistência, muitas vezes, é o que nos resta. Ser otimista é acreditar que vai dar certo, mesmo quando as chances são pequenas. Ninguém consegue ser otimista sem ter uma visão positiva.

No livro *O valor do pensamento positivo*, o escritor Norman Vicent Peal escreve uma frase muito significativa: "há um outro elemento para obter-se a vitória, esse é o elemento crença. Creia que pode e há de poder". Em outro capítulo, ele escreveu: "uma dificuldade poderá despedaçá-lo ou torná-lo mais forte". Fica subtendido que os resultados obtidos são fruto das nossas escolhas.

Desejo profundamente que tenhamos sabedoria para fazer as melhores escolhas a nossas vidas a fim de que tenhamos uma vida plenamente satisfatória, feliz e em harmonia.

Referências

PEALE, Norman Vincent. *O poder do otimismo*. Editora Cultrix, 1972.
PEALE, Norman Vincent. *O valor do pensamento positivo*. Editora Cultrix, 1959.
SELIGMAN, Martin E. P. *Felicidade autêntica*. Editora Objetiva, 2004.

O poder do otimismo

Capítulo 25

Coaching e PNL: uma parceria para o otimismo

Ao adentrar o universo do *coaching* e da PNL, me tornei uma pessoa melhor e mais otimista, pois adquiri um autoconhecimento e uma autorrealização que me fizeram enxergar oportunidades até mesmo nas adversidades. Abriu-se um novo caminho em direção a um nível de consciência mais elevado e significativo.

Maurício Camargo de Mello

O poder do otimismo

Maurício Camargo de Mello

Bacharel em Violão Clássico; pós-graduado em Estruturação Musical, sob a coordenação do compositor e pianista, Celso Mojola, pela Faculdade de Música Carlos Gomes. Aperfeiçoou-se em Violão com Henrique Pinto, Giácomo Bartoloni e Edelton Gloeden. Estudou Harmonia Tradicional e Análise com o maestro Silas de Oliveira. Possui licenciatura plena em Português/Inglês pela Universidade São Camilo. É formado em Relações Interpessoais no Trabalho; Pedagogia Empresarial; *Licensed Practitioner of Neurolinguistic Programming*, *Master Practitioner* pela ABNLP – American Board of Neuro-Linguistic Programming. PCC – *Professional Coach Certification*; PDC – *Professionnal Disc Certification* pela Sociedade Latino Americana de Coaching, da qual é membro, e certificação internacional em analista DISC pela HR TOOLS. Ministra aulas, palestras, *workshops* e treinamentos. É coautor do livro O poder da PNL, pela editora Literare Books.

Contatos
mauriciomellocoaching@gmail.com
Facebook: Mauricio Camargo de Mello
Instagram: mauriciocamargode
(11) 98321-8402

Maurício Camargo de Mello

> A mente é o poder que molda e realiza, e o ser humano é mente, e quanto mais ele usa a ferramenta do pensamento, e, moldando o que deseja, gera milhares de alegrias e milhares de doenças: ele pensa em segredo, e logo se realiza: a realidade não é nada mais do que a lente de seu olhar.
>
> James Allen

Há duas maneiras de enfrentarmos um passado ruim: ou lamentando-o, ou ressignificando-o. A escolha é sua, a escolha é nossa.

A minha primeira formação acadêmica foi a música clássica. Dediquei-me intensamente ao estudo do violão erudito, buscando os melhores profissionais da área, e investindo tempo e dinheiro para essa conquista.

Foram anos dourados da minha vida. As pretensões, metas e objetivos nesse empreendimento refletiram numa bela *performance* com repertórios de grande requinte técnico e estético.

O esforço técnico hercúleo retribui-me com uma tendinite nos dois braços. A meu ver, tudo estava perdido. O mundo havia desabado. Todos os meus sonhos transformaram-se em pesadelos.

Resolvi, então, partir para o plano B. Ingressei no curso de Letras; afinal de contas, música e literatura se casavam muito bem. E, realmente, o resultado foi surpreendente. Descortinou-se, para mim, um universo novo da técnica e estética da palavra.

A dimensão plurossignificativa da linguagem literária me seduziu. A função poética da linguagem me encantou, a recriação da realidade e a intenção estética da literatura conseguiram me transportar para o mundo do êxtase, da transcendência, da inspiração, da emoção sem par...

A literatura teve outra função na minha vida – ela começou a lapidar o meu ser, proporcionando-me reflexões mais profundas sobre a minha existência. Interessei-me em buscar um propósito maior aqui nesta terra, e deixar um legado para a posteridade. Abriu-se, portanto, uma nova oportunidade na minha vida – o *coaching* e a PNL.

O poder do otimismo

Você deve estar se perguntando: e o violão? Ah! Esse meu amigo inseparável tornou-se mais fiel aos meus anseios. Veio à tona aquilo que, para mim, estava oculto. Comecei a tocar músicas que realmente me inspiravam e que traduziam mais os meus reais sentimentos e emoções. Percebi que aquele repertório virtuosístico de outrora era para satisfazer muito mais as pessoas que me ouviam do que para agradar-me.

Atualmente, estudo e toco as músicas de que mais gosto, buscando a minha própria satisfação. E mais, esse novo repertório está dentro dos limites de minha musculatura, e não compromete os meus tendões. Lembre-se: você passa 24 horas consigo, então, é necessário que tenha uma boa convivência com essa pessoa que mora dentro de você.

Como o otimismo pode transformar a sua vida

Quando comecei a estudar *coaching* e PNL, tornei-me uma pessoa mais otimista. Sim, essas metodologias me instruíram a adotar perspectivas diferentes, e compreender que o meu ponto de vista era apenas um entre muitos. Isso auxiliou-me grandemente a respeitar a opinião alheia e ter mais empatia com as pessoas.

Todos nós respondemos a nossas experiências subjetivas e não à realidade em si. Cada um de nós tem os nossos valores, nossas crenças e filtros, os quais sustentam as nossas avaliações, julgamentos e conclusões. Por esses motivos, a ampliação do nosso mapa individual do mundo nos proporciona uma visão mais ampla, rica e detalhada, maxibilizando a nossa flexibilidade e imaginação para maiores conquistas e realizações.

Um dos pressupostos da PNL é que as pessoas funcionam perfeitamente, pois reagem a suas programações; entretanto, essas mesmas programações podem ser modificadas, tornando a nossa vida mais plena de realizações e conquistas.

Cada indivíduo faz a melhor escolha que pode para os seus momentos e propósitos. A PNL e o *coaching* oferecem oportunidades para que o cliente encontre mais opções. Quanto maior o número de escolhas, maior liberdade teremos e, por conseguinte, respeitaremos também as escolhas de outrem.

Tenho um grande entusiasmo quando penso que nós possuímos todos os recursos de que necessitamos. Basta sabermos acessá-los ou criá-los. Para isso, a modelagem é uma das ferramentas que muito contribui para alcançarmos a excelência. Ela é um processo que discerne a sequência de ideias e de comportamentos da pessoa que desejamos modelar, permitindo a realização de suas tarefas e de seu sucesso.

Em minhas sessões de PNL e *coaching*, tenho obtido resultados magistrais. Os clientes que assumem a responsabilidade pelos seus desempenhos deixam de ser vítimas para se tornarem protagonistas de suas vidas. Doravante, não buscam culpados, não ficam justificando seus erros, cessam de julgar as pessoas e de reclamarem das circunstâncias indesejáveis.

Maurício Camargo de Mello

Mudam seus paradigmas, que eram sustentados com suas crenças e costumes, e deixam de acreditar em coisas e fatos, sem questioná-los, percebendo que tudo isso fazia com que aceitassem as suas crenças limitantes que, infelizmente, se transformavam em profecias autorrealizadas.

Agora, sabem que, ao quebrar um paradigma, elas têm chance de mudar radicalmente as suas vidas e de assumirem a total responsabilidade por elas, como bem disse Paulo Vieira:

> Você é o único responsável pela vida que tem levado. Você está onde se colocou. A vida que você tem levado é absolutamente mérito seu, seja pela qualidade de seus pensamentos, seus comportamentos e suas palavras. Por mais doloroso que seja, foi você que levou a sua vida ao ponto em que está hoje. Sendo assim, só você poderá mudar essas circunstâncias.
> (VIEIRA, p.64, 2015)

O processo de *coaching* proporciona a ampliação da percepção, do autoconhecimento, da criatividade e da autoestima, estabelecendo estratégias e ações para que o cliente alcance os seus objetivos preestabelecidos e mude a sua história. Uma técnica especial no processo de *coaching* que ajuda a acelerar os resultados é o ensaio mental.

Sabemos que o nosso cérebro não consegue distinguir o que é real do que é imaginário. Por isso, ao utilizar essa técnica, o cliente desenvolve novos caminhos neurológicos, que servem como um treino, porém só ocorrem mentalmente. Mente e corpo fazem parte de um mesmo sistema:

> O ensaio mental ativa o mesmo circuito neural que a atividade real. É por isso que atletas olímpicos passam a baixa temporada repetindo seus gestos no cérebro, porque isso também conta como tempo de prática. Aumentará a sua capacidade de desempenho, quando o momento real chegar.
> (GOLEMAN, 2012, p.101)

O meu otimismo deriva dos resultados das minhas próprias conquistas e as dos clientes que por mim passaram. Não é por acaso que a gratidão é um sentimento e uma palavra comum entre os profissionais de desenvolvimento pessoal. Na verdade, o sentimento de gratidão não só nos proporciona uma felicidade pelo que temos ou não, mas também por aquilo que passamos: e sabemos que todas as coisas contribuem juntamente para o bem daqueles que amam a Deus, daqueles que são chamados por seu decreto (Aos Romanos, 8: 28).

O poder do otimismo

O processo de *coaching* é muito eficiente para que o cliente encontre a sua missão e propósito de vida. Diríamos até que uma das maiores felicidades do ser humano é encontrar a sua missão – que é a sua razão de ser e que direciona a sua vida, motiva e o faz alcançar objetivos desafiadores, contribuindo com um mundo melhor, ajudando as pessoas a obter sucesso e felicidade. Já o propósito é o porquê fazemos isso. Fazemos, porque isso dá um sentido para a nossa vida e um sentimento de plenitude.

O *coaching* e a PNL fizeram-me mais feliz, porque otimizaram a minha autoconfiança. Hoje, consigo dimensionar o meu próprio valor, capacidades e potencial, conseguindo lidar comigo, com humildade e respeito.

Outro legado que obtive foi ter mais habilidade à resistência – resiliência – que é saber lidar ou reagir a situações adversas da nossa vida, de maneira positiva. O adestramento da resiliência, que foi obtido nos meus processos de *coaching*, colaborou, sobremaneira, para solucionar as minhas divergências entre as pessoas e resolver os meus conflitos internos, trazendo-me paz, diminuindo o estresse e me proporcionando uma autoliderança.

Outra coisa muito comum nas sessões de *coaching* e PNL é saber lidar com as crenças limitantes que tanto nos restringem. Quando sabemos removê-las ou reduzir os seus impactos, levamos o cliente a se sentir empoderado e alcançar os seus objetivos.

> Quem quiser manter-se em pleno desenvolvimento pessoal, é mister deixar de ser "o coitadinho", ou seja, um divulgador de suas próprias fragilidades e infortúnios, aquele eterno perdedor que faz questão de se diminuir. Outrossim, um dos pressupostos da linguagem Ericksoniana revela: todos nós somos, assim como a humanidade, perfeitamente imperfeitos.
> (ADLER, 2010, p.2)

Por isso, deve-se primar em reconhecer os nossos erros e pararmos de contar historinhas esfarrapadas e infindáveis, a fim de transferirmos a nossa culpa a terceiros. Para almejarmos uma vida mais dinâmica e repleta de excelentes conquistas, é imprescindível renunciarmos à procrastinação.

Procrastinar é estar sempre adiando aquilo que temos para fazer, e que nos traz como consequência uma vida estagnada e um sentimento de culpa por deixarmos sempre para depois algo que deveríamos realizar para nos tornarmos mais produtivos. É, na verdade, uma das grandes causas do insucesso, do sofrimento e dos conflitos internos.

Maurício Camargo de Mello

Nos cursos que ministro, quando os clientes encontram as causas da sua procrastinação, enfrentam-nas para combatê-las, e comparam as vantagens e as desvantagens que têm de procrastinar.

Com este artigo, convido todos a uma nova jornada rumo à felicidade, à alegria e ao otimismo, resumidas nestas nobres palavras:

> A felicidade pessoal é possível, mesmo num mundo infeliz. Ora, você pode ser feliz tanto num mundo infeliz quanto num mundo melhor. Creio não haver muita dúvida a respeito, mas ainda lhe é possível preferir ser imensamente feliz, mesmo num ambiente insatisfatório. É possível mesmo. Contestar a irracionalidade e tentar ser feliz num mundo maluco traz grandes vantagens. É desafiador. Interessante. Recompensador. É autoajuda... fazer com que sua própria determinação trabalhe por isso pode mantê-lo razoavelmente feliz.
> (Albert Ellis IN: EDELMAN, 2014, p.58)

Referências

ADLER, Stephen Paul. *Hipnose ericksoniana: estratégias para a comunicação efetiva*. Tradução: Ana Teresinha P. Coelho. Rio de Janeiro: Qualitymark, 2010.

EDELMAN, Sarah. *Basta pensar diferente: como a ciência pode ajudar você a ver o mundo por novos olhos*. 1. ed. São Paulo, SP: Editora Fundamento Educacional Ltda., 2014.

O poder do otimismo

Capítulo 26

Você sabe o poder que tem em mãos? E o que seu otimismo pode fazer?

Ser otimista não é apenas ser uma pessoa sonhadora, nem tampouco alguém ausente do pessimismo. Ser otimista é o resultado de várias atividades, atitudes e comportamentos, processos e passos que vamos aprendendo ao longo do tempo e melhorando os aspectos que achamos que precisam ser lapidados, facilitando a convivência e organização tanto na vida pessoal como profissional.

Meliy Katsue Toda de Lima

O poder do otimismo

Meliy Katsue Toda de Lima

Formada em Psicologia pela Faculdade Integrada Senador Fláquer – SP; pós-graduada em Administração Econômica Financeira, IMES – SP; MBA em Gestão Estratégica em Tecnologia da Informação, FGV – SP. *Professional coach* certificada pela SLAC – Sociedade Latino Americana de Coaching; *Professional* DISC– HRTOOLS Soluções para Recursos Humanos, SP.

Contatos
meliy_sp@yahoo.com.br
Facebook: Meliy Toda
(11) 99303-7601

Meliy Katsue Toda de Lima

Primeiramente vamos entender o que é esse poder e onde ele pode levá-lo! Provavelmente você já conviveu ou ouviu falar de pessoas que são felizes e não reclamam de nada, muito pelo contrário, são alegres, prestativas, comunicativas e, na realidade, nos surpreendem quando ficamos sabendo das dificuldades que elas enfrentam, sejam financeiras, na saúde, familiar ou em outro aspecto de suas vidas. Por vezes, não entendemos como conseguem levar a vida de forma tão tranquila, serena, como se nada daquilo estivesse acontecendo e pensamos: — Se isso fosse comigo não aguentaria tantas coisas juntas sem "espanar".

Esse "dom" pode ser chamado por diversas palavras: fé, esperança, foco, meta, objetivo, espírito elevado, personalidade forte e outros adjetivos utilizados por diversos indivíduos.

Chamamos de otimismo quando sabemos onde queremos chegar de forma objetiva, medindo os riscos e desafios, atingindo o resultado desejado ou o não desejado. Ser otimista não é apenas ter um pensamento positivo, visualizar as coisas que almeja alcançar, planejar metodicamente passo a passo, sentir e saborear essa conquista como se fosse hoje, e ficar esperando que as coisas aconteçam por si, isso não é ser otimista.

Para se tornar otimista, é preciso adquirir o hábito de ter um conjunto de ações e reações contínuas que temos em mente, colocá-las em prática e fazer a correção dessa ação para a solução dos obstáculos, ajustando para se atingir a meta desenhada e planejada.

Podemos citar o exemplo de pessoas que dizem não ter tido uma vida generosa, e se tivessem tido, teriam mais oportunidades, mais estudo, mais saúde, mais amigos, mais dinheiro, algo mais e mais, sempre almejam algo que ainda não têm, são eternamente insatisfeitas.

Essas pessoas precisam ponderar o real objetivo, será que algum dia alcançarão ou se sentirão realizadas? Teriam um destino diferente ou teria sido tudo melhor?

Por outro lado, também vemos aqueles que não tiveram oportunidade de estudo, família estruturada e conseguem atingir os seus objetivos com esforço, planejamento, foco e os outros entendem que essas pessoas têm mais "facilidade", mais sorte, ajuda dos outros ou qualquer outra coisa que possa tirar o real mérito da conquista.

Isso é um conjunto de ações, atitudes e comportamentos que tomam durante o decorrer da vida. Ficar se lamentando e se fazer de vítima terá um resultado onde os outros terão um olhar de piedade, "pena", "dó" e isso sempre será usado como "muleta", com o objetivo de continuar contando histórias tristes onde haja comoção daqueles que escutam e, dessa forma, o "peso" da não conquista se torna algo aceitável para si e aos outros em volta.

Vamos entender primeiramente a definição do otimismo de acordo com a descrição da Wikipedia, "Otimismo é a disposição para encarar as coisas pelo seu lado positivo e esperar sempre por um desfecho favorável, mesmo em situações muito difíceis. É o oposto de pessimismo".

A oposição entre otimismo e pessimismo é seguidamente evocada pelo "dilema do copo": se ele é preenchido com água até a metade de sua capacidade, espera-se que um otimista diga que ele está "meio cheio" e que um pessimista reconheça um copo "meio vazio".

Ser uma pessoa otimista depende somente de você, independentemente da situação em que o país vive, das crises, da falta de emprego, do transporte coletivo ser deficitário, da saúde caótica e dentre outros fatores que são desfavoráveis, você não tem que medir o seu esforço ou o seu otimismo por meio dos fatores externos que estão fora de seu controle.

Primeiramente, deve entender que existem situações que não dependem da sua ação para se tornar da maneira que gostaria. Caso contrário, poderia entender que uma grande massa de pessoas poderia se unir em uma corrente de ações para reverter qualquer situação em que são contrárias ou que não estejam agradando.

Entendemos que correntes do bem a favor de alguma ação funcionam, mas não em todas as escalas e situações. Se isso fosse real, teríamos uma nação onde todos os problemas poderiam ser minimizados ou solucionados.

Quando alguém diz que o país está em crise ou que irá iniciar algum projeto após algum período, eleições, carnaval ou qualquer outra data comemorativa para iniciar o projeto, algo será iniciado na segunda-feira, pois passará o final de semana fazendo tudo ao contrário antes de iniciar uma reeducação alimentar, ou atividade física, ou qualquer outra ação que dependa de esforço.

Podemos entender que essa pessoa quer um "tempo" para que inicie realmente as atividades e ações para que considere favorável esse início. Mas será que ela verdadeiramente quer atingir esse objetivo ou está usando essas situações "infinitas" como desculpa para protelar ou postergar seu objetivo ou meta? A mudança do *mindset* (forma de pensar) está de acordo com o objetivo elaborado?

Exercício para atingir o objetivo

Para detalhar se realmente queremos atingir um objetivo, podemos aplicar um simples exercício. A finalidade é podermos identificar o que o impede de começar, ou o motivo pelo qual quando inicia não consegue concluir ou chegar ao resultado desejado:

1) Em uma folha de papel, escreva um título para o seu objetivo, definindo-o em termos positivos;
2) O que você irá ganhar quando atingir o seu objetivo?
3) Quando irá atingir o seu objetivo? Estabeleça uma data em que irá alcançá-lo. Onde e com quem estará quando atingi-lo?
4) O objetivo depende somente de você ou de terceiros? (descreva no caso de terceiros. Ex.: Tempo, amigos, familiares, governo, etc.)
5) Por que você acha que o seu objetivo é alcançável? Dê exemplos.
6) O seu objetivo é atraente para você?
7) O seu objetivo é realista?
8) Qual será o indicador que irá medir se está conseguindo alcançá-lo? E, como saberá se já o atingiu? Escreva algo que irá ouvir, ver ou sentir.
9) Descreva o que você já tentou para atingir o seu objetivo anteriormente e qual foi o resultado.
10) De que forma o seu objetivo alcançado irá afetar a sua vida? Faça uma lista do que você poderá ganhar ou perder, quem será afetado de forma negativa e positiva, como esse objetivo alcançado poderá afetar sua vida e em quais áreas (saúde, desenvolvimento intelectual, equilíbrio emocional, realização e propósito, financeira, contribuição social, familiar, amorosa, social, criatividade, *hobbies*, diversão, plenitude e felicidade, espiritualidade entre outras).
11) Quais capacidades você já tem para atingir o seu objetivo e quais ainda necessita?
12) Liste de forma específica o que vai fazer para realizar o seu objetivo (Relacione o seu plano de ação com datas, iniciando em pequenas ações e as distribua para serem cumpridas, por exemplo: por semana, mês, ano e vá acompanhando o resultado em cada semana ou período).
13) Ao final desse exercício, releia tudo e observe se existe algo que gostaria de ajustar para que o seu objetivo seja alcançado.

Ao realizar a sua lista de ações, leve em consideração o que depende de você para atingir o seu objetivo e não se preocupe com a opinião dos outros, pois saberá ponderar aquilo que esteja alinhado aos seus valores e objetivos.

Meça os seus resultados e, de forma otimista (positiva), ajuste aquilo que não trouxe resultados desejados e siga em frente. A sua data para atingir o seu objetivo é importante para saber se está, ao longo do tempo, chegando próximo do objetivo e se já o atingiu.

O poder do otimismo

Ser otimista é ver a solução dos problemas e não ficar se lamentando nos pontos negativos, é identificá-los e traçar ações para solucioná-los; se não houver soluções, é entender que o momento que está vivendo não está propício para resolução.

Não há esforço maior e energia despendida de forma "inútil" quando não aceitamos algo ou não concordamos e queremos que a situação se reverta da forma que queremos, e isso não depende de nossas ações e, sim, de terceiros. Além de se frustrar, a chance de criar inimizades e barreiras sobre essa situação é grande.

Quando o mesmo evento ocorrer novamente, você poderá ter a lembrança como algo não favorável, isso pode paralisar a ação e, em outros casos, somatizar e trazer à tona uma defesa inconsciente.

Em um atendimento houve certa situação em que a mãe tinha muito "medo" em deixar o filho ir à escola infantil, por achar que ele iria chorar, sentir a sua falta, sofrer e diversas outras situações ilustradas e detalhadas durante a sessão. Ela havia feito a matrícula há alguns meses e sequer levado a criança para a adaptação.

Quando questionada a falar sobre os benefícios que o filho poderia ter, houve muita dificuldade em imaginar e visualizar o pequeno em um cenário favorável, que o incluiria em diversas atividades com outras crianças se divertindo, criando independência e brincando. Nesse momento, a mãe se deu conta de que nunca havia pensado dessa forma. A mudança de pensamento a possibilitou seguir adiante e a encorajou a levar o filho na semana seguinte à escola. Todo aquele sofrimento se reverteu em um cenário favorável.

Quando a visão foi modificada ao lado positivo, conseguindo visualizar o benefício de ambos, a jornada foi muito mais leve e, dessa forma, concluiu-se a etapa que há meses havia lhe paralisado de tomar essa atitude.

Ser otimista não é apenas ser sonhador

Ser otimista não é apenas ser uma pessoa sonhadora, nem tampouco alguém ausente do pessimismo. Ser otimista é o resultado de várias atividades, atitudes e comportamentos, processos e passos que vamos aprendendo ao longo do tempo e melhorando os aspectos que achamos que precisam ser lapidados, facilitando a convivência e organização tanto na vida pessoal como profissional.

Ser otimista é visualizar o sucesso a ser atingido, a felicidade da conquista de uma meta grandiosa, porém, para que isso se concretize, deve haver planejamento e detalhamento daquilo que se almeja alcançar. É necessário ter fé, foco, comprometimento e atitudes positivas em busca de seus objetivos, dessa forma, considerando as variáveis de cada passo para que seja concretizado e adequadamente modificado quando necessário.

Quanto mais específico e detalhado for o seu objetivo, mais possibilidades de sucesso você terá ao longo do percurso das atividades a serem cumpridas para atingir o objetivo final, fracionar as etapas e saborear as conquistas, assim como experimentar os ajustes dessas etapas, fazem parte do otimismo e ser resiliente aprendendo com os "erros" cometidos ou não mensurados no andar da execução.

Quando você consegue mensurar as dificuldades para atingir um objetivo, isso o motiva para criar um plano "B" ou algo para solucionar de forma antecipada quando isso ocorrer. Depender de terceiros ou terceirizar atividades para quem tem mais conhecimento ou experiência que você pode ser uma forma de não minar a sua energia com coisas que não tem experiência ou habilidade e, sim, otimizar seu tempo para atingir os seus objetivos.

Ser otimista é ponderar a sua realidade, ter o bom senso e sempre visualizar à frente suas conquistas deixando para traz os resultados não esperados e tratá-los como aprendizado.

Ser otimista não é ser sonhador ou achar que tudo dará certo. Então, o que é ser otimista?

A visão que cada um tem de uma determinada situação irá depender muito da experiência de vida e da forma de enxergar as coisas.

Montar um quebra cabeça de seis mil peças para uma pessoa otimista será mais fácil do que para uma pessimista?

Tente descrever quais os aspectos que poderão determinar e influenciar de forma positiva ou negativa essa atividade.

Faça uma avaliação de alguma situação do seu dia a dia ou até mesmo como a sua visão de algo que ocorreu poderia ter sido diferente se tivesse uma visão de vários ângulos de um mesmo evento.

O otimismo pode contagiar de forma positiva as pessoas que estão ao seu redor, você deve ter conversado com alguém que só mostra os pontos negativos das situações ou acha que algo não vai dar certo mesmo antes de começar.

Como agir nessa situação? O importante é que essa pessoa não consiga "contaminar" o seu otimismo ou convencer que o que você quer fazer é um sonho impossível de alcançar por conhecer várias pessoas que já tentaram e não conseguiram; com certeza elas não tiveram o incentivo necessário para conquistar os seus objetivos de forma tranquila, ou toda experiência sempre foi muito penosa.

Alguém otimista pode visualizar uma situação e achar que aquilo será muito difícil de ser conquistado, porém antes de desistir ou colocar obstáculos, irá medir, verificar as ações necessárias e se planejar para que os resultados sejam atingidos. Ao persistir em algumas situações, pode ser visto como teimoso ou um indivíduo que nunca desiste do que quer atingir. Por um ponto, isso é positivo, pois está determinado e acredita naquilo que quer conquistar.

Comparando a minha infância com a do meu filho, atualmente consigo enxergar a diferença das crianças de hoje. Quanto otimismo

O poder do otimismo

eu tinha ao fazer uma nova amizade, tornando as dificuldades em impulsos para realizar os desejos imediatos de amizades, brincadeiras e tudo o que nos rodeava. Hoje, o otimismo das crianças e adolescentes está limitado à primeira dificuldade, e elas muitas vezes se trancam em seu mundo virtual ou se relacionam com diversas pessoas *online*.

Seja feliz buscando algo que lhe faz bem, que traga bem-estar! Acima de tudo, seja otimista para alcançar o seu objetivo de acordo com os seus valores!

Pergunte-se diariamente o que fez hoje para chegar mais perto da sua meta. Avalie se a rotina o está aproximando ou afastando do seu real objetivo.

O poder do otimismo

Capítulo 27

A resposta que depende de você

Todos os dias nos deparamos com problemas. A grande questão é: como você tem lidado com eles? Qual é a sua postura? Neste capítulo, caro amigo leitor, convido você a uma reflexão a respeito do que tem feito em benefício próprio, a fim de alcançar melhores resultados para a sua vida. E mais, apresentarei um conjunto de estratégias que o levarão rumo ao sucesso!

Mikarla Freitas

O poder do otimismo

Mikarla Freitas

Especialista em empoderamento profissional e resultados para empresas. Graduada em Comunicação Social – Publicidade e Propaganda – pela Universidade Estácio de Sá. MBA em Gestão Comercial pela FGV; Gestão de Pessoas por Competências. Líder *coach*, além de empreteca pelo SEBRAE. Participou do *Unleash the Power within* Anthony Robbins (Nova Iorque). Possui 12 anos de experiência nas áreas comercial e *marketing*, com atuação em grandes empresas dos segmentos de *hardware*, *software*, *coaching*/capacitação empresarial, cosméticos e na Federação das Indústrias do Estado de Santa Catarina (FIESC). Atua como mentora empresarial/profissional e palestrante nas áreas de vendas, liderança e atitudes poderosas.

Contatos
www.mikarlafreitas.com.br
contato@mikarlafreitas.com.br
Instagram: mikarla_freitas
(48) 99914-1520

Mikarla Freitas

> "Sua mente é um instrumento destinado a servi-lhe e não a destruí-lo. Mude seus pensamentos e você mudará seu mundo."
> Norman Vincent Peale

A o longo de minha carreira profissional, uma das coisas que mais me estimulam é estar próxima de pessoas orientadas para a solução de problemas. Convivi, nas empresas em que atuei, com algumas pessoas com esse perfil. A diretriz delas é que os problemas fazem parte da rotina. No entanto, buscar soluções é o fator mais desafiador e, por isso, um diferencial.

Aprendi a ser uma dessas pessoas que buscam soluções e que, diante das dificuldades naturais e características de qualquer trabalho, detêm uma postura campeã. Desenvolvi esse comportamento e ele foi necessário para desempenhar minhas atividades no setor comercial daquelas empresas. A ele dediquei grande parte dos anos de minha carreira profissional.

O setor comercial ou de vendas, como é popularmente conhecido, requer esse estilo solucionador de problemas, afinal os clientes possuem necessidades. Assim, nosso papel é encontrar, no portfólio de produtos e serviços da empresa, algo que atenda as suas expectativas. Mais do que isso, requer que sejamos otimistas, pois, ao chegar ao último dia do mês, mesmo que você tenha alcançado ou não os resultados, precisa estar motivado para iniciar o próximo ciclo, que contém novas oportunidades.

Você deve estar pensando: "bom, eu não atuo no setor comercial, mas passo pelos mesmos desafios na empresa em que trabalho ou na qual sou proprietário". Ou então, com a sua equipe, e até mesmo na sua vida. E aí eu digo: "ter uma postura campeã, ser um solucionador de problemas e ser otimista são pré-requisitos para as conquistas!".

Quando falo de postura campeã, entenda que ela está relacionada a ter boas atitudes. Por meio delas, desempenhamos o nosso melhor papel. Tornamo-nos pessoas mais resolutivas e decisivas nos processos e em nossas tarefas diárias.

Segundo o dicionário Michaelis, a atitude está relacionada ao modo de se comportar perante alguma situação e está também pautada a nossa forma de agir positiva ou negativamente.

O poder do otimismo

Pois bem, levei algum tempo para entender que certas atitudes, quando desempenhadas com base em nossos pontos fortes e talentos, nos movimentam como detentores de nosso destino e nos fazem ir além. Trato essas atitudes como poderosas, pois são capazes de mudar comportamentos, quase que imediatamente, e fazer com que as pessoas extraiam o melhor que há em si.

É fato que a maneira como você lida com a realidade influencia diretamente o seu modo de ser. Muito tem se estudado sobre o nosso cérebro e a influência dos nossos pensamentos sobre a nossa forma de enxergar o mundo. E mais, o quanto isso está relacionado aos resultados. Iniciei este capítulo com uma frase que retrata bem a questão: comece mudando os seus pensamentos e você mudará o mundo!

O fato é que muitas pessoas que também trabalhavam nas mesmas empresam em que trabalhei, além de amigos, familiares, e até aquelas que encontramos ao acaso em nossas vidas, não detêm essa mentalidade. Pelo contrário. Algumas são pessoas que discordam de novas ideias, que não enxergam possibilidades e que não estão dispostas a pagar o preço para alcançar suas metas e objetivos. Elas sequer possuem metas e objetivos definidos.

Tornei-me especialista em auxiliá-las a desenvolver atitudes poderosas, gerando resultados imediatos para as empresas em que são colaboradoras ou empreendedoras. Por meio das pessoas é que os resultados corporativos são alcançados, o que contribui também para a minha missão, que é justamente multiplicar ganhos e transformar vidas.

Por ter me aproximado mais ainda desse tema, eu tenho duas notícias para dar, uma boa e uma ruim. Qual você quer primeiro?

Como estamos falando de otimismo, eu vou dar a boa notícia primeiro: tudo que relatei até aqui depende única e exclusivamente de você, da sua disposição de colocar essas atitudes em prática. Também depende da sua disciplina, da sua persistência, do seu poder de se manter focado e determinado. É importante ter em mente que a estrada para o sucesso possui armadilhas, mas que, com os itens que vamos abordar em seguida, com toda a certeza, você alcançará aquilo que almeja.

Como seres autoconscientes, devemos comandar as "rédeas" da nossa vida. Costumo dizer aos meus colegas que a vida é feita de escolhas e decisões. E ela é mesmo! Escolhas e decisões que fazemos diariamente, a fim de nos posicionarmos rumo ao alcance dos nossos objetivos. Somos capazes de coisas incríveis, mas, antes, é preciso acreditar em nós mesmos.

Voltando ao assunto, ainda devo dar a má notícia. E ela é a seguinte: tudo o que acontece de bom ou de ruim na sua vida depende única e exclusivamente de você! Das suas escolhas e decisões.

Convenhamos, essa notícia pode não ser tão má assim. Ela só se torna má a partir do momento em que você não a compreende e continua na inércia, ou seja, no "piloto automático", aceitando os resultados que está obtendo atualmente. Eles podem até estar bons, mas será que estão como realmente gostaria? Estão de acordo com aquilo que consegue entregar em sua totalidade?

"Ora, Mikarla, você está me dizendo então que a boa e a má notícia possuem a mesma vertente de pensamento?" Sim! Isso mesmo! Quer saber a diferença crucial? O-t-i-m-i-s-m-o.

Controle os seus pensamentos e mude os seus comportamentos. Seja uma pessoa mais positiva e resolutiva. Dessa forma, a boa notícia se concretizará! A sua mente tem poder. Você a conduz.

Para ajudá-lo com tudo isso, com base em algumas pesquisas e vivências, eu desenvolvi um esquema que trará clareza do que precisa ser feito. Assim, você poderá colocar em prática hoje mesmo os itens que trataremos como estratégias. A seguir, apresento as estratégias rumo ao sucesso.

1. Torne-se um solucionador de problemas

Um líder, que tive em um determinado momento de minha vida, dizia a seguinte frase para a equipe da qual eu também fazia parte: "para cada problema, me tragam três soluções". Parece óbvio, mas se você parar para pensar, normalmente, elencamos os problemas e não as soluções para eles. Com essa frase, ele fazia com que nós, seus liderados, o procurassem cada vez menos, pois, ao identificarmos um problema, deveríamos elencar as três soluções. Não raro, ao elencá-las, nós mesmos já encontrávamos a resposta e, por conta própria, tomávamos as decisões necessárias sem abordá-lo com frequência.

Fiz essa analogia para que você comece a definir as soluções para os problemas que tem em sua vida. Faça uma lista e dê prioridade para aqueles que trarão resultados significativos já de imediato. Tome as decisões necessárias e os solucione!

2. Tenha uma postura campeã

Como comentei anteriormente, uma postura campeã faz você agir de forma diferente. É como fazem os atletas de alto desempenho: eles exercitam a visualização mental do atingimento de seus resultados e treinam incansavelmente para ganhar as competições. Eles também possuem autoconfiança; desenvolva a sua! Comece a acreditar em si.

Já ouviu a frase: você é a média das cinco pessoas com quem mais convive? Escolha aquelas que admira e são os seus exemplos na forma de pensar e agir. Observe-as e se espelhe nelas.

Não fique preso à ideia do quão improdutivo vai ser errar ou a chance de fracasso que estará correndo assumindo desafios. Nessa hora, quem detém postura campeã se destaca, pois não existe medo de errar ou fracassar. Caso isso aconteça, os aprendizados serão vistos como ganhos e servirão de lição aos próximos passos.

3. Desenvolva atitudes poderosas

Após ter a postura de um campeão, é necessário que você desenvolva boas atitudes. As atitudes poderosas farão parte da sua bagagem rumo ao sucesso. Costumo comentar que, por muitas vezes, em minha própria vida, tive inúmeros planos, mas o que me faltava era o "A" da Atitude para colocá-los em prática. Aqui vão algumas dicas de atitudes que considero poderosas e que o farão tirar os seus planos do papel:

A) Comprometimento - é um fator fundamental para quem quer se destacar, pois mostra o seu empenho em fazer aquilo que precisa ser feito.

B) Inteligência emocional – saber compreender e gerenciar os próprios sentimentos e utilizá-los a seu favor. A inteligência emocional permite lidar não só com as suas tarefas e problemas, mas também com as pessoas com quem você convive. Ela é uma habilidade com forte tendência em ambientes profissionais, pois trabalhar em equipe pode ser um desafio.

C) Resiliência – saber se adaptar às situações, mesmo aquelas adversas, e colher bons resultados. Indivíduos com essa caraterística encaram os obstáculos sem medo.

D) Foco e disciplina – como comentei anteriormente, estar focado é saber elencar as prioridades de sua rotina. É uma tarefa difícil que requer treino. Para isso, a disciplina o ajudará. Por esse motivo, utilizo essas duas atitudes como complementares.

É importante que você saiba que também existem atitudes negativas que podem atrapalhar. Alguns exemplos de atitudes negativas são: reclamar, ser inflexível e fazer fofoca. Fique atento para não transformar atitudes positivas em negativas!

4. Seja otimista

Perceba como um item leva a outro. No passo anterior, finalizamos dizendo que você precisa ter boas atitudes e, portanto, poderosas. Agora, é necessário que o seu *mindset* trabalhe a seu favor. Quanto mais otimista for, mais chances terá de alcançar aquilo que almeja. No livro O óbvio que ignoramos, Jacob Petry publicou uma frase de David Schwartz que diz: "o ser humano só consegue ter um pensamento por vez. Se esse pensamento é negativo ou positivo, é uma escolha de cada um".

Elenque as convicções e crenças negativas que você tem dentro de si, aquelas que o estão impedindo de ser uma pessoa otimista e alcançar melhores resultados. Substitua-as por afirmações positivas. Quando você afirma que não é capaz de mudar, o seu cérebro bloqueia o acesso às informações para criar novos hábitos. Substitua o "eu não vou conseguir" pelo "eu posso e consigo desenvolver as habilidades que quero e preciso".

5. Defina um propósito

Por falar em vitória, é imprescindível que você defina o seu propósito. Temos em nós a vaga ilusão de que precisamos encontrá-lo. Aqui eu o convido a fazer diferente: crie o seu. Para isso, é necessário que você saiba aonde quer chegar. Qual é o seu sonho? O propósito está relacionado ao seu projeto de vida. É o porquê você faz o que faz. E sabe o que é melhor? A resposta está sempre dentro de si! Pergunte-se: o que me empolga? O que me faz feliz? Qual é o meu legado? Qual a marca que quero deixar nas pessoas? Responda de forma honesta e, assim, conseguirá criar o seu propósito.

6. Elenque os seus pontos fortes e pontos de melhoria

Você já sabe onde quer chegar. Agora é necessário saber quais recursos tem de melhor, e aqueles que ainda precisa aperfeiçoar. Identifique esses pontos. Escreva-os para facilitar a sua compreensão. Empodere-se daquilo que você já tem. Use a seu favor (seus pontos fortes) e dê conta de aprimorar aquilo que ainda precisa (seus pontos de melhoria).

7. Trace metas

É necessário que tenha clareza daquilo que precisa ser feito todos os dias em busca dos seus objetivos e, por conseguinte, do seu propósito. Para isso, trace as suas metas, registre em um papel as tarefas que precisa realizar. Defina prazos ao cumprimento dessas tarefas. As metas são quantitativas e, por isso, quanto mais específicas as suas metas forem, mais assertivo você será. Não se esqueça de monitorar com frequência os seus avanços. Só assim poderá alterar o que precisa ser corrigido e se comprometer a atingir os resultados propostos.

Esse passo a passo é um guia que poderá utilizar sempre que precisar, para melhorar a sua postura e desempenhar o seu melhor, seja na área pessoal ou profissional de sua vida. Já dizia Ayrton Senna: "no que diz respeito ao empenho, ao compromisso, ao esforço, à dedicação, não existe meio termo. Ou você faz uma coisa bem-feita ou não faz".

Espero que chegando até aqui, caro amigo leitor, você tenha mais clareza do título deste artigo. A resposta depende do seu esforço. Faço votos de que tenha compreendido que, por muitas vezes, procuramos respostas sem perceber que elas já estão em nós. O resultado positivo ou negativo de nossas vidas está em nossas mãos. Costumo repetir com frequência para algumas pessoas que vêm até a mim reclamando de questões de suas vidas, que tudo está de tal maneira por responsabilidade delas.

O poder do otimismo

Não atribua a culpa sobre as questões de sua vida aos outros. Você é o comandante do navio e tem o poder em suas mãos. Isso é mágico! Não desperdice o seu precioso tempo com questões que fogem do seu propósito. Pense e reflita. Empodere-se de sua vida! O controle está com você!

Referências
PETRY, Jacob. *O óbvio que ignoramos. Como simples atitudes podem fazer você obter sucesso em tudo que realiza.* 2016. Editora Planeta do Brasil. Página 196.
BYRNE, Rhonda. *O segredo.* 2006. Atria Books.
Michaelis Moderno Dicionário da Língua Portuguesa. 2004. Editora Melhoramentos.

O poder do otimismo

Capítulo 28

A felicidade é uma questão de otimismo

Quando nos dispomos a perceber as coisas por uma ótica expandida, podemos ter, de forma ampliada, duas condições de aceitação: um olhar negativo e outro positivo. Ao perceber e aceitar as coisas negativamente, nos restringimos em positivar qualquer situação, gerando infelicidade. Otimismo é a busca por estabelecer uma percepção e um comportamento mais resiliente.

Paulo Henrique Paiva

O poder do otimismo

Paulo Henrique Paiva

Palestrante, *coach*, consultor, treinador, diretor da empresa Contexto Gestão Empresarial. Há 16 anos na área de gestão de pessoas, atendendo organizações de diversos segmentos pelo Brasil. Formado em Administração de Empresas com ênfase em Recursos Humanos. MBA Executivo em Gestão de Recursos Humanos e Gestão Estratégica de Pessoas. *Personal & professional coach*; analista em diagnóstico de perfil comportamental, psicanalista, terapeuta transpessoal e *master* em programação neurolinguística. Autor de diversos artigos para *sites* especializados em recursos humanos, jornais regionais, revistas de gestão, carreira e administração.

Contatos
http://www.paulopaiva.com.br/
www.contextogestaoempresarial.com.br
contato@paulopaivapalestrante.com.br
Facebook: Paulo Paiva Palestrante
LinkedIn: Paulo Paiva Palestrante
Instagram: paulopaivapalestrante
(15) 3342-4295 / (15) 99781-4797/ (15) 99692-5181

Acredito que hoje, ao chegar na casa dos 40 anos, tenho refletido muito sobre a minha forma de pensar e agir, embora eu seja um otimista convicto e, sempre que caio na média, seja no pensar ou no agir, eu diga: "mais ou menos não!".

Mais ou menos

> A gente pode morar numa casa mais ou menos, numa rua mais ou menos, numa cidade mais ou menos, e até ter um governo mais ou menos. A gente pode dormir numa cama mais ou menos, comer um feijão mais ou menos, ter um transporte mais ou menos, e até ser obrigado a acreditar mais ou menos no futuro. A gente pode olhar em volta e sentir que tudo está mais ou menos...Tudo bem! O que a gente não pode mesmo, nunca, de jeito nenhum, é amar mais ou menos, sonhar mais ou menos, ser um amigo mais ou menos, namorar mais ou menos, ter fé mais ou menos, e acreditar mais ou menos. Senão a gente corre o risco de se tornar uma pessoa mais ou menos.
> **Chico Xavier**

É assim, nesse vai e vem da vida, que olho e valorizo cada momento, cada coisa, cada pessoa que conheço, e pratico, de forma muito prazerosa, o poder do agora.

Trago dez dicas para que você se sinta otimista com esse aprendizado que fui ganhando ao longo de minha vida, e para quebrar algumas crenças limitantes que possam estar emperrando o seu crescimento pessoal, profissional e material.

1) Uma verdade que se encontra em você

Mesmo em um mundo acelerado, tumultuado, competitivo e em reconstrução de valores pessoais, entre verdades e incertezas, por uma infinidade de gurus e "especialistas" se promovendo como detentores do saber do segredo da felicidade, do sucesso e da riqueza, vendendo facilmente ideias e metodologias nem sempre testadas em suas próprias vidas. Contudo, ninguém pode dar a sua verdade, ela está dentro de você e sempre tenho dito que o segredo que descobri dentro de mim foi aprender a ouvir o inaudível com ouvidos da intuição. É necessária uma verdadeira jornada para identificá-la e aprender a utilizá-la em um mundo mecanicista e materialista.

Nossa mente é muito barulhenta, até que se aprenda a dominá-la, mas nem por isso você deixa de ter as respostas no seu interior, quando aprende a se aquietar e prestar atenção no que ecoa aí dentro de você. Somos únicos e possuímos uma verdade única, muitas vezes, boicotada pelas ilusões da mente, trazendo frustrações e sofrimento. É importante dizer que podemos romper com os padrões de consciência coletiva herdados pelos nossos antepassados, que ocasionam a prisão, a dor e a guerra que se inicia dentro de nós.

2) Estamos integrados

A mente tem mais relação com a porta do mundo externo e com as suas ilusões do que com a sua porta da verdade interna. O jogo da mente é o diálogo com o externo, por meio de falsas verdades ou verdades imparciais, como a idealização, aprovação, pequenos prazeres, facilidades que ela cria como fator de manipulação.

As verdades da mente são aparentes e não duradouras, originadas por sentimentos de pessimismo e otimismo. Quando você se identifica com o sofrimento, o ego, as alegrias passageiras, o desejo, e com todo esse ruído mental, você se afasta da sua própria realidade, ou seja, de sua verdade interior.

O bom é que podemos aprender a silenciar a mente e nos libertar dela a qualquer momento. Quando, por exemplo, uma pessoa passa a meditar, a orar, ela se torna uma empoderada a observar os seus pensamentos e tem a consciência de que são apenas pensamentos, assim podendo controlar os seus sentimentos.

Ter a consciência de suas ações é o primeiro passo para se tornar mais otimista. É entender que até 90% dos nossos pensamentos são inúteis e que esses, assim como as crenças aprendidas em nossa formação desde a infância, emoções e hábitos, podem ser substituídos progressivamente. A consciência é também um caminho para superar crenças limitantes. Por exemplo: "eu não consigo", "é tarde demais", "sou assim e não consigo mudar", entre tantas outras que alimentamos no dia a dia.

3) A dor e o sofrimento são fabricados

Muito recorrente no budismo e nas filosofias orientais, a dor não faz parte da sua verdade interior. Ela é proveniente do contraste com o externo e, por isso mesmo, não é real ou não precisa ser real; são preconcebidas em nossa mente, em nosso comportamento, e assim em nosso sentir. Se você parar para pensar, grande parte dos eventos com dor e sofrimento, ao longo da vida, são desnecessários para o modelo mental que possui crenças, valores e julgamentos.

"Faça do agora o principal foco de sua vida." Em minhas sessões de *coaching*, mentoria, palestra, treinamentos e aulas, sempre reforço que o melhor momento é o "agora", e ele não se repete, é um aprendizado instantâneo.

O sofrimento atual é um sintoma da não aceitação da sua verdade. Por isso, digo com um olhar psicanalítico: "a sua verdade não é a minha verdade", só por essa ótica temos duas verdades a princípio. Muitas vezes, vivemos por meio do sofrimento, em lembranças do passado e visões de um futuro que ainda nem existe. Nos esquecemos que apenas o agora importa. Pare de sofrer e foque no presente. Não crie julgamento sobre o seu futuro ou o seu passado, com pensamentos pessimistas que nada agregam no seu desenvolvimento pessoal. Supere-os, aceite o presente, abrace as suas falhas e siga em frente com o "poder do otimismo".

4) As coisas são como são, simples assim!

É fundamental entender que as coisas são como são e isso não traduz um comportamento conformista. Você só tem condições de criar a sua realidade quando entender e aceitar que as coisas são como são. Se as coisas são de uma forma, elas também podem ser diferentes da maneira que desejaria.

Há momentos desagradáveis, insatisfatórios e difíceis. Contudo, mudar a sua realidade é um desafio; aceite esses momentos como são, ganhando experiência e aprendizado. Isso dará a você uma liberdade interior sem igual, tornando-o mais resiliente. Aprenda a trabalhar com as dificuldades, assim facilitará lidar com as frustrações e transformá-las em oportunidades.

5) Nada existe fora da casa do agora

Você já viveu alguma vez em outro momento que não seja o agora? A não ser quando experimentou o *Déjà vu*, quando nós vemos ou sentimos algo pela primeira vez e temos a sensação de já ter visto ou experimentado aquela sensação. Não, pois tudo acontece no agora. O futuro não se cria no futuro e nem o passado se cria no passado. O que está acontecendo com você ocorre no agora. Eis aí uma afirmação essencial para o caminho da iluminação espiritual praticada fortemente pelos orientais. A sensação do presente é emprestada ao passado e ao futuro – são só reflexos do presente, mas fora do presente nada existe, esse deslocamento de emoções, ora saudosistas, ora de ansiedade de prever o futuro, não é real, é somente algo criado por nossas mentes.

O poder do otimismo

6) Entre e acesse o poder do agora

A conscientização é o primeiro passo. O segundo é a percepção de que não há outros tempos (passado e futuro) além do agora. Você tem todas as condições para romper com os velhos padrões, com a ansiedade, pessimismo e resistências, afastando-se de seu otimismo e do presente.

O poder do agora nada mais é do que o "poder da sua presença, da sua consciência libertada, das suas formas de pensamento". Isso é mágico quando começamos a praticar.

Quando se está focado no agora, aprende melhor sobre as suas reações. Por exemplo, quando julga alguém, o faz considerando as referências que teve, com base em suas crenças e valores, sem considerar a pessoa que realmente é. Isso é uma forma mecânica da mente que apenas conhece rótulos, julgamentos e parcialidades sobre o outro sem profundidade.

No presente, você pode se atentar as suas emoções, pensamentos e comportamentos, e não levar nada ao lado pessoal, se tornar um astuto observador. Nesse sentido, fica mais perto de seu autoconhecimento. E é claro que a mente, de forma estratégica, tentará se livrar do agora, tentando levá-lo a repetir padrões antigos de emoções como medo e insegurança, de pensamentos como "não consigo", e de comportamentos como procrastinar.

7) Sua vida integrada e iluminada

Podemos atingir iluminação em nosso corpo, mente e alma e, com isso, os pilares da roda da vida: corpo, mente, alma, social, familiar, financeiro e profissional. Uma vida abundante e iluminada significa libertar-se da ilusão e manter-se conectado com a sua essência. Não somos parte e, sim, um todo. Se algo nos impacta, o todo sofre.

8) Resistência e crenças limitantes

Somos criados em uma cultura em que a resistência e o egoísmo são facilmente percebidos pelo individualismo. A entrega só poderá ser concebida no agora, com a flexibilidade diminuindo a resistência e suas crenças limitantes. Conquistamos isso observando a forma como a mente rotula as situações, ao contrário da resistência, que não contribui para o seu autodesenvolvimento.

9) É no limite que criamos oportunidades

Já ouviu falar: "aceita que dói menos?". É uma frase sábia. Toda situação-limite, seja ela uma separação, uma doença, uma tragédia, ocorre porque requer uma entrega; não surge do nada. Nada ocorre apenas pelo sentimento. As situações pelas quais passamos fazem parte da vida e tudo o que conta é a forma como você as encara. A situação-limite despedaça a vida de uma pessoa de alguma forma. A mente entra em colapso; nos vemos sem possibilidades.

Em toda e qualquer situação há oportunidades para a mudança e para a iluminação. A resistência pode tornar as coisas ainda piores, mas a entrega dá espaço a uma transformação pessoal.

10) A transformação transpessoal

Nem sempre valorizamos a paz, o silêncio e a quietude, somente quando estamos perturbados dentro de nossas mentes. Ter paz não é passar por cima dos seus pensamentos, crenças, valores, emoções e sentimentos. É ter a consciência de tudo isso que existe em nós e no mundo, e ter a capacidade de se conectar com o todo.

É necessário aceitar a sua realidade para transformá-la. Ter a consciência das coisas e de si, observar como se comporta, como reage a tudo e a todos. Aceite o que está fora e o que está dentro de si, mantenha o diálogo interno. Quando você entende e se entrega ao sofrimento, a essa "dor", terá condições de transformá-lo em paz. Um outro ditado: "aprendemos pelo amor ou pela dor". Assim, alcançamos a transpessoalidade, superamos a dualidade da razão e emoção.

Poema do budismo tibetano sobre hábitos e mudanças

Primeiro dia:
Eu ando por uma rua.
Há um buraco fundo no meio da rua.
Eu caio no buraco.
Não é minha culpa.
Demora uma eternidade para eu conseguir sair.

Segundo dia:
Eu ando pela mesma rua.
Há um buraco fundo no meio da rua.
Eu finjo não ver o buraco.
Eu caio de novo.
Não posso acreditar que caí no mesmo lugar, mas não é minha culpa.
Demora muito pra eu conseguir sair.

Terceiro dia:
Eu ando pela mesma rua.
Há um buraco fundo no meio da rua.
Eu vejo o buraco e, ainda assim, eu caio no buraco.
É um hábito.
Meus olhos estão abertos, eu sei onde estou.
A culpa é minha.

O poder do otimismo

Quarto dia:
Eu ando pela mesma rua.
Há um buraco fundo no meio da rua.
Eu dou a volta e não caio no buraco.

Quinto dia:
Eu ando por outra rua.

Somos, na maioria das vezes, instigadores dos próprios problemas. Sabe-se que a maior parte das dificuldades nas famílias, nas escolas, nas empresas, na sociedade de forma geral, é fabricada. Sentimentos como medo, desconfiança, insegurança e angústia geram infelicidade e acabam criando uma polarização do problema, tornando-o cada vez mais difícil de se resolver sem apoio.

Inspirar e mover para crescer é o que faço com aqueles que me procuram, e os auxilio a assumirem o "protagonismo em sua vida". Tenho contribuído para que pessoas assumam mudanças em suas vidas de maneira ética e respeitosa, por meio de uma escolha inteligente em vez do vitimismo e do desespero.

Com o tempo, vamos nos tornando mais resilientes. A palavra resiliência vem do latim: *resilo*, que significa: "voltar ao estado natural".

A resiliência pode ser desenvolvida pelo processo de *coaching* e está intimamente ligada ao otimismo. Representa manter o equilíbrio em todas as áreas da vida, sem perder a sua essência, tendo a capacidade de ressignificação a cada momento adverso.

O poder do otimismo

CAPÍTULO 29

Acredite, o sucesso está a sua volta!

O sucesso é um reflexo do estado de felicidade que se alcança após determinada realização. Ser feliz é um grande caminho para a obtenção dele. A felicidade possibilita um grau de desprendimento de temores, angústias, sensações de perda ou de medo. Ser feliz é sorrir, tratar bem as pessoas, cumprimentar e respeitar o ser humano, contribuindo para que o dia fique muito melhor para todos.

*Pedro Carlos de Carvalho &
Tânia Maria Gebin de Carvalho*

O poder do otimismo

Pedro Carlos de Carvalho

Mestre em Administração – UNISAL; pós-graduado em Educação a Distância – UNIP; graduado em Administração de Empresas – ESAN – Escola Superior de Administração de Negócios. Professor universitário em cursos de graduação, MBA e pós-graduação. Coordenador do curso de Administração e Ciências Contábeis e de cursos de MBA em Gestão no UNISAL – Campinas. Autor de 8 livros e coautor em outros 21 livros; diretor executivo da Colocar RH; diretor da AARC - Associação dos Administradores da Região de Campinas; e do Sindicato dos Administradores do Município de Campinas; conselheiro do CDH – Centro de Desenvolvimento Humanístico (Campinas). Exerceu a gerência de recursos humanos na Sony, Singer, Alcatel Cabos e Ferronorte. Integrou a comissão do ENADE, para o curso de Tecnologia em Gestão de Recursos Humanos (2009). Ministra cursos e palestras em faculdades, empresas e em eventos de treinamento.

Contato
pedrocarvalhorh@yahoo.com.br

Tânia Maria Gebin de Carvalho

Mestre em Educação e graduada em Letras – PUCCAMP; pós-graduada em Gestão Escolar – Anhembi Morumbi (SP); graduada em Pedagogia – Faculdade de Ciências e Letras Plínio Augusto do Amaral (Amparo). Tem habilitação em Administração Escolar para Escolas de 1º e 2º grau – Faculdade de Ciências e Letras Plínio Augusto do Amaral. Professora universitária em cursos de graduação, MBA e pós-graduação; tutora de disciplinas em EAD na Unimetrocamp Wyden. Foi professora e monitora da disciplina: Prática Oral I e Língua Inglesa – PUC-CAMP e Fundação Bradesco. Exerceu a função de secretária português na Ericsson do Brasil e secretária bilíngue na Philco. Foi vice-diretora e assistente da direção pedagógica da Fundação Bradesco – Campinas. Coautora nos livros: *Coaching & mentoring: foco na excelência*; *Arte da guerra: desperte o Sun Tzu* (Ed. Ser Mais – SP); *Múltiplos olhares na construção do conhecimento* vol. II (Ed. In House); *Educação & gestão* (Lopes Ed.).

Contato
taniamgebin@yahoo.com.br

Pedro Carlos de Carvalho & Tânia Maria Gebin de Carvalho

O tema sucesso é muito discutido no mercado de trabalho, por empregados e empresários. Existem cursos, palestras, livros, artigos, trabalhos de conclusão de curso, mestrado e doutorado que abordam incansavelmente esse tema. Muitas pessoas o estudam vigorosamente, buscando entender suas possibilidades, perspectivas, razões, motivos e causas que convergem para a conquista desse ingrediente tão importante para as empresas, assim como para as pessoas.

Segundo o Dicio – Dicionário Online de Português, o sucesso é a consequência exitosa, positiva. É um acontecimento favorável; resultado feliz; êxito. É algo ou alguém que obteve êxito, que possui excesso de popularidade. É também um resultado de um acordo, de um projeto etc.

Mas, o sucesso é de fácil aquisição? É possível demonstrar a sua conquista? Depende apenas das pessoas ou depende de seus líderes? Depende das empresas? Depende do que?

Não existe uma resposta plausível, padronizada ou fácil para essa questão. O que entendemos é que, fundamentalmente, o sucesso é algo pretendido, objetivado, planejado em diversos aspectos da vida empresarial e individual, abrangendo metas, trajetórias, perspectivas, desejos, sonhos que influenciam decisões, opções de vida e múltiplas alternativas que possam redundar em felicidade.

Sucesso é o que todos querem: empresas, empresários, governantes, associações, clubes e as pessoas em geral. É a consequência sonhada antes, durante, ou após o desenvolvimento de etapas e atividades profissionais e pessoais. É a alegria da conquista, a demonstração fiel da certeza de atingimento de objetivos predeterminados ou, muitas vezes, inimagináveis.

Conforme visto, o sucesso é possível, é viável, mas depende, essencialmente, das pessoas e também das empresas, assim como de clientes, fornecedores, comunidade, políticas governamentais, sociais, econômicas etc. Tudo isso nos remete ao estudo dos processos sociais. De acordo com Dias:

> Denominamos processos sociais à interação repetitiva de padrões de comportamentos comumente encontrados na vida social. São as diversas maneiras

O poder do otimismo

pelas quais os indivíduos e os grupos se relacionam, estabelecendo relações sociais. Os principais processos sociais básicos são: a cooperação, a competição, a acomodação, a assimilação e o conflito.
(Dias, 1999, p. 59)

Se discutirmos o tema da cooperação, poderemos convergir os nossos pensamentos para a importância do relacionamento, da integração em busca de resultados planejados. É o compartilhamento de responsabilidades e a união de esforços em busca de objetivos comuns.

Já a competição nos transporta à busca da conquista e, particularmente, à obtenção do sucesso. Reflete o sabor da disputa e à felicidade pelo êxito obtido na concretização dos resultados almejados. Pode ser uma disputa consciente ou inconsciente por bens e vantagens sociais limitadas em número e oportunidades.

A acomodação apresenta questões pertinentes aos posicionamentos inadequados de conformismo, ajustamento, ou mesmo de aceitação de uma realidade, de resultados obtidos, de relacionamentos que não alegram demasiadamente, mas provocam uma sensação de conforto com aquilo que buscamos. Tudo isso para, em muitos casos, encerrar a iminência de conflitos.

A assimilação transparece as etapas de adequação às mudanças, à necessidade de demonstração da integração às políticas, procedimentos, práticas e conceitos diversos, sejam na linha organizacional assim como na ordem pessoal.

E o conflito?

De conformidade com o Dicio – Dicionário Online de Português, conflito significa a ausência da concordância, de entendimento; oposição de interesses, de opiniões, divergências. Compreende a oposição mútua entre as partes que disputam o mesmo direito, competência ou atribuição. Coerentemente com a visão psicológica, conflito representa a condição mental de quem apresenta hesitação ou insegurança entre opções excludentes, estado de quem expressa sentimentos de essência oposta.

Dessa forma, é possível afirmar que, ao contrário da competição, o conflito reveste-se de atitude consciente, emocional e transitória. Na sua forma mais extrema o conflito leva à eliminação total dos oponentes.

Os profissionais que almejam o sucesso devem permanecer atentos a sua participação nos processos sociais. O sucesso virá àqueles que souberem administrar, gerir e controlar sua atuação, firme e forte, com e para as pessoas. Deverão ficar atentos aos cronogramas de trabalho, relações interpessoais, compromissos assumidos, trabalhos executados, resultados alcançados etc., tanto na esfera profissional como na vida pessoal, para se elegerem ao sucesso.

A questão do sucesso não é extensiva a todos. Merecem todo o sucesso as pessoas que cumprem rigorosamente os seus compromissos, permanecem atentas em suas respectivas demonstrações de comprometimento com a empresa, clientes, fornecedores, acionistas, comunidade, familiares etc., e sabem administrar a própria motivação e capacidade de informação.

Jensen estabelece pensamentos indiscutíveis sobre o sucesso e a necessidade da busca da motivação, conforme segue:

> Pessoas bem-sucedidas não são, obrigatoriamente, mais ricas ou mais saudáveis. Elas não têm, necessariamente, mais educação ou mais amigos (embora estes, com certeza, possam ajudar). Pessoas bem-sucedidas levam vidas mais ricas e plenas porque fazem o que é verdadeiramente importante e significativo para elas. Em outras palavras, elas vivem seus sonhos. Mas, muitas vezes, para fazer isso, é necessária uma forte motivação. É claro que as tarefas mais difíceis e desagradáveis exigem motivação muito maior do que aquelas que são divertidas. No entanto, seja por que razão for, as pessoas bem-sucedidas sabem como se posicionar para fazer o que têm de fazer para obter o sucesso. Em resumo, elas sabem exatamente como se motivar. E podem fazê-lo (e o fazem) na hora que bem querem.
> (Jensen,1996, p.9)

O sucesso depende basicamente do grau de motivação apresentado pelo indivíduo, seja no ambiente profissional ou no aspecto pessoal. A forma como encara os seus desafios, o jeito de realização de seus trabalhos, os procedimentos adotados nas suas relações interpessoais, o seu comprometimento com a empresa e com as demais pessoas têm um forte impacto nos objetivos a serem alcançados e no sucesso pretendido.

A motivação é uma forte aliada do sucesso. A pessoa sem motivação terá imensas dificuldades para obtê-lo. Sem motivação tudo fica mais difícil, tudo fica mais complicado. Os defeitos aparecem, a produtividade e a qualidade do trabalho caem consideravelmente e a intensidade do relacionamento interpessoal fica sensivelmente prejudicada, ocasionando resultados nem um pouco compensadores.

Todos devem estar conscientes e atentos à carreira profissional. Não adianta simplesmente esperar o reconhecimento, a valorização, a premiação por seus atos e condutas. Os indivíduos devem contribuir para tudo isso. O sucesso virá, indiscutivelmente, para aqueles profissionais comprometidos com a sua empresa, com a sua equipe de trabalho, com as suas responsabilidades, assim como com os integrantes de sua rede de familiares e amigos.

Invariavelmente, o ser humano é o responsável por seus atos e por suas decisões. Agora intitulado de capital humano nas organizações, ele tem que assumir um sério compromisso consigo e com a empresa em que atua e nos ambientes onde transita, trabalhando incessantemente para a realização de suas atividades, em busca do cumprimento de suas obrigações, que poderão se tornar sucesso.

Para tanto, ele deverá ficar atento e buscar a melhoria também nas seguintes práticas e procedimentos pessoais e profissionais:

- **Aperfeiçoar os seus conhecimentos em tecnologia da informação**

Em tempos globalizados, o aprimoramento em tecnologia da informação representa uma extrema necessidade para todos os profissionais que almejam o sucesso. A mudança é contínua e veloz!

- **Aprender um novo idioma**

Desde a década de 1990 o conhecimento de um novo idioma tornou-se um importante requisito na busca do sucesso. Não existem parâmetros de quando se deve começar esse aprendizado. Todo momento é importante para esse início, em busca de conhecimento, fluência e leitura de um novo idioma, sintonizado com a evolução tecnológica e com o ritmo dos negócios.

- **Assumir novas responsabilidades**

O profissional que ambiciona o sucesso deve ter essa postura positiva, deve se colocar à disposição para o ato de assumir novas responsabilidades. Se de um lado isso pode representar uma sobrecarga de trabalho, do outro poderá transmitir vantagens competitivas ao profissional que planeja o sucesso em sua carreira.

- **Colocar-se à disposição para participar em outros trabalhos**

É fundamental que o profissional coloque-se à disposição para participar de outros trabalhos dentro e fora da empresa em que atua. Isso representará a possibilidade de obter novos conhecimentos bem como conquistar novos amigos.

- **Controlar os seus padrões de produtividade e qualidade**

O binômio produtividade e qualidade é requisito essencial para o sucesso, seja para a empresa, como para o profissional. Devemos nos manter atentos aos nossos indicadores desse binômio, demonstrando, dessa forma, a seriedade, objetividade e coerência com as nossas responsabilidades e com a nossa carreira profissional.

- **Eliminar excessos em sua apresentação pessoal**

É fundamental nos manter atentos a nossa própria característica ou forma de vestir, adoção de cores, roupas e a devida apresentação pessoal. O que deve aparecer é o brilho das competências, habilidades e o conhecimento, e não o brilho das roupas ou o excesso (maquiagem, perfumes), adereços, extravagâncias etc. Nunca se observou tanto essa questão como agora, nestes tempos globalizados. Que prevaleça o bom senso na órbita pessoal e profissional.

- **Estudar continuamente**

Agora é o momento de reaprender a aprender. Não existe limite para o estudo. Devemos nos manter atentos aos novos requisitos do mercado de trabalho e buscar esse aperfeiçoamento constantemente.

- **Integrar grupos de trabalho na empresa**

Participar, integrar, colaborar, sim. É a nova tônica do profissional que busca o sucesso, a felicidade. É uma excepcional oportunidade para conviver, conhecer novos métodos de trabalho, novos processos, novos sistemas e, fundamentalmente, novas pessoas.

- **Ler cada vez mais e sempre**

A velocidade da informação nos remete à extrema necessidade de buscar incessantemente a informação. Ler, aprofundar-se em conhecimento, refletir sobre diversos temas de âmbito pessoal, técnico-administrativo etc. abrange formas essenciais para uma trajetória rumo ao sucesso.

- **Manter-se atento a sua empregabilidade**

Ser empregável é cuidar diuturnamente de suas capacitações, habilidades e relacionamentos interpessoais. É a busca do aprimoramento pessoal e profissional, sabendo evidenciar às pessoas o seu crescimento e as suas potencialidades.

- **Praticar o seu *networking* (rede de relacionamentos)**

Cresce muito no mercado de trabalho a evidência da importância do *networking*, ou seja, a rede de relacionamentos. Seja dentro da empresa ou fora. Relacionamentos com parceiros, fornecedores, consumidores, comunidade, instituições, escolas e associações representam uma grande perspectiva de obtenção do sucesso, por meio dos relacionamentos positivos, travados com pessoas e profissionais do mercado de trabalho.

- **Revisar o seu padrão de comunicação verbal e escrita**

A questão da comunicação verbal e escrita é fator decisivo nos processos de avaliação das pessoas que buscam o sucesso. Saber falar, saber ouvir

O poder do otimismo

(fundamental), saber escrever representam habilidades muito observadas e valorizadas no mercado de trabalho, assim como nas relações interpessoais.

- **Saber administrar questões advindas da diversidade**

Nestes tempos globalizados, o debate, a análise e o estudo da diversidade crescem significativamente no mercado de trabalho. O contato, relacionamento e o trabalho com pessoas oriundas de outros países, de outras culturas, de outros idiomas, de outras tendências esportivas, políticas, religiosas e raciais se transformaram em requisitos prioritários para aqueles que almejam, planejam e buscam o sucesso.

O sucesso é um reflexo do estado de felicidade que se alcança após determinada realização. Ser feliz é um grande caminho para a obtenção dele. A felicidade possibilita um grau de desprendimento de temores, angústias, sensações de perda ou de medo. Ser feliz é sorrir, tratar bem as pessoas, cumprimentar, respeitar fundamentalmente o ser humano, contribuindo para que o dia fique melhor para si e para todos que integram a sua rede de relacionamentos ou que trabalhem a sua volta.

Dalai Lama, líder religioso dos budistas tibetanos, entende que quanto mais nos importamos com a felicidade de nossos semelhantes, maior o nosso bem-estar. Ao cultivarmos um sentimento profundo e carinhoso pelos outros, passamos automaticamente para um estado de serenidade. Essa é a principal fonte da felicidade.

Outra observação relevante relacionada ao sucesso é o acreditar. Feliz daquele que acredita em seu potencial, em sua capacidade, em suas competências etc. Feliz daquele que respeita e é cordial. Acreditar converge para a postura correta, para a conduta irrepreensível, para a convicção da aplicação de atos coerentes com o meio em que se vive. Acreditar é fundamental para a busca do sucesso.

O indivíduo que trabalha, estuda, se esforça para acertar, mas não acredita em nada do que faz tenderá a obter o insucesso. Nada irá adiantar se ele não estiver motivado, confiante, seguro, objetivo e acreditando em tudo e em todos.

O ato de acreditar transmite a certeza de que a busca pelo sucesso é certa, que os resultados poderão vir, atendendo um apelo pessoal bem como atingindo procedimentos profissionais decorrentes da responsabilidade e da necessidade de alcançar resultados almejados.

Baseando-se no Dicio – Dicionário Online de Português, acreditar significa, entre outras definições, crer; admitir como verdadeiro; aceitar como real; convencer-se da existência de alguma coisa.

Por isso que, para a conquista do sucesso, é imprescindível que o ser humano tenha a percepção, certeza, objetividade e siga pelo caminho certo, com um rumo apropriado de etapas a serem transpostas que levam à comemoração de resultados bem-vindos.

E, finalmente, apresentamos uma análise sobre uma condicionante inevitável e extremamente importante que encontramos na nossa jornada rumo ao sucesso: a liderança.

Quando se comenta sobre o padrão de liderança apropriado, poderemos ficar hesitando na resposta, pois não existe um modelo preconcebido de líder perfeito e sonhado por todas as pessoas.

Em cada ambiente profissional e também particular, o ser humano poderá encontrar diferentes tipos de líderes. Haverá o líder democrático, que trabalha junto de seus liderados, que apoia as pessoas, orienta e educa para a vida e para a execução adequada de suas respectivas responsabilidades.

Carvalho assim considera a questão da liderança:

> A presença do líder acontece em todas as faces da sociedade civil e empresarial. É possível encontrar líderes na família, na educação, nos esportes, na cultura, na medicina, nos negócios, nos projetos, na controladoria, na logística, na auditoria, na engenharia, nos serviços jurídicos, na gestão de pessoas, na área comercial, na produção, na política e em tantas outras atividades organizacionais existentes. O que se espera é a presença de líderes atuantes, competentes, sábios, experientes, éticos, responsáveis, com domínio da comunicação, íntegros etc., para conduzir seus liderados aos resultados objetivados.
> (Carvalho, 2017, p. 249)

Poderá ser constatada a existência do líder autocrático, que tem uma face dominadora, que transmite medo, insegurança e assusta as pessoas. Lidera pela autoridade e pela pressão, dificultando, muitas vezes, a consecução dos objetivos planejados em decorrência de sua forma de liderar.

E, finalmente, será possível defrontar-se com a liderança liberal que, num primeiro momento, é um incentivo à convivência, ao relacionamento e à execução das responsabilidades pessoais e profissionais de todos, mas que, no fundo, é uma pessoa alheia ao ambiente de trabalho, que não se envolve no planejamento e execução dos trabalhos, que dá liberdade sem cobranças, que despeja ódio e críticas severas nos casos de não concretização e alcance das metas definidas.

É difícil afirmar que não encontraremos alguns desses tipos de líderes ao nosso redor, no nosso ambiente pessoal e profissional. Devemos, sim, ter persistência, flexibilidade, resiliência e muita força de vontade para seguir o nosso caminho em busca do desenvolvimento e realização das atividades a nós confiadas, e ser feliz, sempre rumo ao sucesso.

O poder do otimismo

Cury descreve a questão do que é ser feliz, da seguinte forma:

> Ser feliz não é ter uma vida isenta de perdas e frustrações. É ser alegre, mesmo se vier a chorar. É viver intensamente, mesmo no leito de um hospital. É nunca deixar de sonhar, mesmo se tiver pesadelos. É dialogar consigo mesmo, ainda que a solidão o cerque. É ser sempre jovem, mesmo se os cabelos embranquecerem. É contar histórias para os filhos, mesmo se o tempo for escasso. É amar os pais, mesmo se eles não o compreenderem. É agradecer muito, mesmo se as coisas derem errado. É transformar os erros em lições de vida. Ser feliz é sentir o sabor da água, a brisa no rosto, o cheiro de terra molhada. É extrair das pequenas coisas grandes emoções. É encontrar todos os dias motivos para sorrir, mesmo se não existirem grandes fatos.
> (Cury 2012, p.10)

É preciso, evidentemente, acreditar, transmitir otimismo, confiança e a certeza e convicção do caminho escolhido, cujo final pode e deve ser o sucesso que está a sua volta!!!!

(Dedicado aos amigos: Ana Maria, Sonia, Guilherme e Ricardo.)

Referências
CARVALHO, Pedro Carlos de. *Liderança estratégica: competência fundamental para a gestão de pessoas*. Campinas: Lopes, 2017.
CURY, Augusto. *Dez leis para ser feliz*. Rio de Janeiro: Sextante, 2012.
DIAS, Reinaldo. *Sociologia & administração*. Campinas: Alínea, 1999.
JENSEN, Eric. *Pequeno manual das grandes motivações*. Rio de Janeiro: Ediouro, 1996.

O poder do otimismo

Capítulo 30

O sim à vida na mitologia grega: a travessia do herói pelo território da aventura

Eu poderia começar por uma confissão. Poderia começar contando qual é a minha bússola quando entro no meu consultório na posição de analista: tento buscar pistas, como uma detetive, para simples perguntas: essa pessoa diz "sim" à vida? Ela diz "sim" aos desejos de sua alma? Ou ela recua frente ao que quer?

Renata Versiani

O poder do otimismo

Renata Versiani

Mestra em Psicologia e Cultura (Mitologia Grega). Pós-graduada em Arte e Imaginário - Pesquisadora de Cinema e Mitologia Grega. Facilitadora de oficinas de escrita de roteiro, contos e crônicas. Pesquisadora de Comunicação e Acordos em Situação de Conflito. Vinte anos de atendimento em clínica.

Contatos
renatanrcv@gmail.com
(21) 99778-1115

O herói grego entre o medo e o desejo

O herói da mitologia grega é aquele que diz "sim" à aventura da vida. Existe algo que o move: o desejo de sua alma. O que ele quer? Potência. Vontade de potência. Novas saídas que não estejam atreladas a tabus e ao padrão social. A personagem atravessa um limiar, faz uma travessia para um segundo nascimento: um recomeço. A análise é o lugar dessa travessia.

Mesmo que a realização desse desejo traga uma sensação de perigo, ele não recua. Ele se rende ao que o faz sentir-se vivo. Enquanto outros hesitam, ele avança. Enquanto o homem comum se afasta de seu desejo mais íntimo, ele caminha em direção à sua aventura. A paixão, *pathos*, é o seu motor.

Somos esse herói caminhando por terras desconhecidas. O espaço da análise é um abrigo onde o homem contemporâneo é provocado a fazer a travessia, a dizer "sim" ao desejo da sua alma. O convite da análise é que a pessoa nasça! Que ela saia da casca. Que ela saia de cima do muro e busque o que movimenta a sua vida. Que ela avance do lugar dos ressentidos para a invenção de uma vida com vontade de potência.

A travessia do herói

A palavra travessia nos lembra que estamos na estrada. A travessia do herói grego retrata as nossas passagens pela estrada da vida: o primeiro dia na escola, o enigma de um novo amor, a decisão de se aventurar em terras estrangeiras...

Nessa travessia, a personagem parte de um ambiente familiar (a sua terra, por exemplo), para um lugar onde não tem domínio (como Ulisses no oceano). Nesse território, fica cara a cara com a falta de garantias da vida e com a sua precariedade. Nas narrativas, a personagem está desamparada, abandonada em um lugar em que não se sente à vontade: um ambiente hostil, fora do seu controle. Os gregos representaram o mundo como um lugar desconfortável.

Somos Ulisses no Oceano, experimentando aventuras e mistérios (o amor, a morte, enigmas fundamentais da vida). Não temos garantias. Somos errantes, incompletos e mal sabemos qual deve ser o nosso próximo passo. Somos abandonados no mundo para entender quem somos e o que queremos. É como se fôssemos estrangeiros em nossa própria terra, a sensação é de exílio. O que temos? Apenas pistas, vestígios de uma jornada. Se soubéssemos o caminho, ele não seria o nosso.

Ao contrário do herói do cinema americano, a condição do herói grego é de solidão e fragilidade. Os gregos retrataram o homem como um ser de excessos e ambivalências. Ele ama e odeia ao mesmo tempo, é bonito, feio, cheio de conflitos. É um ser dividido, pequeno diante do mundo: precário. Ele não se encaixa em nenhum grupo. Não pertence. Por isso, partiu em busca de algo mais para a sua vida.

Ele disse sim para o chamado. Atravessou um limiar, uma fronteira sem retornos. A personagem parte como alguém que decola, apesar de ter medo de avião. O protagonista não está confortável, mas parte para esse lugar que é novo e misterioso. Aqui não há certezas. A sua rota é apenas sua, não aquela que traçaram. Ele não pode mapear a estrada, pois se ela estivesse pronta, seria a rota de outra pessoa (seu pai, a tradição), não a dele.

O herói é aquele que não recua frente ao preço de seu desejo

A marca do herói é a transgressão. Ele está na contramão da comunidade. A personagem atravessa uma fronteira perigosa, porque não se contenta com as convenções. Não se rende a tabus. O protagonista quer algo novo. Algo além do limiar imposto pela tradição. E paga um preço por isso.

A sua lei é a lei do coração: a lei do desejo. A lei da ética. Não é a lei da moral. Atravessar esse limiar lhe dá uma sensação de exílio em seu próprio território. É como se ele fosse estrangeiro em sua própria terra. Ao contrário do herói hollywoodiano, ele é perseguido, fora da lei: um anti-herói. Como Mandela, Gandhi, Antígona, ele não recua. Mesmo precário, sem saber que caminho seguir, ele vai e "encontra força na fragilidade" (Maurano).

É perigoso atravessar e é perigoso recuar: impasses do desejo

A realização de um desejo da alma sempre vem de mãos dadas com uma enorme sensação de perigo. Essa sensação faz a personagem recusar o chamado, no primeiro momento da narrativa. Por aversão ao risco, ela renuncia ao seu desejo (a negação da vida está sempre à espreita). Mas algo acontece e o herói passa pelo portal. A personagem vai em direção ao "novo". Ela entra em um território misterioso, representado por florestas sombrias, oceanos, lugares misteriosos e sublimes. Agora, a nossa personagem deu o passo e atingiu um ponto em que não pode mais voltar. O avião partiu. A única coisa que pode fazer é apertar o cinto.

É perigoso atravessar e é perigoso recuar. O "novo" sempre dá medo. Mas, se a pessoa se conforma com o que já conhece, "uma vida enjaulada, pautada pelo dever, sem prazer" (Maurano), ela corre o risco de ficar no lugar dos ressentidos. O preço a pagar por renunciar ao desejo da alma é o torpor, uma sensação de anestesia. Recusar o chamado para o amor, para um doutorado ou para morar longe do próprio país, por exemplo, é dizer não a si mesmo. Então, o herói segue na estrada.

Análise: espaço para a invenção da vida como obra de arte

O espaço analítico é um abrigo no meio da agitação contemporânea. Todos nós precisamos contar a nossa estória. Há um herói dentro de cada um de nós (Maurano). Morremos e renascemos várias vezes. Podemos sempre recomeçar. A arte da vida está em inventar uma vida que tenha o nosso estilo, a nossa marca.

O encontro com um analista é um chamado para a ultrapassagem de um limiar: as expectativas do outro. Na infância, o sentido da vida está em agradar. A pergunta da criança é: "O que querem de mim?". Mas, chega a hora em que a pessoa quer mais da vida. Outra pergunta ganha voz: "o que eu realmente quero?". A pessoa começa a dizer sim a uma vida que seja dela. O convite da análise é que ela nasça!

Há um herói dentro de cada um que quer uma vida pulsante. Que quer dizer sim à aventura da vida, esculpir uma vida com os próprios pincéis. "Torna-te quem tu és", diz Nietzsche. Esse herói quer passar de uma vida anestesiada para uma vida que pulsa. O convite é que ele se deixe levar por *Eros*; se renda a algo que o faz se sentir vivo.

A análise é um elogio ao pequeno. A pessoa é provocada a abrir mão de idealizações a seu respeito, para ficar cara a cara com o que é possível. Fazer da incompletude o seu motor (Maurano).

Nietzsche, *amor fati* e análise

O excesso de informações da sociedade contemporânea pode trazer uma sensação de torpor, uma tendência a uma espécie de adormecimento. O espaço analítico é um lugar de transgressão a esse cenário. É onde o herói se lança (com os seus erros e acertos). Nesse lugar o sujeito contemporâneo pode experimentar o *amor fati* (acolher a vida como ela é, haja dor ou alegria – um pacto de amor à vida com os seus riscos e imperfeições (Maurano). A análise é um elogio à vontade de potência.

Diante de tantos nãos nesta vida, damos um sim para o novo, para o desejo da alma, sem nos determos, sem medo de sofrer, sem economizarmos. Nietzsche dividiu o homem em ressentidos e criadores. Os ressentidos se preservam da dor e recuam diante da vida. Os criadores são espíritos livres que se esculpem (como obra de arte), inéditos a cada dia.

Fazer a passagem é sair da posição do ressentido, é sair da lamentação, da vitimização. É transformar a dor. Para se tornar um espírito livre, é preciso enfrentar a sensação de exílio. Isso requer disciplina e disponibilidade para a dor, imperfeições e imprevistos. Dizer "sim" à

O poder do otimismo

aventura da vida é um ato de resistência contra a tendência à pasteurização e ao torpor. É um ato político. Uma atitude ética, pois nos coloca em ressonância com o encontro, com a possibilidade, com o amor. Não um amor idealizado (em que um vai completar o outro), mas o amor que movimenta, o amor pela vida, o amor ao sim.

Cada sessão é um pequeno rito de passagem. De uma posição de torpor e negação para uma atitude de afirmação de vida, de potência, de criação. O analisante é convocado a pagar o preço por aquilo que quer, saindo de cima do muro.

A tabela abaixo ilustra a passagem que se dá no trabalho de análise:

Ressentimento	Criação
Negação da vida.	Afirmação da vida.
Tendência à uterização.	Pequenos nascimentos.
Repetições.	Novas saídas para os impasses.
O que eles querem de mim?	O que eu quero?
Verbo: recuar.	Verbo: avançar.
Tampar o vazio.	Fazer da incompletude o seu motor.
Buscar perfeição, idealização.	Lidar com falhas e imperfeições da vida.
Leis da tradição.	Uma atitude ética frente à vida.
Adormecimento da alma.	Posição desejante.
Afastado de teu maior desejo.	Não recua frente ao que quer.
Não quer pagar o preço pelo que deseja.	Paga o preço pelas suas escolhas.

Referências

BRANDÃO, J.S. *Mitologia grega*. Petrópolis: Vozes, 1996.
DIAS, R. Nietzsche, *Vida como obra de arte*. Rio de Janeiro: Civilização Brasileira, 2011.
MAURANO, D. *Para que serve a psicanálise*. Rio de Janeiro: Zahar, 2003.
SOUSA, E. L. *A invenção da vida*. Porto Alegre: Artes e Ofícios, 2001.

O poder do otimismo

Capítulo 31

Cultivar o otimismo todos os dias é o segredo da felicidade e longevidade de muitas pessoas

> "O otimismo é uma ferramenta com um conjunto claro de benefícios: combate a depressão, promove realizações e produz saúde melhor."
> Martin Seligman

Salomão Ribeiro

O poder do otimismo

Salomão Ribeiro

Formado em Administração pela Faculdade de Brasília, especialista em Gestão de Pessoas e Práticas Gerenciais pela Faculdade do Tapajós (FAT). *Executive & positive coach* pela Sociedade Brasileira de Coaching – São Paulo. Instrutor formado pelo Sebrae; fundador e proprietário do ISR (Instituto Salomão Ribeiro). Empresa de consultoria, treinamentos, *marketing* e eventos. *Autor dos livros Desafie-se para vencer: os segredos dos campeões; Estratégias do Supervendedor e Manual de Relacionamento com o Cliente.* Palestrante nas áreas de *marketing*, vendas, liderança, excelência no atendimento, motivação e empreendedorismo. Foi eleito, em 2009, o melhor palestrante motivacional da região Oeste do Pará, com o Prêmio Top Qualidade, e em 2014, pela Câmara de Dirigentes Lojistas – CDL, e pelo Troféu Imprensa, com o prêmio Empreendedor Revelação. Suas palestras divertem, emocionam, fazem refletir e proporcionam *insights* valiosos para toda vida.

Contatos
institutosalomaoribeiro@hotmail.com
(93) 99182-1154

Salomão Ribeiro

Você já analisou qual estilo de vida está vivendo? Quais são os seus hábitos diários? Você é mais otimista ou pessimista? Está cultivando emoções positivas ou negativas? Lembre-se: como vivemos delimita os nossos resultados!

Uma pessoa otimista, logo que acorda, sente no coração uma gratidão imensa por ter o privilégio de estar viva e viver mais um dia com a sua família, amigos, e ter a oportunidade de poder mostrar o seu talento no trabalho, ajudando as pessoas a serem felizes.

Já alguém pessimista, ao amanhecer, não vê motivos suficientes para agradecer, vive a vida reclamando de tudo e de todos. No trabalho, não tem harmonia, tem dificuldade de fazer amigos devido a seu mau humor acentuado, e transforma pequenos problemas em grandes obstáculos.

Como enxergamos a vida é determinante para cativarmos bons hábitos e viver uma vida com otimismo. Assim, conseguiremos lidar com muitas situações inesperadas que acontecem em nossas vidas sem estarmos preparados.

O psicólogo americano, Martin Seligman, é considerado o pai da psicologia positiva. Ele vem estudando a força do otimismo em nossas vidas com base em sua teoria, e afirma que a positividade é a mola propulsora para vivermos mais e melhor.

Um estudo realizado com duas freiras, que ensinavam criancinhas na School Sisters of Notre Dame, mostrou um resultado fantástico sobre otimismo, felicidade e longevidade e suas correlações, que foi publicado no livro *Psicologia positiva*, de Martin Seligman.

Nesse estudo, foram analisados e avaliados dois discursos proferidos, um deles era o da freira Cecilia O'Payne, e o outro era da Marguerite Donnelly. No mesmo ano e na mesma cidade, elas faziam votos e falavam de suas biografias. Na oportunidade, compartilho com você, leitor, o que foi dito por essas duas freiras:

> Quando Deus me fez começar a vida, me concedeu uma graça de valor inestimável...Vivi o ano passado muito feliz, estudando no Notre Dame. Olho para o futuro esperando alegremente ansiosa pelo dia de vestir o santo hábito de Nossa Senhora e por uma vida de união com o amor Divino.
> Cecilia O'Payne

O poder do otimismo

> Nasci em 26 de Setembro de 1909, a mais velha de sete filhos, cinco meninas e dois meninos... No ano passado, me preparei para receber os votos e aulas de química e latim no Notre Dame Institute. Com a graça de Deus, pretendo fazer o máximo pela ordem, pela propagação da religião e pela minha santificação pessoal.
> Marguerite Donnelly

O primeiro discurso mostrou uma mulher cheia de vida, motivada pela sua missão, que era servir, olhando o futuro com alegria e cheia de esperança em dias melhores. Já o segundo mostrou uma mulher sem muito otimismo e entusiasmo pela causa. A Irmã Cecilia usou os termos "muito feliz" e "alegremente ansiosa", ambas expressões de um ânimo esfuziante.

A biografia da irmã Marguerite, ao contrário, não continha um sopro sequer de emoção positiva. Analisando a vida das duas freiras, Cecilia, aos 98 anos, nunca teve uma doença sequer na vida; ao contrário de Marguerite, que sofreu um acidente vascular cerebral aos 59 anos, e morreu pouco tempo depois.

Os cientistas continuaram a estudar os textos das freiras, apreciando 180 discursos e, nas expressões escritas, foram analisados os sentimentos, o otimismo ao receber suas missões e o grau de intensidade e perspectiva com o futuro. Concluíram que as menos alegres viveram até os 85 anos, já as mais alegres viveram até 94 anos.

A pesquisa mostrou que todas que estavam ali com sentimentos positivos e felizes, ao desenvolverem os seus trabalhos, viveram mais e melhor. Conclusão do estudo: fortalecemos o nosso otimismo quando cultivamos emoções positivas, tendo uma causa nobre e uma missão de vida que nos tragam satisfação pessoal.

Todos os dias temos motivos para agradecer, ao nascermos, somos agraciados com as nossas vidas. Como sempre falo em minhas palestras, viver é uma dádiva, quando você está preocupado só em acrescentar dias em sua vida, está com o foco errado. É necessário acrescentar vida em seus dias, viver consciente de que cada dia é importante na construção do seu otimismo e da sua felicidade.

> "Tudo depende de como vemos as coisas e não de como elas são."
> Carl Jung

O que você faz quando acorda é determinante para despertar o seu otimismo e a sua motivação. Se você é uma pessoa que amanhece assistindo programas e jornais que falam de tragédias, logo as emoções que nascerão em seu coração serão negativas, o seu interesse pela vida será reduzido. Lembrando que emoções negativas só nos afastam dos nossos projetos e objetivos.

Os seus hábitos constituem grandes aliados para você ser uma pessoa otimista. O verdadeiro poder do otimismo está em nós, portanto, é necessário esforço, diariamente, para termos atitudes positivas e sermos ativos diante das adversidades.

Nem sempre as coisas funcionam como queremos, nos altos e baixos da vida, precisamos ter forças e ser otimistas para não desistir no meio do caminho. Fiz um evento de palestra em minha cidade em um sábado, contratando um amigo pessoal, o professor Gretz, palestrante profissional. Ao término do evento, fui deixá-lo no hotel para que, no dia seguinte, ele pudesse pegar o voo até São Paulo. Na segunda-feira ele ia dar uma entrevista em Rede Nacional no SBT, e uma palestra à noite na metrópole paulista.

No dia seguinte, fui ao hotel buscá-lo para levá-lo ao aeroporto. No momento, ele estava no restaurante do hotel tomando café, então, sentei e comecei a conversar sobre o belíssimo evento realizado na noite de sábado, uma palestra magnífica ministrada por ele. Durante o bate-papo, perguntei:

— Professor Gretz, qual o horário do seu voo?

Ele abriu a bolsa, olhou para o bilhete e se espantou, dizendo:

— Estou atrasado, que vacilo!

Imediatamente, buscamos as coisas dele no apartamento e nos direcionamos ao aeroporto. Ao chegarmos lá, as atendentes estavam indo embora, o avião havia decolado havia quase uma hora. Naquele momento, veio o sentimento de frustração, ficamos parados por alguns segundos sem saber o que fazer. Então, o professor Gretz perguntou para uma das atendentes, que já estava de malas prontas para ir desfrutar o domingo com a sua família:

— Moça, qual é o horário do outro voo?

E ela respondeu:

— O próximo voo será somente às 18h30, com uma conexão em Manaus.

O professor Gretz respondeu que não tinha interesse e se direcionou a mim perguntando qual o município mais próximo que poderíamos ir de carro, para pegar outro voo, à tarde. E eu respondi:

— Santarém, a aproximadamente 360 quilômetros de estrada, Rodovia BR 163. Iremos gastar seis horas de carro para completar o percurso, se a estrada estiver em boas condições, uma vez que nos encontramos em uma cidade do interior, e a maioria delas é desprezada pelos governantes.

Em Santarém, realmente, tinha um voo, às 15h30, que ia para Brasília seguindo conexão para São Paulo, cidade de destino do professor Gretz. Então, assim fizemos. De carro, encaramos a Transamazônica na estrada de chão. Em alguns trechos chovia, em outros fazia sol.

O poder do otimismo

Quando chegou em uma parte da estrada, em que o exército brasileiro mexia para fazer a manutenção, desviamos para a esquerda obedecendo à sinalização que dizia: "desvio à esquerda". Não deu outra, atolamos no seco, no areão, passamos mais de duas horas mexendo, empurrando, para desatolar o carro; fizemos até o princípio da alavanca, para ajudar o carro a desatolar.

Resumindo a história, conseguimos desatolar o carro, mas, quando chegamos em Santarém, o avião já havia decolado, pois chegamos 45 minutos atrasados. O professor Gretz teve que pegar um voo que saía às 17h30 de Santarém, com conexão Itaituba – Manaus.

Parece brincadeira, mas passamos o dia inteiro viajando de carro, vencendo os atoleiros, buracos, chuva intensa e, em alguns trechos, a poeira intensa, para o Gretz voltar a minha cidade em uma hora de voo com destino a Manaus e conexão, o mesmo voo que a atendente tinha informado que teria as 18h30 horas em Itaituba.

Aproximadamente uma hora depois da decolagem do avião, o professor Gretz, do aeroporto de Itaituba, me ligou e disse:

— Salomão Ribeiro, vem me buscar, voltei para sua cidade.

Sorriu e desligou o celular. Tudo isso aconteceu no domingo e, na segunda-feira, às 19h00, ele me ligou e disse:

— Deu tudo certo, fiz a entrevista, e agora estou iniciando a palestra.

Nesse momento, ele colocou o celular em cima da mesa e começou a cantar e bater palmas, com a música que sempre toca no início dos seus trabalhos.

Todas as vezes que o carro passava em um trecho crítico, o Gretz falava: "não se preocupe, se for muito fácil não tem graça". Até no momento em que o carro atolou ele continuou a falar: "isso tudo aqui é experiência, é bagagem que levamos conosco para a vida toda, não adianta reclamar, vamos sorrir, ser leves, vamos desatolar o carro e seguir viagem. Se for muito fácil, não tem graça".

> "Somos mais fortes do que pensamos e, às vezes,
> é preciso uma prova de fogo para nos fazer descobrir
> nosso poder de superação."
> Professor Gretz

O que eu aprendi com essa viagem é que devemos vencer as adversidades. Eu nunca tinha dirigindo na estrada em uma situação tão crítica, e descobri que é preciso ter essas turbulências para testar a nossa coragem. Ou vencemos o medo, ou o medo nos vence. Mas a grande lição foi que precisamos desenvolver o otimismo sempre, rir dos problemas e, nas situações críticas, não perder a esperança, pois sempre há uma saída.

Salomão Ribeiro

Problemas tendem a nos tirar o foco, mas o máximo que eles fazem na vida de um otimista é dispersar por alguns momentos, pois logo ele volta a ver a vida com alegria e disposição, não se deixa alterar por conta dessas adversidades que se opõem contra ele.

Quando relato essa história em palestras ou para alguns amigos, conto com um pouco de humor, e consigo sorrir com eles, das adversidades que sofremos no percurso e da paciência e serenidade que o professor Gretz demonstrou durante a viagem. Um mês depois, acessei o *site* do Gretz e lá estava uma foto nossa, com a legenda: "por onde anda o professor: atolado na Rodovia Transamazônica, na região Norte, dentro do pulmão do mundo, ou seja, na Amazônia".

O poder do otimismo nos ensina a acreditar mais em nós e a ter a mente sempre positiva, cultivando o pensamento de que tudo tem condições de dar certo e que podemos ser felizes apenas aprendendo a ter uma mente otimista.

É preciso desenvolver o sentimento de otimismo dentro do nosso coração, de paz de espírito, de amor próprio e de esperança. Quando aparecer um obstáculo, contorne-o, se não der, encare-o como um desafio a ser superado. Não importa o quão escuras as coisas pareçam ser ou realmente sejam, levante a sua mira e enxergue as possibilidades, pois elas estão sempre lá.

As suas emoções são determinantes para o seu otimismo. Estou concluindo mais uma formação em *coaching*, que trabalha só com a psicologia positiva, que é a especialização *positive coaching*, da Sociedade Brasileira de Coaching – SBC. E cheguei à conclusão de que nossas emoções são raras, e não podemos deixar qualquer pessoa gerar sentimentos negativos em nossos corações. Não podemos interiorizar palavras, gestos e atitudes negativas, lembrando que emoções positivas geram sentimentos positivos, somando no seu otimismo e felicidade.

A felicidade, para a psicologia positiva, é considerada uma disposição para a percepção ampliada dos afetos positivos, quando comparados aos negativos. Uma pessoa feliz possui esperança num futuro promissor, e aí está a relação entre otimismo e felicidade. As pessoas otimistas tendem a se perceber mais felizes. A psicologia positiva, ao descrever o funcionamento adaptativo que considera a experiência positiva como matriz de comportamento otimista, colabora para o desenvolvimento de atitudes prospectivas.

Na oportunidade, compartilho com você algumas dicas para desenvolver o seu otimismo com o auxílio de hábitos positivos:

- ✓ Tenha sentimento de gratidão, seja grato ao acordar, seja grato ao deitar, só de você estar vivo é motivo suficiente para agradecer;

O poder do otimismo

✓ Coloque sentido de missão e propósito em seu trabalho, quando o trabalho é dever, o tempo se torna entediante, quando o trabalho é um prazer, a permanência no trabalho é prazerosa;

✓ Identifique os seus pontos fortes, trabalhe-os diariamente, reduzindo os seus pontos fracos;

✓ Alimente a sua mente com pensamentos positivos, isso vai ajudar você a atrair coisa boas em sua vida;

✓ Encare os problemas com mais leveza, no final, sempre tem uma solução;

✓ Comemore as suas vitórias, por mais simples que sejam, aquilo que é comemorado tende a se repetir;

✓ Se afaste de pessoas pessimistas, que só sabem reclamar. Invista em relacionamentos mais saudáveis;

✓ Identifique suas emoções, saiba quais ações geram emoções e comportamentos positivos, escolha viver o positivo;

✓ Envolva-se na comunidade, faça trabalhos voluntários, comprometa-se em fazer sempre o seu melhor, independentemente do lugar no qual você esteja;

✓ Acredite e tenha esperança de que dias melhores virão, trabalhe para isso acontecer.

O poder do otimismo

CAPÍTULO 32

Decifrando o otimismo

Este artigo reflete o que é o otimismo segundo o senso comum, e como podemos entendê-lo e trabalhá-lo na visão de algumas abordagens psicológicas. Quais são as características do otimista e as diferenças entre o pessimista? A seguir, você conhecerá quais são as nossas tendências ao negativismo.

Simone Andrade

Simone Andrade

Graduada em Psicologia – Centro Universitário das Faculdades Metropolitanas Unidas – FMU; psicóloga clínica em consultório particular; psicoterapeuta com base psicanalítica em atendimentos para adolescentes e adultos.

Contatos
psicologasimoneandrade.com.br
simone2612@gmail.com
(11) 98136-4404

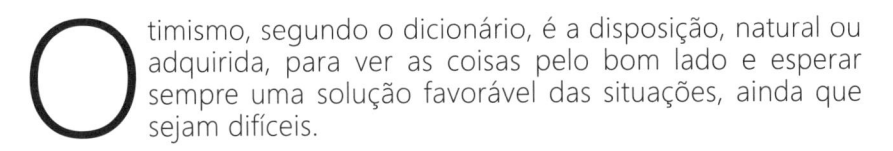

Otimismo, segundo o dicionário, é a disposição, natural ou adquirida, para ver as coisas pelo bom lado e esperar sempre uma solução favorável das situações, ainda que sejam difíceis.

Mas o que é o otimismo no senso comum?

• Otimismo é uma tendência a julgar que tudo vai ficar bem, que tudo vai dar certo;
• Uma disposição interna na qual conseguimos ver a vida de uma forma mais favorável;
• É uma pessoa esperançosa, confiante e positiva em relação às dificuldades da vida;
• É aquela pessoa que sempre vê o lado bom das coisas;
• Uma fé no melhor, quando vemos a vida cor de rosa;
• É acreditar nos finais felizes;
• É aquela pessoa que corre atrás dos seus objetivos na vida, que é motivada por seus sonhos;
• Otimista é alguém que anda confiante, cheio de esperança e acredita num amanhã melhor;
• É ter uma esperança imbatível;
• É algo do plano emocional que nos auxilia a ir em frente para alcançarmos os nossos ideais;
• É ter foco naquilo que é bom;
• Otimismo é encontrar saídas dentro do caos de nossos pensamentos;
• É a capacidade de enxergar soluções onde, aparentemente, os outros não veem;
• É a alegria na vida;
• É a habilidade de não se abater pelos desafios da vida.

E qual seria a diferença entre o otimista e o pessimista?

Passar por situações difíceis todos nós vamos, pois a vida é como uma grande roda gigante, ora estamos em cima com as boas vivências, ora estamos embaixo com vivências ruins.

O que nos diferencia de sermos otimistas ou pessimistas é observarmos que as situações difíceis da vida, em algum momento, terminam, cessam. É sempre importante aceitarmos o que a vida nos traz e retirarmos das nossas vivências o lado bom. É ter resiliência e não desistir, transformando a dor em sabedoria.

Podemos entender que o otimismo é um incentivador nas nossas vidas, que retira da realidade o que ela tem de melhor. Os pessimistas acreditam que situações ruins irão perdurar, que a vida está sempre nublada, que têm azar, que não merecem ser felizes. Mas eu tenho que dizer: tudo isso é uma crença, todos merecem ser felizes!

Características dos otimistas

Podemos observar que pessoas otimistas têm uma disposição interna nas seguintes habilidades:

• Criatividade para achar saídas aos problemas diários, transformando as adversidades em desafios;

• Resiliência em aceitar e não desistir. Conforme a Sociedade Brasileira de Resiliência, ela é a capacidade de sermos flexíveis em momentos de dificuldades ou adversidades. Essa flexibilidade é construída por meio de um conjunto de crenças que possibilitam transcender os empecilhos da vida e prosperar em um futuro com superação;

• Esperança que nos predispõe a ver um futuro melhor, acreditar que o amanhã contém inúmeras possibilidades positivas;

• Bom humor;

• Fé em si e em algo maior;

• Confiança suficiente para agir e se manter em busca de seus objetivos;

• Motivação interna para conquistar uma meta apesar das adversidades;

• Amor próprio – aqui é importante citar que todos nós temos muitas habilidades ou qualidades, e nunca devemos nos comparar com outras pessoas. Cada um é bom ou fluente em algo que pode se destacar, seria como comparar bananas com maçãs. Ser otimista é reconhecer as suas habilidades e aceitá-las, e não se comparar;

• Gratidão pelo que temos e pelo que vamos conquistar.

Segundo o psicólogo Martin Seligman, "a vida impõe os mesmos reveses e tragédias tanto para o otimista quanto para o pessimista, mas o otimista consegue enfrentá-los com mais tranquilidade".

Por que muitas pessoas tendem a não ver a vida de forma otimista?

Cada um de nós, desde a gestação, vai absorvendo todo o tipo de impressões. No útero, recebemos estímulos da mãe e do ambiente ao qual estamos inseridos. Começamos a absorver tudo construindo a nossa bagagem emocional.

Simone Andrade

Essas experiências podem ser positivas ou negativas, tais como traumas, privações, alegrias, medos, desapontamentos, realizações, perdas, ganhos, lutos, traições, conquistas, rejeições, abandonos, alegrias, sucessos, afetos, reconhecimento, enfim, tudo é depositado em nosso inconsciente.

Também absorvemos o que herdamos da nossa família e antepassados, bem como do ambiente em que estamos inseridos cultural e socialmente.

Dessa forma, vamos formando uma série de entendimentos sobre a vida, hábitos, costumes, reações emocionais, crenças e padrões de comportamentos. Somos produtos das nossas experiências emocionais vivenciadas desde a gestação.

Muitas dessas crenças podem exaltar o fato de que não somos merecedores da felicidade, e assim sucumbimos em ciclos de sabotagens que nos distanciam de ver saídas positivas ou otimistas.

Portanto, tudo o que vivemos nos molda na forma de como vemos a vida. O olhar que teremos em relação a todo tipo de situação presente e futura tem relação com o nosso passado e com a nossa forma de incorporar essas emoções, sensações e experiências.

Podemos entender que criamos bloqueios emocionais como defesas para não nos machucarmos. Ser realista demais ou pessimista podem ser formas de nos proteger, pois assim não esperamos tanto da vida e de nós e, erroneamente, nos impedimos de viver plenamente.

Muitas pessoas acreditam que é melhor não desejar demais que algo bom aconteça, assim não se decepcionam se nada acontecer, ou que ser otimista traz certa ansiedade em ficar esperando que algo de bom chegue, e assim evitam ver a vida de forma otimista para não se frustrar. Acabamos nos tornamos extremamente pessimistas!

Porém, independentemente do que vivenciamos, das marcas positivas ou negativas que carregamos, cabe a cada um de nós querer ter uma vida emocional mais saudável. Ser otimista nos apodera de uma força para lidar com a vida.

Apesar de muitas vezes não acreditarmos, todos nós temos recursos internos para alcançar o nosso bem-estar, e resistir às adversidades da vida. Podemos, a qualquer momento, aprender, ressignificar, renascer com novos olhares, comportamentos e pensamentos, nos despir do passado, da bagagem pesada das emoções e vivências negativas que nos prendem às situações traumáticas ou frustrantes que passamos.

Depende de nós onde colocamos os holofotes em nossa vida, iluminar o que nos faz bem, e desapegar do que não nos serve mais. Podemos escolher novos caminhos, achar novas saídas, ter uma nova visão de nós e da vida.

O caminho do otimista é honrar todas as vivências, acolher e aceitar a sua dor e transformá-la em sabedoria. Desafie-se a pensar de forma otimista. Mude o foco de sua vida. Liberte-se das atitudes negativas e do ciclo de pensamentos disfuncionais. Permita-se!

O poder do otimismo

Saídas para trabalhar o nosso otimismo

O autoconhecimento é um mergulho em nosso mundo interno que nos faz ter consciência de nossos desejos, ilusões, realidades, limites, habilidades, defeitos, qualidades, do nosso lado luz e sombra.

Por meio da psicoterapia, podemos trabalhar o nosso universo emocional. Muitas abordagens focam em trabalhar os nossos traumas, bloqueios emocionais, crenças negativas e padrões disfuncionais, e nos ajudam a nos libertar. Outras abordagens dão ênfase em nossas habilidades, qualidades, forças e virtudes para encontrar o bem-estar e a saúde emocional.

De toda forma, independentemente da abordagem, o importante é achar caminhos que nos levem a alcançar uma vida plena e saudável, permeada de otimismo e confiança.

Algumas abordagens...

A psicanálise tem uma abordagem terapêutica com o objetivo de trazer à consciência os nossos conflitos emocionais inconscientes. Freud, o pai da psicanálise, entendia que a personalidade se formava nas primeiras fases da vida, ao termos que lidar com os conflitos entre os impulsos biológicos inatos, pulsões internas e às exigências do meio.

A psicoterapia cognitiva comportamental trabalha na reestruturação das crenças e padrões disfuncionais que assimilamos durante a vida. O objetivo é a substituição de cognições disfuncionais por pensamentos mais flexíveis e pautados na interação entre indivíduo e seu ambiente.

A psicologia positiva é uma corrente nova que tem como objetivo fortalecer o indivíduo, enfatizando os traços positivos tais como o otimismo, os sentimentos positivos, e as forças e virtudes de caráter, criando assim condições para superar os obstáculos e dificuldades da vida, ao invés de focar nas falhas ou sofrimentos vividos. O seu foco é promover o bem-estar e a felicidade do ser humano.

Martin E.P. Seligman, um dos pioneiros e considerado o pai da psicologia positiva, entende o otimismo como uma disposição interna de ver o futuro de forma positiva. Seligman considera que "os nossos hábitos de pensamentos não precisam persistir para sempre. Uma das descobertas mais significantes da psicologia nos últimos 20 anos é que os indivíduos escolhem a sua forma de pensar".

Segundo Seligman, "o otimismo é uma ferramenta com um conjunto claro de benefícios: combate a depressão, promove realizações e produz saúde melhor".

Conforme Daniel Goleman, a inteligência emocional é definida como sendo a "capacidade de identificar os nossos próprios sentimentos e os dos outros, de nos motivarmos e de gerir bem as emoções dentro de nós e nos nossos relacionamentos".

Simone Andrade

O autoconhecimento nos traz a capacidade de nos tornarmos conscientes de nós mesmos bem como compreender nossas atitudes e emoções promovendo mudanças e ressignificações. Temos sempre a opção de pensar de forma otimista, desafie-se!

Referências
GOLEMAN, Daniel. *Inteligência emocional – a teoria revolucionária que redefine o que é ser inteligente*. Editora Objetiva, 1995.
SELIGMAN, M. E. P. *Felicidade Autêntica: usando a nova psicologia positiva para a realização permanente*. Editora Objetiva, 2009.
Michaelis: dicionário brasileiro da língua portuguesa.

O poder do otimismo

CAPÍTULO 33

Hipnose: como esta ciência pode auxiliar no emagrecimento

Você sempre imaginou emagrecer sem sofrimento emocional, procedimentos cirúrgicos ou remédios? Entenda como isso é possível por meio da hipnose.

Suéllen Oliveira Steffens

O poder do otimismo

Suéllen Oliveira Steffens

Psicóloga – CRP/PR 08/13052 e Especialista em Gestão Estratégica de Pessoas pela Pontifícia Universidade Católica do Paraná - PUCPR. Especialista em Terapia Cognitivo-Comportamental pelo Cescomp – Centro de Estudos do Comportamento. Certificação Nacional em Abuso de Álcool e Outras Drogas pela Secretária Nacional de Políticas Sobre Drogas (SENAD). Hipnose Clínica e Hipnose Clínica Avançada – pelo Instituto Brasileiro de Hipnose e Terapias – IBHT. Hipnoterapia Cognitiva Voltada para o Emagrecimento – Cognicci. Certificação Nacional em Hipnose pelo Instituto Brasileiro De Hipnose e Desenvolvimento Mental - IBHDM. Certificação Internacional em Hipnose Integrativa pelo "Center For Integrative Hypnosis – New York" com a CIH Melissa Tiers. Experiência de mais de dez anos em Psicologia Clínica. Criadora de programa "Emagrecendo em Mente" voltado ao Emagrecimento com Hipnose Clínica e Terapia Cognitivo-Comportamental. Palestrante, instrutora, facilitadora de Hipnose Clínica e escritora.

Contatos
www.suellensteffens.com.br
www.emagrecendoemmente.com.br
suellensteffens@gmail.com
Facebook: @psicologasuellenoliveirasteffens
Instagram: @psicologasuellensteffens
(41) 99622-0828

Suéllen Oliveira Steffens

Quando me procuram com o propósito de emagrecer, na maioria das vezes, eu não sou mais uma alternativa, ou opção saudável e consciente de emagrecimento, e sim uma das últimas alternativas antes de partir para algo mais radical, como uma cirurgia estética ou redução de estômago. Isso quando a pessoa já não passou por todos esses procedimentos cirúrgicos, sendo o meu tratamento uma das últimas esperanças, já que as tentativas anteriores de ter o peso desejado e o corpo ideal não se concretizaram.

Desde já, deixo claro que não sou contra nenhum procedimento para emagrecer, desde que seja realmente necessário, haja indicação médica e um acompanhamento psicológico efetivo antes, durante e depois, principalmente nas cirurgias restritivas. Pois como diz o senso comum: qual é o pilar que o sustenta? E se eu retirar exatamente aquilo que o mantém em pé? Sem acompanhamento psicológico, o índice de sucesso reduz consideravelmente.

A grande verdade também é que sou uma das últimas alternativas, até que apareça um remédio "novo" na *Internet*, ou um profissional da área da saúde com uma dieta "maluca", pílulas ou injeções "milagrosas" com a promessa de fazer a pessoa eliminar peso em pouco tempo comendo o que quiser – um sonho, infelizmente, e que todos desejam ouvir/ler.

Não sei se realmente as pessoas acreditam nisso, ou se deixam "enganar" para se manter em sua zona de conforto. No sentido de que elas "acreditam" estar se ajudando e fazendo tudo certo, mas, por algum motivo, não conseguem emagrecer. O pior é quando realmente emagrecem por algum desses métodos e, como consequência, o famoso efeito sanfona vem com toda força. Além de ser péssimo para a saúde, aumenta a resistência para eliminar peso no futuro.

A grande verdade é que nem eu, nem ninguém pode oferecer o milagre que os indivíduos buscam para eliminar peso, pois esse ainda não foi inventado. Foi pensando neles que elaborei o programa de emagrecimento praticado hoje em meu consultório.

Faço a junção da psicologia, hipnoterapia clínica e a minha abordagem de trabalho: terapia cognitivo-comportamental (TCC). Para que você entenda melhor o programa, é preciso entender o conceito dessas três ciências citadas.

O poder do otimismo

A psicologia é o estudo científico dos processos mentais e do comportamento do ser humano e as suas interações com o ambiente físico, social e espiritual. O objetivo da psicologia é diagnosticar, tratar distúrbios emocionais e doenças mentais, além de trabalhar com a promoção/prevenção da saúde mental e desenvolvimento pessoal, ou seja: você não precisa estar doente para procurar um psicólogo.

Mas a realidade atualmente é outra em relação a isso. No Brasil, ainda há um grande preconceito em procurar ajuda psicológica, por qualquer motivo. Muitas vezes, ainda somos vistos como "médicos de loucos", ou simplesmente desnecessários.

A hipnose é uma excelente ferramenta utilizada dentro do contexto terapêutico. Hipnose, segundo a atual definição da Associação Americana de Psicologia (APA), é um estado alterado de consciência que envolve atenção focada e consciência periférica reduzida (relaxamento do corpo), ou seja, você consegue prestar mais atenção dentro de si, acessando o seu inconsciente de forma mais fácil e sentindo menos os estímulos externos.

Dentro desse estado mental, é possível modificar comportamentos, sentimentos, ideias, emoções e psicopatologias oriundas do passado ou do agora, além de criar outros padrões de comportamentos, motivações etc. A grande verdade é que a hipnose vai muito além do que pode imaginar. Exatamente tudo o que você pensar, psicologicamente falando, se a hipnose pode ajudar, a resposta é sim.

Pode ajudar em depressão, ansiedade, síndrome do pânico, transtorno obsessivo compulsivo (TOC), doenças físicas com fundos emocionais, traumas, mágoas, ressentimentos, enfim, existe um mar de possibilidades, e estamos somente na beira dessa praia.

A terapia cognitivo-comportamental é uma abordagem psicoterapêutica que se fundamenta no princípio de que as emoções e o comportamento de um indivíduo estão diretamente ligados à forma como ele avalia suas experiências no mundo. Tem o seu foco nos pensamentos, crenças, sentimentos e vivências, como sustentação do comportamento disfuncional. Traduzindo: o que você pensa pode induzir determinados tipos de comportamentos e/ou pensamentos.

Parece simples, e realmente é. Quando você consegue identificar gatilhos emocionais como, por exemplo, quando se sente ansioso(a) e come doces. Conseguimos trabalhar com a prevenção e previsão desse gatilho, pois já sabemos como, habitualmente, você vai se comportar. Fora a abordagem que eu utilizo, existem várias outras, desde a psicanálise ao psicodrama.

Mesmo os estudos apontando a TCC como mais eficaz e rápida, eu costumo dizer que o paciente deve se identificar com a abordagem praticada pelo profissional. Por exemplo, talvez você se identifique mais com o psicodrama, que leva para o *setting* terapêutico elementos teatrais.

Eu, pessoalmente, escolhi a TCC, pois além de me identificar, preciso de resultados rápidos e efetivos, e essa se comunica muito bem com a hipnose, sendo um potencializador do meu trabalho.

Gostaria de ressaltar que não sou contra fazer terapia anos a fio, pelo contrário! Se você possui tempo e recursos financeiros para manter esse espaço, mantenha! A sua saúde emocional/psicológica agradece enormemente. Pare e pense: quantas vezes na semana você possui tempo, e alguém com opinião neutra para escutá-lo? Mas a escuta terapêutica verdadeira, sem julgamentos de como você se sente, e de forma sigilosa?

A verdade é que não temos tempo uns para os outros, nem temos o sigilo e a imparcialidade que um psicólogo(a) tem para opinar, se necessário for, nas questões ali colocadas. Por isso, manter o espaço terapêutico, seja na abordagem que for, é simplesmente fantástico!

Agora que você possui o conhecimento necessário, vou explicar como essas três ciências juntas podem mantê-lo ativo, motivado e otimista em um processo de emagrecimento.

Primeiramente, caso você não tenha passado por um processo terapêutico com a hipnose, esqueça tudo que já viu em programas de televisão, *stand up* e até mesmo brincadeiras nas ruas. Isso nada tem a ver com hipnose clínica. O que você viu nesses locais chamamos de hipnose de palco.

Apenas 2% da população é suscetível a ponto de, em uma primeira abordagem, entrar no que chamamos de "*arm pull*", ou indução rápida, e assim realizar as brincadeiras que o hipnólogo propõe. Vale lembrar que a pessoa só faz o que se permitir.

A hipnose é uma ciência e excelente ferramenta, aceita e homologada pelo Conselho Federal de Psicologia (CFP) desde 2000, além de diversos conselhos da área da saúde. Ou seja, não existe nada ilegal aqui, todas as técnicas foram muito estudadas e aprovadas para uso clínico.

Não é incomum os meus pacientes chegarem receosos com a hipnose no consultório. Dos diversos questionamentos feitos, ressalto os mais frequentes:

- Vou comer uma cebola achando que é uma maçã?
- Estou me envolvendo com uma religião?
- Hipnose é bruxaria?

A minha resposta é sempre a mesma: não! A hipnose é uma ciência. Você não vai perder o controle, não vai contar aquilo que não quer. Ficará consciente o tempo todo, e o mais importante, estará no comando. Eu somente vou guiá-lo pelo caminho que definirmos juntos.

Depois de me apaixonar pelos resultados da hipnose, investi muito tempo de estudo em cima das ferramentas mais conhecidas para o emagrecimento: o Balão Intragástrico Hipnótico, também conhecido como Balão Hipnótico, ou somente Balão Intragástrico, procedimento bariátrico imaginário e "aversão a doces ou alimentos específicos".

É importante ressaltar que as palavras "imaginário" ou "hipnótico" são utilizadas para que os pacientes possam diferenciar e não confundir essas ferramentas com os procedimentos cirúrgicos feitos pelos profissionais da medicina.

Neste texto, ressalto mais sobre o Balão Intragástrico Imaginário, visto que além de ser a metodologia mais procurada, é a que mais gera curiosidade. Junto a isso, destaco como os pacientes se mantêm otimistas, eliminando peso continuamente. Sobre os outros temas, caso possua interesse, em minhas redes sociais e *site* existem diversos textos explicando cada uma das outras técnicas, não somente para emagrecer, mas também para o tratamento terapêutico de psicopatologias.

Enfatizo que não utilizo as palavras regime, dieta, não pode, não coma, entre outras. Na minha visão, tudo isso só serve para ativar desejos e compulsões nos pacientes. Imagine eu falando agora:

— Não pense em elefantes rosas com asas voando em volta da sua cabeça.

O que aconteceu? Você imaginou, correto? Agora imagine eu dizendo:
— Você não pode comer chocolate!

Fatalmente, em algum momento, você sentirá essa necessidade. Pior será se o chocolate for um dos seus alimentos preferidos.

Agora se eu falar:
— Diminua o quanto você come de chocolate!

Junto, ensino uma técnica para controlar os seus desejos, dessa forma, tudo ficará mais fácil.

Observando todos os benefícios que a hipnose pode trazer ao emagrecimento, foi onde nasceu o programa que desenvolvo hoje. O paciente é totalmente envolvido em um processo terapêutico e as ferramentas hipnóticas fazem total diferença na redução de peso. Exemplo: imagine que você tem dificuldades em fazer exercícios físicos. Com uma sugestão hipnótica gravada diretamente no seu inconsciente, fazer exercícios pode se tornar algo prazeroso.

Logicamente que a hipnose dá um empurrão nessa parte, deixando o paciente motivado a realizar todas essas ações que são para o seu bem. Possuo pacientes que já eliminaram mais de 50 quilos, e o melhor, não voltaram a engordar. Por quê? Porque a mudança cognitiva/hábito foi estabelecida.

Essa mudança só é possível graças à TCC e seus exercícios cognitivos, nos quais o paciente começa por si só a ter *insights* dos seus gatilhos emocionais que o levam a comer determinados alimentos, espaçar as refeições, comer em demasia, dentre outros.

Fazemos induções focadas na motivação, no exercício físico, na saúde, autoestima, ansiedade. Enfim, cada paciente e o seu respectivo protocolo são únicos, assim como a sua ordem e os questionamentos do porquê emagrecer. Infelizmente, existem inúmeras pessoas que acreditam que a solução dos seus problemas está na eliminação de peso, e deixar ela consciente de que ser magro(a) não vem com atestado de felicidade é de suma importância.

Você pode estar se perguntando:

— Será que eu posso, ou consigo ser hipnotizado(a)?

A resposta é sim! Não existe ninguém que não possa ser hipnotizado(a), apenas os que se permitem passar por esse processo, e os que não se permitem. Então, o meu conselho é: permita-se! Não importa por qual motivo você vai passar por esse processo terapêutico, apenas deixe-se levar.

Costumo brincar com os pacientes que a hipnose é como aprender a dirigir, no começo você pensa onde pisar, quando trocar a marcha, e depois fica automático. Para entrar em transe é a mesma coisa, no começo, você entra em transe por meio do relaxamento, e vai aprofundando conforme a necessidade. Depois, o seu cérebro se condiciona, naquele lugar e naquela posição, com aquele psicólogo(a), que o seu transe é quase instantâneo. Ou na sua casa, em determinado lugar, no caso da auto-hipnose, que ensino aos pacientes com o decorrer do tempo.

Enfim, o resultado de todo esse programa é extremamente satisfatório, motivador e deixa os pacientes otimistas durante todo o processo, pois os resultados são visíveis no espelho, nas roupas e na vida. Arrisco dizer, considerando os *feedbacks* que recebo, que o programa se autoalimenta. A partir do momento em que os quilos começam a ser eliminados, a própria pessoa fica motivada e feliz com os resultados.

Ressalto novamente que a junção da TCC com a hipnose possui uma gama inimaginável de ferramentas para ajudá-lo de forma rápida e efetiva. Desde já, deixo um conselho para você, querido leitor, que se interessou por esses assuntos. Pesquise sobre esses profissionais, suas formações e a sua experiência. Digo isso, visto que hoje, no Brasil, qualquer pessoa pode fazer curso de hipnoterapia clínica. Não sou contra, uma vez que, assim como já presenciei muitos psicólogos formados praticamente a distância e que não se dedicaram a nenhum estudo, conheço pessoas extremamente estudiosas e capazes que não possuem a formação em psicologia e exercem um excelente trabalho.

O que sempre digo é: qualquer um pode abrir uma janela em sua mente, porém poucos são habilitados a fechá-la de forma correta. Com um bom profissional formado, experiente e capaz, permita-se passar por essa experiência. Permita-se deixar de lado as questões emocionais, psicológicas, psicopatológicas, ou desenvolver as suas habilidades. Permita-se emagrecer e ter o corpo que sempre quis. Você merece e, mais do que isso: você pode!

O poder do otimismo

Capítulo 34

E por falar em otimismo

Sobre ver o copo meio cheio ou meio vazio; sim, tudo, absolutamente tudo, pode ser visto por pelo menos dois prismas. Qual você escolhe? Esse olhar demonstra como você vê o mundo e encara a vida.

Teresa Cristina de Oliveira

O poder do otimismo

Teresa Cristina de Oliveira

Psicóloga clínica (CRP 09-594) formada pela PUC – Goiás; especialista em Teoria e Clínica Psicanalística pela PUC–SP. Especialista em Avaliação Psicológica – UNIP, pós-graduada em Psicologia Comportamental e Positiva; Capacitação em Terapia dos Esquemas. Há mais de 30 anos na prática clínica, com foco no resgate e desenvolvimento de habilidades emocionais, objetivando a busca por equilíbrio emocional e psicológico. Palestrante e estudiosa do comportamento humano.

Contatos
llcristina@superig.com.br
lltcelder@gmail.com
Instagram: teresacristinapsi
Facebook: Teresa Cristina Oliveira
(62) 98174-0134/ (62) 3281-3061

Teresa Cristina de Oliveira

Uns diriam que é acreditar, outros chamariam de "Síndrome de Pollyanna", em referência ao personagem dos romances de Eleanor H. Porter (1913-1915), que dizia: "no fim tudo dá certo, se não deu certo é porque ainda não chegou o fim".

Não se trata de ser sonhador, viver fora da realidade ou negá-la e ser ingênuo; trata-se de um posicionamento existencial, de acreditar que o bom virá e/ou acontecerá a despeito das adversidades, de crer em expectativas de eventos futuros positivos.

Muito se refere, hoje em dia, à importância da gratidão, do otimismo, do pensamento positivo para alcançar felicidade; mas o que vem a ser essa tal felicidade? Segundo o dicionário da língua portuguesa, escrito por Houaiss, em sua versão *online*, felicidade é o estado da pessoa feliz, alegre, contente. E otimismo? Segundo o mesmo dicionário, refere-se à atitude daqueles para quem tudo no mundo é o melhor possível, ou para quem a soma dos bens supera os males. Ora, isso já demonstra que há caminho a ser escolhido para trilhar.

Ao deixar ser tomado por sentimentos negativos, o indivíduo põe de lado toda a possibilidade de guiar-se na direção do sucesso, de fazer os seus bens superar os seus males, de alcançar a felicidade e o sucesso.

Segundo a OMS, em publicação no jornal O Estado de S. Paulo, em 22 de fevereiro de 2017, a depressão atinge 4,4% da população do planeta; isso quer dizer que é, atualmente, a patologia mais incapacitante do mundo, sendo que em uma população com idades entre 15 e 35 anos, é também a principal causa de suicídios. Será que o ser humano perdeu a sua capacidade de ser otimista e construir a sua felicidade? A neurociência tem nos dito que não, não houve perda da capacidade humana de construir o seu otimismo e sua felicidade; a humanidade tem sido menos humana, mas não menos capaz de se reinventar. A neuroplasticidade, ou seja, a capacidade de rearranjo neurológico, promove a condição básica para o aprendizado em geral, inclusive o otimismo.

Aprende-se a ser otimista ou pessimista, assim como aprende-se a caminhar, falar etc.; tudo começa na infância. Essas janelas de oportunidade fazem parte do desenvolvimento infantil e são ativas, sobretudo, na primeira infância; é a partir delas que o aprendizado se dá. Segundo Miriam Rodrigues, pesquisadora e psicóloga, ensinar otimismo desde a infância auxilia as crianças a construírem bons esquemas mentais, e melhor aproveitamento das janelas neurológicas de oportunidades. A autora ainda afirma que: "ser otimista é uma postura diante da vida, é fruto de pensamentos que nos levam à ação. É a busca em lidar e solucionar os problemas".

Todos passamos por adversidades ao longo da vida, o que nos torna diferentes diante de tais dificuldades é a forma com que lidamos com tais questões. Basicamente, podemos lidar de forma otimista ou pessimista, ambas se apresentam sob três óticas:

• **Otimismo explicativo passageiro:** quando o indivíduo entende que o ocorrido é passageiro e não durará por toda a sua vida;
• **Otimismo explicativo específico:** quando o indivíduo entende que o ocorrido é especificamente referente àquele momento e naquele setor de sua vida;
• **Otimismo explicativo externo:** quando o indivíduo leva em consideração a realidade do momento em que esse sentimento foi despertado, e sabe que houve um disparador externo para que se sentisse assim.

Quanto ao pessimismo, observa-se que o indivíduo pode apresentá-lo sob três olhares:

• **Pessimismo explicativo permanente:** quando o indivíduo acredita que o ocorrido durará para sempre;
• **Pessimismo explicativo abrangente:** quando o indivíduo expande o pessimismo para vários aspectos de sua vida;
• **Pessimismo explicativo personalizado:** quando o indivíduo acredita que a única responsabilidade pelo ocorrido é dele, desconsiderando quaisquer variáveis e/ou interferências.

A formação de *mindset*, ou seja, matriz de pensamento, se dá desde muito cedo na vida das pessoas. As crianças aprendem ouvindo os adultos ao seu redor, qual, então, a dimensão da responsabilidade de cada adulto ali presente? Há de se salientar que a criança que sempre ouve que tudo dará certo poderá desenvolver depressão, quando a vida lhe apresentar obstáculos, ao mesmo processo será submetida a criança que ouvir que tudo está errado, que o fracasso é culpa dela ou de outrem; há de se buscar o meio termo de acordo com a própria realidade: nem tudo é responsabilidade minha ou do outro, cabe sempre ponderação e temperança, assim se desenvolve resiliência.

Para Martin Seligman, em seu livro *Aprenda a ser otimista*, "ensinar às crianças o otimismo antes da puberdade, mas com idade suficiente na infância, de forma que elas se tornem metacognitivas (capazes de pensar sobre o pensar), é uma estratégia que traz bons resultados".

Teresa Cristina de Oliveira

Pensar sobre o pensar refere-se a desenvolver capacidade de questionar de forma reflexiva e fundamentada às questões de toda ordem que lhe for apresentada.

Essa característica é fundamental para que o indivíduo consiga passar do pessimismo ao otimismo e, mesmo que parcialmente, responsável por prevenir sintomas da depressão. Emoções perturbadoras, problemas e inquietações estão presentes na vida de todas as pessoas; buscar resoluções adequadas a eles é uma tarefa a ser aprendida desde a primeira infância.

Aprende-se a ser otimista ou pessimista, assim como aprende-se a caminhar e falar; tudo começa na infância. Os ensinamentos transmitidos às crianças perpassam a gentileza, generosidade, altruísmo etc. A elas não se transmite buscar o que trará bem-estar, positividade, o que a fará emocionalmente estável; a educação refere-se muito mais ao que se pode fazer pelo bem-estar do outro em detrimento de seu.

O otimismo é a característica responsável pela conduta de não desistência; indivíduos otimistas não desistem, buscam, incessantemente, solução para os problemas apresentados, ao contrário dos pessimistas, que creem num processo com final inválido, desastroso, improdutivo ou seja, não creem em uma possibilidade de sucesso.

Os pessimistas tendem a acreditar que "as vicissitudes são irremovíveis", que todas as desventuras são de sua responsabilidade ou acontecem somente com eles. Essa postura é um dos principais fios condutores das depressões, já que geram sentimentos como os de infortúnios, culpa, infelicidade, impotência ante os mesmos, desesperança. Há de se considerar que a saúde física não é apenas determinada por questões como alimentação, higiene, ou prática de exercícios. A saúde física recebe, diretamente, reflexos das questões relativas ao humor e psiquismo, ou seja, das cognições.

Sendo otimista, um indivíduo é capaz de modificar, positivamente, a sua saúde física. Já que está mais predisposto a hábitos de vida saudável, por conseguinte tem um organismo com sistema imunológico funcionando melhor do que o dos pessimistas e, então, contraem menos doenças. Para Seligman (2005), o percentual de pessimistas é maior do que se pode imaginar, visto que muitos indivíduos sequer se dão conta de que são. Ao considerar essa afirmativa, conclui-se que comportamentos pessimistas estão profundamente enraizados nos indivíduos que não se veem como tal. Há de se frisar que todo pessimista pode se tornar otimista.

Os pessimistas tendem a explicar e/ou justificar os seus infortúnios, desamparos, desistências; a função da psicoterapia é procurar mudar essa matriz de pensamento para um direcionamento positivo, otimista, assim é possível retratar a depressão e desamparo advindos da construção de pessimista outrora aprendida e vivenciada.

O poder do otimismo

Para aprender otimismo, é fundamental familiarizar-se com as próprias vozes internas, diz Mirian Rodrigues; mas quais são essas vozes? Como elas se pronunciam? O que pode ser ouvido em seu interior? Todos já ouvimos a expressão: "ouça o que diz o seu coração"; ela se refere àquilo que percebemos "de repente", que nos toma de súbito e vai embora. É a falta de olhar para o que realmente deseja, falta de pôr-se em primeiro plano.

A educação nos violenta nesse quesito, em razão de aludir essa postura ao egoísmo, à insensibilidade, ao individualismo excessivo; castra-se a expressão de si a despeito de uma deseducação emocional.

Estudos realizados pela psicologia positiva vêm nos mostrando a importância de desenvolver a escuta interior, o resgate do ser como é. Nesse processo, observamos que os limites necessários a uma boa convivência em sociedade são resgatados com o exercício de pôr-se no lugar do outro, pois "o que não quero para mim não desejo ao meu semelhante"; a educação emocional vem recebendo olhar especial de educadores e comunidade.

A Universidade de Brasília (UNB) adiciona às disciplinas uma especial: felicidade; ao pensar em aprender felicidade, necessariamente se retomam os estudos de Martin Seligman sobre o otimismo aprendido. A educação emocional é acreditar em uma centelha positiva que existe dentro de cada um dos seres humanos, e que fica à espreita para brotar, frutificar e gerar novos frutos de otimismo.

Na Austrália, a doutora em psicologia, Paula Barret, desenvolveu um programa de educação emocional com base em evidências científicas, que hoje é aplicado em vários países e é o único reconhecido pela Organização Mundial da Saúde (OMS). No Brasil, Miram Rodrigues, psicóloga especialista em psicologia clínica, idealizadora do programa Educação Emocional Positiva, dirigido a todas as faixas etárias tem uma intenção fidedigna de trabalhar as competências socioemocionais e habilidades para o bem-estar. Nele são desenvolvidas a inteligência emocional, as habilidades socioemocionais e sociais, além de trazer o indivíduo para o resgate da condição existencial de ser otimista, de reconhecer-se dotado de sentimentos e emoções que, nomeadas, deixarão de se manifestar via sintomas de ansiedade e/ou depressão.

Tais aprendizados e reaprendizados são possíveis, dado que a aprendizagem está a nível de cognição, e é nele que ocorrem as grandes mágicas dos diversos aprendizados aos quais passam as pessoas ao longo de suas vidas.

Depressão e transtornos de ansiedade já não estão limitados a uma faixa etária, atingem crianças, adultos e idosos de todos os gêneros ou classes sociais; todos estão sujeitos pelo acometimento de tais patologias. Vale ressaltar que a falta de otimismo, de acreditar em melhores perspectivas futuras para a própria vida, a sobrecarga de atividades, e a instabilidade das relações vêm deteriorando a qualidade de vida dos indivíduos. Além disso, traz sentimentos de incapacidade, impotência, solidão, entre outros, minando a crença em si, em sua capacidade de superação; minando o seu otimismo, adoecendo-o psicologicamente, tornando-o um analfabeto emocional.

A busca por desenvolver ferramentas para que haja o resgate da qualidade de vida e equilíbrio emocional tem levado a evolução desses programas de "alfabetização emocional", com a certeza de que um olhar carregado de otimismo é o caminho para prevenção de várias doenças, entre elas, as neurociências destacam: AVC, depressão, transtornos de ansiedade, bem como auxiliam na recuperação de doenças como o câncer, pois uma postura otimista diante da vida é capaz de aumentar e melhorar o sistema imunológico.

Tali Sharot, da Universidade de Nova York, conduziu um estudo no qual mapeou as estruturas neurais responsáveis pelo otimismo. Segundo essa pesquisa, as estruturas neurais responsáveis pelo otimismo encontram-se alteradas em indivíduos que apresentam depressão e rebaixamento do bem-estar físico e mental.

Em outro estudo, o mesmo Tali Sharot "fornece a primeira evidência de que o neuromodulador dopaminérgico reduz as expectativas negativas em relação ao futuro" (Miriam Rodrigues, 2018). Essas comprovações científicas tornam inquestionável a importância do otimismo para a saúde física e psicológica. Ora, se já temos provas científicas para desenvolvermos otimismo porque é o melhor para nós, se já sabemos que a falta de otimismo e o pessimismo aceleram a produção de doses altas de glicorticóide, um importante hormônio ligado ao estresse, que predispõe o indivíduo a infecções e várias outras doenças, bem como sabemos que a postura otimista libera neuromodulador dopaminérgico, o seu antídoto, se já sabemos que a plasticidade cerebral é uma aliada inquestionável para que novos aprendizados aconteçam, se já sabemos que para aprender otimismo, o melhor caminho é a psicoterapia cognitivo comportamental aliada à psicologia positiva, então, depende de cada um buscar o aprendizado do otimismo a fim de alcançar o bem-estar, a felicidade e a saúde física e mental.

Referências

BASTIANELLO, Micheline Roach; HUTZ, Claudio Simon. *Do otimismo explicativo ao disposicional: a perspectiva da psicologia positiva*. Psico-USF, v.20, n.2, pp. 237-247. Bragança Paulista, mai/ago de 2015.

RODRIGUES, Miriam Souza Castro. *Educação emocional positiva: saber lidar com as emoções é uma importante lição*. Novo Hamburgo: Editora Sinopsys.

SELIGMAN, Martin. *Aprenda a ser otimista*. Porto Alegre: Nova Era, 1992.

O poder do otimismo

CAPÍTULO 35

O poder do otimismo sob o olhar da terapia cognitivo-comportamental

> "Ser otimista tentando descobrir bons motivos em circunstâncias difíceis é saudável, só não é saudável disfarçar o que é a realidade."
> Viviane Cardoso

Viviane Cardoso

O poder do otimismo

Viviane Cardoso

Psicóloga graduada pela UBC (2014); pós-graduada em Psicologia Hospitalar e da Saúde (CEPPS – Centro de Estudos e Pesquisas em Psicologia e Saúde); Neuropsicologia (FMUSP), entre outros. Membro da Sociedade Brasileira de Neuropsicologia; sócia fundadora da Ciranda das emoções.

Contatos
http://neuropsicovida.com.br

contato@neuropsicovida.com.br
Instagram: neuropsicovida

Viviane Cardoso

> O autoconhecimento tem um valor especial para o próprio indivíduo. Uma pessoa que se 'tornou consciente de si mesma', por meio de perguntas que lhe foram feitas, está em melhor posição de prever e controlar seu próprio comportamento.
> Skinner

Acreditar no poder do otimismo faz com que creiamos na possibilidade de que tudo irá dar certo, mesmo aquilo que seja avaliado como impossível, tendo, de certo modo, pequenas atitudes seguras, à frente dos problemas humanos e sociais, os considerando passíveis de uma solução positiva.

O otimista mostra-se, consequentemente, esperançoso, e vê que mesmo com as dificuldades existe um lado mais adequado.

O contrário do otimista é o pessimista, ou seja, aquelas pessoas que resultam pelo lado negativo, crendo que tudo vai dar errado e se despertam sempre para o negativismo.

Na terapia cognitivo-comportamental, tratamos o otimismo como gerador de uma boa saúde, pois a pessoa consegue antever os benefícios, produzindo menos hormônios de estresse. É por meio da nossa maneira de lidar com a realidade que impactamos as nossas escolhas do presente e na saúde no futuro.

Buscamos constantemente a felicidade, e mais do que ter, procuramos por motivos para sermos felizes de uma forma plena, verdadeira e autêntica.

O otimismo provoca a liberação de serotonina e dopamina, que são neurotransmissores ligados à sensação de prazer e bem-estar. É por esse meio que se pode, de alguma forma, ajudar na resolução de situações difíceis, funcionando como uma droga que age diretamente no cérebro.

É por meio do otimismo que aprendemos a lidar com os constrangimentos, os desgostos e aquelas preocupações vivenciadas no dia a dia. Devemos compreender que quanto mais otimista sermos, mais assertivo será o resultado.

Nos dias de hoje, o despertar ou o fato de manter esse sentimento tem se tornado cada vez mais difícil em decorrência até mesmo das mídias sociais, onde você tem uma visão distorcida do que conduz ao sentimento de felicidade e, com isso, a dificuldade em ter os pensamentos otimistas.

É necessário entender que, com sentimentos negativos originados por traumas, perdas, estresses ou algumas patologias, vamos perdendo neurônios e o sentimento aflorado. À medida que vamos fazendo aniversários, percebe se que esses sentimentos de otimismo vão ficando cada vez mais distantes.

Ressalto que, com a neuroplasticidade, é possível reverter essa perda neuronal, contribuindo para uma melhor qualidade de vida. Essas mudanças de pensamentos são possíveis com mudanças de atitude, mudanças na rotina, tanto do trabalho quanto familiar. É possível tanto ensinar como aprender a ser otimista.

A era do otimismo

Ingressamos ao ano de 2019, e já vemos naturalmente grandes preocupações na economia do Brasil. Mesmo com tais preocupações, parte dos brasileiros conseguem entrar o ano mantendo boas perspectivas. Grande parte da população, segundo uma pesquisa mundial que mede a presença do otimismo pelo mundo, chamada Barômetro Global do Otimismo, apesar de todas as indicações de um ano pessimista, podemos ter um ano melhor. Parte de uma estratégia do nosso cérebro para que possamos seguir adiante chama-se "viés otimista", que é uma maneira dos nossos neurônios apoiarem-se ao otimismo e manterem um bom projeto no futuro.

O otimismo é impactante, e vai além do sonhar com um futuro melhor, ele aumenta a nossa autoestima, conduz a um bom relacionamento, mobiliza-se para o movimento da economia e faz bem a nossa saúde.

Naturalmente, em nosso dia a dia, acabamos pensando em coisas ou situações ruins, mas os nossos neurônios são extremamente eficientes, pois armazenam todos os nossos aspectos bons, e falham ao acionar as informações que possam ser ligadas em perspectivas ruins.

Cito como exemplo a solicitação para que pacientes registrem em cadernos, todas as noites, durante alguns meses, coisas boas e que deram certo naquele dia. Com isso, poderá ser constatado que o desempenho em suas avaliações de felicidade, otimismo e a sua saúde física poderão ser melhores.

Terapia cognitivo-comportamental: o poder do otimismo

No meu dia a dia como psicóloga, na abordagem da terapia cognitivo-comportamental, observei alguns fatores. Pacientes que chegaram de forma lastimável, que se negavam a realizar as suas necessidades básicas, interferindo assim no seu funcionamento, após algumas semanas de psicoterapia, já conseguiam fechar negócios, voltavam a estudar, a trabalhar, sair com os amigos e familiares, formar ciclos e espalhar bons sentimentos com foco no otimismo.

É dessa forma que a terapia cognitivo-comportamental age, pois é considerada a área psicoterápica com a maior potência das psicopatologias, sendo uma delas o estresse e a depressão. Ela pode reestruturar os pensamentos e as crenças disfuncionais enraizadas e não discutidas.

Alguns dos nossos genes são capazes de alterar o funcionamento do nosso cérebro, controlando a serotonina, neurotransmissor que tem, entre demais funções, a de regular o humor e o comportamento das pessoas. Quando existe falha nesse gene, as chances de depressão após acontecimentos traumáticos são maiores.

É necessário compreender que todos os nossos pensamentos interferem em nossas emoções e a primeira mudança está relacionada aos nossos comportamentos, com o questionamento do que nos cerca, das nossas convicções e do que objetivamos para o futuro, dessa forma conseguiremos permitir uma nova visão para tais expectativas de vida.

É nesse enfoque psicoterápico que sugerimos a modificação do pensamento do pessimista para o otimista, a mudança de como é enxergado o mundo e, consequentemente, determinando que as coisas boas façam parte de nossa vida.

O otimismo acaba dando força também em determinados relacionamentos, pois com ele consegue-se enfrentar diferentes problemas, ter um maior entendimento e apoio ao companheiro, resolvendo tudo de um modo mais construtivo e menos agressivo, gerando harmonia.

É de extrema importância enfatizar que o excesso de otimismo também acarreta determinados problemas, pois o risco de se tornar um otimista patológico é superestimar as expectativas positivas. E é com a falta de estimativa de risco que as pessoas acabam se tornando otimizadas, temos como exemplo pessoas que acham desnecessário poupar dinheiro.

É necessário compreender que o excesso de otimismo faz mal e que o pessimismo também tem os seus benefícios. Ele nos protege de diferentes decepções e frustrações, pois nem sempre conseguimos o que almejamos, ou nem o que necessitamos.

Manter o equilíbrio e a ciência de que não devemos ter grandes expectativas pode fazer com que sejamos resguardados de decepções ou frustrações. Isso pode ser chamado de pessimismo defensivo.

Em minha vivência como psicóloga da terapia cognitivo-comportamental, cito a importância do ensinamento às crianças, em um modelo explicativo, do otimismo realista. Pois elas observam o modo como os pais agem e vivem em seus âmbitos familiares. Com isso, acabam agindo da mesma forma. O otimismo que não é o realista se associa à disposição ao transtorno emocional.

O poder do otimismo

CAPÍTULO 36

O que as suas experiências e percepções fizeram de você?

Compreender como a sua vida foi construída ao longo dos anos e como passou a enxergar o mundo a partir da ótica do otimismo ou pessimismo faz toda a diferença em relação aos resultados que se obterá e onde chegará. Mudar as percepções e ações promove outras oportunidades do viver pleno, realizado e feliz.

Willer Mamede

O poder do otimismo

Willer Mamede

Psicólogo e especialista em recursos humanos; diretor da empresa Willer Mamede Desenvolvimento Humano, que atua com treinamentos corporativos com foco em liderança, equipes e autodesenvolvimento. Possui formação como especialista emocional pela Sociedade Brasileira de Inteligência Emocional (SP); *head trainer* pelo Instituto Massaru Ogata (SP); analista *assessment* DISC pela Sociedade Latino Americana de Coaching; *personal, professional & executive coach* pela Sociedade Brasileira de Coaching. *Practitioner* em programação neurolinguística pelo Instituto de Neurolinguística Aplicada (RJ), e formação em Dinâmica de Grupo pela Sociedade Brasileira de Psicoterapia Dinâmica de Grupo e Psicodrama (SOBRAP/MG). Trabalha há 20 anos no desenvolvimento de pessoas em diversos segmentos no mercado.

Contatos
www.willermamede.com.br
willer@willermamede.com.br
Instagram: willer.mamede.desenvolvimento
Facebook: Willer Mamede Desenvolvimento Humano

Willer Mamede

O viver é um grande desafio que requer capacidade adaptativa e fluidez para ajustar-se aos diversos ciclos que fazem parte da complexidade do existir.

Não há como fugir da regra: quanto mais se abraça cada oportunidade com otimismo, determinação e inteligência emocional, melhores serão as experiências, os resultados, o fortalecimento dos vínculos sociais e as construções cognitivas.

Essas oportunidades geram aprendizados e darão a cor e tom às interpretações e interações posteriores com o mundo. A construção das lentes com que se enxerga a realidade se forma no processo de viver, perceber, interpretar, sentir e agir.

Compreender e decifrar como o seu mundo está estruturado faz todo sentido, quando deseja transformar-se para uma vida mais feliz e realizada. Por isso, é importante olhar para os significados que atribui à vida, entender como faz a sua gestão emocional, como estabelece e persegue os objetivos e se posiciona perante o outro.

Daniel Goleman propôs as cinco habilidades da inteligência emocional (I.E), que permitem perceber as esferas importantes na construção de uma vida equilibrada e saudável no plano das emoções e interações. Entender a sua principal limitação dentre as habilidades facilita a identificação do ponto de partida para o autodesenvolvimento. São elas:

• **Autoconsciência** – capacidade de identificar e compreender as próprias emoções e o impacto delas no mundo;
• **Autogerenciamento** – refere-se à condição de ser capaz de manter o controle emocional, o equilíbrio e adaptação às diversas situações;
• **Empatia** – também chamada de consciência social, propõe a compreensão e respeito pelo modo do outro existir;
• **Gerenciamento de relações** – capacidade de interagir, persuadir, administrar conflitos, criar conexões positivas e relações saudáveis com os demais;
• **Automotivação** – é a orientação da energia em direção às realizações, saber lidar com as adversidades e desenvolver a resiliência.

As cinco habilidades têm como propósito o seu autoconhecimento, o domínio de suas emoções, dos gatilhos que as despertam, bem como manter o controle das emoções perturbadoras, para que se possa viver em equilíbrio interno. Por outro lado, compreender o outro e aprender a lidar com a diferença nas relações, gerenciar conflitos, estabelecer uma visão empática e acolhedora faz com que cada ser se torne competente na arte de se relacionar. Estar automotivado permite a ascensão e melhor posicionamento frente às possibilidades de realização.

Ao longo da vida, as diversas experiências emocionais-relacionais vão deixando registros que geram interpretações sobre os fatos e levam aos mais diversos comportamentos de aproximação ou repulsa diante de um novo estímulo similar, assim como atribui significados sobre como agir ou não agir perante cada situação.

Pressupõe-se que a quantidade de experiências percebidas como positivas ou negativas, especialmente na infância, passa a ser direcionadora da realidade atual e sinalizadora do mapa de mundo e repertório de atitudes nas relações.

As percepções/significados positivos em relação ao passado geram comportamentos de otimismo, coragem, bravura, abertura ao outro, resiliência, autoconfiança, superação, empatia, gratidão, esperança e confiança.

Por outro lado, o medo, o pessimismo, a sensação de abandono ou rejeição, resistência a críticas, dificuldade de superação, baixa autoestima/autoconfiança, tristeza, visão negativa, dificuldade de assumir responsabilidades e a dependência são frequentes em pessoas com experiências/percepções negativas.

A intensidade e a frequência com que se vive cada uma dessas atitudes determina o nível de maturidade emocional e os resultados que terá na gestão da própria vida. O excesso e a falta de ambas percepções, positivas ou negativas, passam a ser vistos como prejudiciais e devem ser repensados para que haja equilíbrio.

A psicologia positiva aponta que o equilíbrio para uma vida mais feliz está na regra de proporção de 3:1, ou seja, para cada três emoções positivas, uma negativa. Quando há alteração nessa proporção, os efeitos sobre a vida podem ir de uma vida nem feliz e nem triste (2:1), à depressão leve (1:1), ou até mesmo à depressão grave (quando as emoções negativas tornam-se maiores do que as positivas).

Quando o ser humano se depara com as dificuldades e limitações do dia a dia, aqueles que possuem percepções negativas tenderão a manifestar justificativas e distorções cognitivas ("nada dá certo", " a culpa é do outro" , "eu sou pior que os outros" etc.), implicando contrariamente à direção e mobilização da energia realizadora. Segundo Miriam Rodrigues, "os estilos explicativos são as nossas autodeclarações, explicações quando algo dá certo ou errado. É aquilo que pensamos no momento em que algo não sai do jeito que queríamos".

Procurar entender as limitações como temporárias e possíveis de superação via aprendizado, aquisição de novas habilidades e construção de um novo repertório de comportamentos fará com que o pessimismo possa ser minimizado ou substituído pelo otimismo. A resistência, a crítica, o subjugamento e a problematização, frequentes na verdade, são fortes sintomas do pessimismo, que só reforçam o negativismo e bloqueiam o impulso de ser feliz.

A percepção do otimista e do pessimista perante os eventos é muito peculiar, enquanto o pessimista prolonga a ideia de que o evento positivo é temporário, o otimista tem em mente que o evento negativo é circunstancial.

A base que faz o otimista enxergar a circunstancialidade no negativo é a sua coragem. Grace Cirocco afirma que "para vencer o medo, devemos alimentar a coragem. A coragem é a arte de sentir-se confortável diante do fato de sentir-se desconfortável".

O encanto da vida está justamente na forma como se percebe e interpreta o mundo. Quando o mundo é visto como ameaçador e privador, todo o circuito neuroemocional ativa a produção de hormônios e neurotransmissores que colocam o indivíduo em situação de luta, fuga ou paralisação. As tensões aumentam, o estado de sono e vigília ficam alterados, o apetite sofre interferências e as emoções tendem a ter impactos negativos. Estacionar constantemente no negativismo reforça esses sintomas.

O mais importante é não deixar que a negatividade e o medo, impulsores de não realização, desconstruam e reduzam ciclos de abundância, prosperidade e oportunidades na vida. Napoleon Hill declara que as pessoas carregam um talismã invisível com as iniciais AMP (Atitude Mental Positiva) gravadas de um lado e AMN (Atitude Mental Negativa) de outro. "Esse talismã invisível tem dois poderes incríveis: o de atrair riquezas, sucesso, felicidade e saúde, e o de repelir essas coisas – privá-lo de tudo o que faz a vida valer a pena. É o primeiro desses poderes, AMP, que permite alguns homens subirem ao topo e lá permanecerem. É o segundo que mantém outros homens por baixo durante toda a vida. É a AMN que puxa outros para baixo quando eles chegam no topo."

Algumas atitudes podem facilitar a atitude mental positiva, a plenitude, a positividade e o otimismo, e quando praticadas, melhoram a qualidade de vida e das relações daqueles que as praticam:

• **Aprenda a mudar o foco** – quando algo dá errado, muitas vezes, as pessoas têm uma tendência a externalizar a responsabilidade pelo resultado e ficar na energia da não realização. Desperdiçam muito tempo focando naquilo que já é passado e não tem como ser alterado. Quando isso acontecer, é indispensável que se pergunte: o que não fiz para que tivesse esses resultados? O que poderia ter melhorado para que desse certo? Qual aprendizado tiro dessa experiência? O que preciso fazer para que em outras situações obtenha o sucesso?

O poder do otimismo

O passado, nesses casos, deve servir de referência e aprendizagem, e não de aprisionamento. Sair da zona de lamentação ou culpa mobiliza uma nova energia para o desenvolvimento de novas atitudes.

- **Elimine os vícios que impedem o pensamento otimista** – os vícios emocionais são muito parecidos com os vícios por substâncias químicas, com o passar do tempo, a pequena dosagem já não faz mais efeito e, consequentemente, requer doses maiores para se obter o mesmo prazer. No seriado *Black Mirror*, episódio *Black Museum*, um médico vicia-se em sentir dor, o que não é natural para o ser humano passa a ser para ele fonte de grande prazer, buscando cada vez mais altas cargas de dor. O vício de pensar negativo também funciona assim, perde-se no hábito e nas dosagens.

Os vícios que impedem de pensar otimista, geralmente, são frutos de pensamentos mágicos, comparações, inferiorizações, medo, autocrítica e condenação, previsões pessimistas de futuro, generalizações, visão negativa dos fatos, foco em como "deveria ser" e não em "como é".

Uma das formas de lidar com esses vícios é refutando-os. Aprender a questionar as verdades mentais negativas, especificando-as e observando que cada fato é único, poderá ajudar a reduzir a força do pensamento negativo. O exemplo abaixo ilustra uma das formas de contestação:

P1 (verdade mental negativa): "nada dá certo para mim!"
P2 (questionamento): "nada?"
P1: Não era bem isso que queria dizer, muitas coisas não dão certo.
P2: O que especificamente não dá certo? E quais coisas dão certo?

Evitar o foco nas generalizações ("nada","tudo") e aprender a especificar diminui a carga negativa e faz entender que há positividade perdida no meio de toda negatividade.

Os vícios, na verdade, são os extremos das virtudes e o que se torna necessário fazer é minimizar a sua força, para que encontre o seu ponto de equilíbrio. Quando se diminui a força da sombra, abre-se espaço para o surgimento da luz, das respostas e das oportunidades de pensar otimista.

- **Espelhe-se em pessoas otimistas ao seu redor** – todo ser humano convive numa ampla teia de relações. Nessa rede, encontram-se pessoas que se destacam pela energia realizadora diferenciada, sucesso conquistado, alegria e espontaneidade frequentes, automotivação constante e vontade de aprender. Essas pessoas trazem consigo histórias de resiliência, exemplos de determinação e perseverança, inteligência emocional, busca por oportunidades e aprendizados que as tornam modelo e referência de vida.

Conviver e aprender com quem reage com otimismo perante adversidades, com autoconfiança e autoestima, poderá abrir portas para um novo repertório de atitudes e comportamentos na vida.

Observe então quem são essas pessoas que possuem o que lhe falta para ver a vida de outro ângulo e se espelhe nelas, modele o otimismo que as faz especiais e desbravadoras de oportunidades. Preste atenção em como agem, como reagem, procure conversar para identificar como pensam e como sentem e, acima de tudo, o que fazem para ter altos resultados.

Uma vez identificado o modelo mental e de atitudes, trace planos de mudança em direção ao ponto ideal, mas lembre-se, o hábito é que faz o campeão. Nada de desistir diante das dificuldades, pois toda mudança requer esforço e muita persistência.

- **Pratique a gratidão** – ultimamente, a gratidão tem sido tema constante na espiritualidade, física quântica, neurociência e psicologia, porque é capaz de mudar o estado de uma pessoa no momento em que ela se torna grata. O cérebro libera mais dopamina, implicando maior sensação de prazer e felicidade perante a vida.

A gratidão coloca as pessoas no foco do positivo, do otimismo, da coragem, da força para lutar por novas experiências significativas.

Perceber oportunidades de ser grato requer olhar para as pequenas coisas do dia a dia que fazem a vida ter sentido. Muitos deixam de ser gratos porque vivem num tempo que não existe: o futuro. Aí, perdem-se na busca de significado, de espera e postergação, sem prazer no hoje.

Listar três coisas pelas quais é grato diariamente faz toda a diferença, pois muda o estado mental e emocional, e abre os olhos para uma vida mais plena. Há uma frase de domínio público que ilustra todo o princípio fundamental da gratidão: "quanto mais a gente agradece, mais coisas boas acontecem".

O otimismo parte da forma como o passado, presente e futuro se entrelaçam e são percebidos ao longo da experiência do existir. A base se sustenta na crença positiva de enxergar o mundo sob o ângulo da confiança, do prazer e da positividade.

Estar imerso nas experiências realistas do otimismo mobiliza energia para se alcançar patamares mais elevados rumo ao topo. Na falta dele, a neutralidade ou o pessimismo assumem o comando, o controle, a direção, desperdiçando o tempo de maiores construções.

Nakano, citando Boman e Mergler, alerta: "a vida de otimistas não é perfeita, e a experiência de eventos negativos vai sempre existir ao longo do desenvolvimento. A habilidade de lidar e se recuperar desses eventos e o uso de estratégias com foco no problema é que é a chave".

O poder do otimismo

Em um mundo externo de tanta volatilidade, complexidade e incertezas, o interior deve estar estruturado e equilibrado para lidar com esse cenário e a raiz que suporta todo esse equilíbrio é chamado otimismo, que traz implícita a certeza de que eu sou mais forte do que as adversidades e tempestades que possam surgir ao longo da vida.

Referências
CIROCCO, Grace. *Dê o passo a ponte estará lá*. São Paulo: Editora Fundamento Educacional, 2006.
GOLEMAN, Daniel. *Liderança: a inteligência emocional na formação de um líder de sucesso*. Rio de janeiro: Objetiva, 2015.
_____. *O cérebro e a inteligência emocional: novas perspectivas*. Rio de Janeiro: Objetiva, 2012.
HILL, Napoleon. *Atitude mental positiva*. Porto Alegre: CDG, 2015.
NAKANO, Tatiana de Cássia. *Psicologia positiva aplicada à educação*. São Paulo: Vetor Editora, 2018.
RODRIGUES, Miriam. *Educação emocional positiva: saber lidar com as emoções é uma importante lição*. Novo Hamburgo: Sinopsys, 2015.